dtv
premium

HJF

Ditte und Giovanni Bandini

DAS BUCH DER ELFEN UND FEEN

Deutscher Taschenbuch Verlag

Von Ditte und Giovanni Bandini sind ihm Deutschen Taschenbuch Verlag erschienen:
Kleines Lexikon des Aberglaubens (20210)
Kleines Lexikon des Hexenwesens (20290)
Das Drachenbuch (24318)
Who's who im Himmel (32539)

Für Ingrid Röschke

Originalausgabe
November 2003
2. Auflage Januar 2004

Umschlagkonzept: Balk & Brumshagen
Umschlaggestaltung: Stephanie Weischer unter Verwendung der Illustration ›Spring or Primerose Faery‹ von Brian Froud © Imaginosis
Visit the official Froud Faeries website: www.worldoffroud.com
Satz und Reproduktion: Greiner & Reichel, Köln
Gesetzt aus der Trajan 10/12,5'
Druck und Bindung: Kösel, Kempten
Gedruckt auf säurefreiem, chlorfrei gebleichtem Papier
Printed in Germany · ISBN 3-423-24385-6

Inhalt

Anstelle eines Vorworts

Komm, kuschel dich in Papas Rock,
Wenn's warm im Ofen kracht,
Und hör vom lichten Elfenvolk,
Wie's wandert durch die Nacht.
Denn wenn die Sterne blinken und
Die Welt im Schlummer liegt,
Da tanzen Feen im Licht des Monds,
Das Berg und Tal umschmiegt.

Robert M. Bird

Wir hoffen, dass Feen und LeserInnen dieses Buch wohlwollend aufnehmen!

Wiesenbach, im Mai 2003

Fragen über Fragen

Blumen lieb ich, Blumen mag ich,
Blumen küss ich, Blumen trag ich.
Ich bin wie eine Blume,
So hold, so schön und rein,
Der Spatz isst gern die Krume –
Ich lieber Küchelein!

Sima

Es ist sicher einfacher, ein Buch über die Tomate zu schreiben als eines über Elfen und Feen. Die Tomate kann man anfassen, anschauen und eindeutig beschreiben – die Elfen eher weniger. Über die Tomate lassen sich Fakten Fakten Fakten zusammentragen, die hieb- und stichfest sind, über die Feen leider nicht.

Ein Buch über Geistwesen tappt zwangsläufig im Dunkeln, denn es gibt im Grunde keine anderen Fakten als die, dass nichts zu beweisen und nichts wirklich sicher ist. Gleichzeitig aber macht genau das den Reiz eines solchen Themas aus. Nur wenige Dichter dürften sich die Tomate als lyrischen Gegenstand ausgesucht haben – die Feen dagegen waren und sind, was das angeht, beliebter denn je.

Die Welt der Fantasy, das Internet, haben sie wieder zum Leben erweckt, und zwar unter Umständen, die sie sich bestimmt nicht hätten träumen lassen. Sie schlagen Schlachten gegen oder mit den Zwergen, verbrüdern sich mit Hobbits, singen und träumen, tummeln sich auf unzähligen Homepages und sogar – nach Anleitung selbst gebastelt – auf Fensterbildern; sie stehen inzwischen als niedlich-kitschige Figürchen überall in den Schaufenstern von Ambiente-Läden herum und sind wieder ein äußerst beliebtes Sujet für Maler- und ZeichnerInnen. Gelegentlich inspirieren sie auch drollige Nonsense-Bücher wie die *Nixen von Estland*, in dem unzählige Nixenarten, wie etwa die »Nackttittige Wuchtbrumme« oder die »Trällernde Nymphomanin«, beschrieben werden.

Anliegen dieses Buches ist es zum einen, diesen »neuen« Elfen, Elben oder Feen der Fantasy, des Internets und des New Age (so weit möglich) einen geschichtlichen Rahmen zu geben. Wir möchten außerdem einigen Fragen nachgehen, die sich beispielsweise Fantasy-Freunde immer wieder stellen: Sind Elben, Elfen und Feen ein und dasselbe? Unterscheiden sie sich von den Moosweiblein, Huldren, den Sídhe oder den Tylwyth Teg – um nur einige wenige Beispiele zu nennen –, und wenn ja, worin? Wie ist ihr Charakter? Wie dachte man in unseren Breiten früher über Feen? Wie stellte man sich selbst zu ihnen? Wie werden sie von denen beschrieben, die sie angeblich sahen (und das waren, den vielen überlieferten Berichten nach zu schließen, nicht eben wenige)? Und wie gingen diese Menschen mit ihren überirdischen Nachbarn um? Folgendes erzählte ein Schotte um das Jahr 1900:

> *Meine Großmutter Catherine MacInnis pflegte von einem Mann zu erzählen, der Laughlin hieß und den sie kannte. Er verliebte sich in eine Fee oder ein Elfenmädchen. Die Fee war ganz verrückt nach Laughlin und besuchte ihn jede Nacht. Irgendwann wurde es ihm zu viel, und als sie nicht locker ließ, bekam er es so mit der Angst zu tun, dass er schließlich nach Amerika auswandern wollte. Als alles geregelt war, hörten eines Abends Frauen, die in den Hügeln molken, die Feenfrau singen:*
> *Was wird die Braunbehaarte tun,*
> *Wenn Lachie übers Meer fährt?*
> *Lachie wanderte also nach Cape Briton, Neu-Schottland, aus. Und in seinem ersten Brief nach Hause schrieb er, dass ihn dieselbe Feenfrau auch dort heimsuchte.*

Anders als in unserem früheren Feenbuch (Ditte König: *Die Welt der Feen*) – von dem wir einige wenige besondere Geschichten, Zitate oder Gedichte übernommen haben – geht es uns hier nicht darum zu zeigen, dass die Menschen überall auf der Welt an Feen glaubten, die den unseren sehr ähnlich sind. Wir beschränken uns (von gelegentlichen Seitenblicken auf außereuropäische Feentraditionen abgesehen) vielmehr schon aus Platzgründen im Wesentlichen auf unsere Breiten und da auf Regionen und Länder, die reich an Feenüberlieferungen sind. Es mag an dieser Stelle genügen zu betonen, dass es auf der ganzen Welt – in Mexiko ebenso wie in Afrika, Indien und Zentralasien oder Arabien –

Wesen gibt, die man mit Fug und Recht als Feen oder Elfen ansprechen kann. »Überall verhalten sich die Sterblichen ihnen gegenüber in beinahe gleicher Weise, bedienen sich ähnlicher Vorsichtsmaßnahmen und beachten ähnliche Tabus«, heißt es sehr richtig in der *Enzyklopädie des Märchens*.

Wir wollen beleuchten, wie sich die Feen und Elfen heutzutage präsentieren oder richtiger gesagt: wie sie in der Fantasy und in den vielen neuen Internetmärchen und -bildern gezeigt werden. Und befassen werden wir uns mit der Frage, warum sich – wie heutzutage fantasybegeisterte Jugendliche und Erwachsene – vor allem in der Romantik und in viktorianischer Zeit Dichter und Maler so intensiv damit beschäftigten.

Ein weiteres Anliegen war es uns schließlich aufzuzeigen, in welch entscheidendem Ausmaße Literatur, Dichtung und Malerei unser Bild von Feen und Elfen prägten und im Laufe der Jahrhunderte veränderten.

Aus diesem Grund werden wir natürlich ältere und heutige Autoren selbst in Prosa und Versen zu Wort kommen lassen. Zu diesen Textproben gehören nicht zuletzt einige der neuen Feengeschichten – Märchen, die von begeisterten Elfenfans verfasst und auf Homepages im Internet der Öffentlichkeit zugänglich gemacht wurden. Sie zeigen, ebenso wie etliche der Feenabbildungen in diesem Buch, sehr gut, welche Vorstellungen junge und ältere Menschen heute mit Feen und Elfen verbinden. Ein solches Märchen ist *Rosenfeen* von Paul Eitner (Saron), mit dem dieses einleitende Kapitel endet.

Auch werden wir – ohne jede Wertung – ältere und neuere Berichte von Menschen wiedergeben, die Feen oder Elfen gesehen haben wollen. Trotzdem geht es uns, um das ganz klar zu sagen, sicher nicht darum, die reale Existenz von Feen oder Elfen zu beweisen oder diese Frage überhaupt zu diskutieren. Soweit möglich wollen wir uns also an Fakten halten beziehungsweise an das, was es an Geschichten, Sagen, Märchen und Berichten über Feen und Elfen gibt.

Wir werden dabei nicht versuchen, diese Sagen und Märchen zu ihrem Ursprung zurückzuverfolgen, schon allein deshalb, weil das in vielen Fällen schlicht unmöglich ist. Man könnte also beispielsweise zwar erklären, diese oder jene Nixengeschichte sei eine »ätiologische Wandersage« und als solche in vielen verschiedenen Gegenden zu finden. Auch könnten bestimmte Motive, wie beispielsweise die Schwanenjungfrau, mithilfe der Motivindizes zu den ersten bekannten Belegen zurückverfolgt werden. Doch was wäre für unsere Zwecke damit gewonnen? Dem Phänomen Fee oder Elfe kann man damit doch nicht beikommen.

Außerdem herrscht diesbezüglich auch unter den gestandenen Märchenforschern nicht unbedingt Einigkeit, und immer wieder werden Theorien und Forschungsmethoden, die früher als zulässig und akzeptabel galten, verworfen und durch neue ersetzt. Viele Bücher und Artikel sowie die zahlreichen, durchaus nicht in allem übereinstimmenden Motivindizes zeigen die Unsicherheit der Thematik. Auch unsere eigenen Recherchen haben bestätigt, wie schwer, ja im Grunde unmöglich es ist, wirklich klare Grenzen zu ziehen.

Eine weitere Schwierigkeit besteht darin, zu erkennen oder zu bestimmen, welche der vielen in Sagen und Geschichten vorkommenden Geistwesen mit Fug und Recht als Fee oder Elfe bezeichnet werden können.

Bei Vöran wohnten einst selige Fräulein. Als Freundinnen der Häuslichkeit und der Herden kehrten zwei derselben mit allen ihren guten und Segen bringenden Eigenschaften häufig auf dem Hofe des reichen Egger ein. Abgesehen davon, dass sie spannen und sangen und den Flachs behüteten, gingen sie auch in den Kuhstall und sammelten dort auf eine wunderbare Weise alle verschüttete Milch, wodurch sie dem Hofbauern viel ersparten, wenn sie auch das ein oder andere Mal aus dem Milchstutz ein paar Tropfen tranken. Niemand wehrte das, umso weniger, als dadurch die Milch nicht weniger, eher mehr wurde. Der alte Egger war aber, obschon er sehr reich war, just einer von denen, die nie genug haben und von denen das Lied singt:
Je mehr er hat, je mehr er will,
Nie schweigen seine Klagen still.
So kam der alte Egger einmal abends sehr unwirsch und übellaunig aus dem Wirtshaus, mochte dort wohl zu tief ins Glas gesehen haben, torkelte in den Kuhstall und gewahrte darin zwei Seligfräulein, von denen eben eine den Milchstutz ansetzte, um zu trinken. »Sakra! Sakra! Was ischt denn dös?«, schrie der Egger voll Zorn, zog sein Messer, griff nach der vermeinten Dirn und wollte ihr gleich ein Ohr abschneiden – aber rasch entschlüpften ihm beide, blieben in der Stalltüre noch einmal stehen und sprachen mit klagender Stimme:
Ach und weh! Ach und weh!
Und nie kein reicher Egger meh!,
und gingen auf und davon, niemand sah sie wieder; der reiche Egger wurde arm und elend, und die Prophezeiung der beleidigten Seligfräulein erfüllte sich buchstäblich.

Neben den Seligen Fräulein scheint es eine solche Unmenge an Natur- und anderen Geistern zu geben, dass man nur versuchen kann, diese Massen nach den ihnen zugeschriebenen Fähigkeiten und Eigenschaften in Gruppen einzuordnen. Namen und Bezeichnungen helfen da wenig, da sie natürlich nicht von den Geistwesen selbst, sondern von uns Sterblichen stammen. Wenn man sich vor Augen hält, in wie viele individuell geprägte und voneinander unterschiedene Landschaften mit eigenen Dialekten allein Deutschland gegliedert ist, kann man sich gut vorstellen, dass es mindestens ebenso viele Bezeichnungen für elbische Wesen geben muss.

Hinzu kommt, dass sich im Laufe der Jahrhunderte christliche und andere Einflüsse in einem solchen Maße auf Sagen und Märchen geltend machten, dass bestimmte Wesen plötzlich einen völlig anderen, oft sehr viel negativeren Charakter erhielten, als sie früher besessen hatten. In anderen Fällen änderte sich der Name – Geschichte und Charakter des Wesens blieben aber gleich.

Jeder Forscher, der sich mit Geistern befasste, stand also vor demselben Problem wie wir, und wohl jeder legte andere Zugehörigkeiten fest.

Anmutig und schalkhaft sind Nixen und Elfen;
Nicht so die Erdgeister, sie dienen und helfen
Treuherzig den Menschen. Ich liebte zumeist
Die, welche man Wichtelmännchen heißt.

Heinrich Heine unterscheidet hier also Nixen, Elfen und Erdgeister (zu denen er die Wichtelmännchen zählt). Für andere sind die Elben ein Oberbegriff für Zwerge, Korrigans, Kobolde und dergleichen. Wieder andere (darunter der französische Fantasy-Autor Jean-Louis Fetjaine) fassen alle diese Bezeichnungen als beliebig austauschbare Namen auf, grenzen allerdings Feen ab. Andere trennen die Zwerge von den Kobolden und beide wiederum von den Elben. Wieder andere behaupten, in Irland verstünde man unter Feen die weiblichen, unter Elfen aber die männlichen Vertreter des Hügelvolks. Keightley, einer der bekanntesten Feenforscher, unterscheidet Elfen, Zwerge (und Trolle), Nisse und schließlich Wassermänner und Nixen.

In der Fantasy schließlich geht es noch kunterbunter zu. Auch die vielen Definitionsversuche von Feenbegeisterten im Internet zeigen die große Bandbreite an vorstellbaren Möglichkeiten. Die folgende Aussage ist eine von vielen vergleichbar interessanten, weil so entschieden vorgebrachten Thesen: »Der eigentliche Unterschied zwischen Elfe und Fee liegt darin, dass eine Fee genauso groß wie ein Mensch ist, als sterblich gilt und außerdem für den Menschen sichtbar ist, wohingegen eine Elfe nur von jemandem, der ebenfalls über Zauberkraft verfügt, gesehen werden kann.«

So so. Woher dieses Wissen stammt, bleibt offen. Gleichzeitig machen diese – und alle übrigen, ebenso entschieden geäußerten – Antworten deutlich, dass es auf diesem Gebiet keine wirkliche Autorität gibt (und geben kann), die der Diskussion ein Ende macht und sagt: So und so ist es, basta!

Die Beschäftigung mit Geistern ist und bleibt eine subjektive Angelegenheit – und sollte es diesbezüglich *eine* Wahrheit und *eine* klare Geisterklassifikation geben, wird sie uns Sterblichen jedenfalls bis dato vorenthalten.

Seit vielen, vielen Jahren gibt es einen unendlich nahen Garten, in dem auch einige Feen leben. Sicher weißt du, dass es sehr große Feen gibt, etwa wie Menschen mit langen Haaren und ganz sternenbunten Flügeln. Die Feen aber, von denen ich dir heute erzählen will, sind so winzig klein wie ein großer Fingernagel und sie tragen bunte Kleidchen und sind den ganzen Tag fröhlich. Aber wer so klein ist, muss sehr aufpassen, dass er nicht von den Tieren und Vögeln im Garten zertreten wird. Nicht etwa, weil diese Tiere böse sind und den Feen etwas antun wollen. Nein, nein, nur aus Unachtsamkeit passiert es dann und wann, dass die Großen den Kleinen aus Versehen einen Schaden zufügen. Darum müssen sich die Kleinen in Acht nehmen und sich ein sicheres Plätzchen suchen, wo sie in Ruhe leben können.

Unsere Feen also suchten und suchten, rutschten von nassen Blättern und ertranken fast in den Tautropfen der großen Blumen, bis sie endlich mitten im Garten eine wunderschöne Blume entdeckten, die die Menschen »Rose« nennen. Hey, war das eine Freude, den Honig aus ihrer Blüte zu kosten und sich dann zwischen den vielen Blütenblättern zu verstecken. Und schlafen konnte man dort gut und sicher, denn die Blütenblätter sind fest und dicht, und so können sich kleine Feen gut festhalten und fallen nicht heraus, wenn einmal ein Sturmwind die Blüte schüttelt. So freuten sich die kleinen Feen, endlich eine Wohnung gefunden zu haben, in der sie sich richtig wohl fühlten, und sie spielten Versteck in der Blüte, schaukelten und sangen Feenlieder. Sie waren eigentlich ziemlich glücklich, wenn da nicht die Zwergentrolle gewesen wären – dunkle Gesellen, die jede Nacht versuchten, an den

Rosenstielen zu rütteln, bis die kleinen Feen aus den Blüten herausfielen. Und lagen sie erst einmal am Boden, dann konnte man sie richtig ärgern und ihnen schlimme Streiche spielen. Das war sehr gemein, aber leider gibt es immer welche, die es nicht ertragen können, wenn andere glücklich sind.

So setzten sich die Feen zusammen und beratschlagten, was zu tun sei: Sollten sie ihre Blüten verlassen und sich woanders ein Zuhause suchen? Sollten die Zwergentrolle ihr Ziel erreichen, nur weil sie stärker waren?

Nein, das war ungerecht, und so schmiedeten die Feen einen Plan: Am nächsten Tag, als die Sonne schien und die Vögel sangen, gingen sie in den Wald und sammelten Kastanien. Unter großer Mühe brachen sie von deren Schalen die spitzen Stacheln ab und klebten sie mit Eibensaft an die Stiele der Rosen. Das war eine schwere Arbeit für die kleinen Feen, aber sie hatte sich gelohnt: Als am Abend die Zwergentrolle an den Stielen rütteln wollten, um die Feen aus den Blüten herauszuschütteln, zerstachen sie sich ihre kleinen Hände, liefen laut schreiend weg und ließen die Feen von diesem Tage an in Ruhe.

Und seit dieser Zeit haben die Rosen Dornen, und an manchen Tagen findet man zwischen den Blütenblättern noch eine kleine Fee. Dann lass sie ruhig schlafen.

Paul Eitner

Island und seine Elfenbeauftragte

Gott sei zwischen mir und jedem Feenspuk,
Jedem Berufen und jeder Trudnerei,
Heute ist Donnerstag auf See und Land,
Auf Gott vertrau ich, dass sie mich nicht hören.

Ganz im Ernst und ungelogen: In Island gibt es eine staatlich anerkannte und bezahlte Elfenbeauftragte! Islandfans wissen das natürlich längst, steht es doch inzwischen wohl in jedem Reiseführer. Fragt man beim isländischen Fremdenverkehrsverein in Neu-Isenburg an, erhält man nicht etwa eine Anzeige wegen groben Unfugs – nein, man bekommt gleich mehrere Adressen zugesandt: die der Elfenbeauftragten, einer Elfenschule, eines Elfenmuseums sowie die des isländischen Fremdenverkehrsvereins, wo man die von ebendieser Elfenbeauftragten, Erla Stefansdóttir, angefertigte Elfenkarte anfordern kann.

Die erwähnte Elfenschule ist nicht für die Elfen selbst gedacht, sondern für an diesen Wesen interessierte Menschen. Das Museum enthält unter anderen Kuriositäten einen Elfenpenis, der aber (leider!) für die meisten Menschen unsichtbar ist – so jedenfalls will es die Zeitschrift *P. M.* wissen.

Eine 1998 durchgeführte Umfrage ergab, dass immerhin 54,4 Prozent der Isländer an die Existenz von Elfen glauben. Und die übrigen 45,6 Prozent wollen es sich nicht unbedingt mit den unsichtbaren Bewohnern des Landes verderben – falls es sie doch geben sollte. Man kann ja nie wissen, oder? Und überhaupt! Rücksichtnahme ist das Zauberwort, wenn man unbeschadet durch das Leben kommen möchte. Es ist ja auch nicht unbedingt nötig, genau dort eine Straße entlangzuführen, wo bekanntermaßen Elfen hausen und wo links und rechts davon genügend

Platz ist, um die Straße einen kleinen Bogen machen zu lassen. Und hier kommt nun die Elfenbeauftragte ins Spiel: Ihre »Landkarte der verborgenen Welt« kartiert nämlich Wohnsitze und Wege der verschiedenen Elfen und Feen, damit Unwissende solche Patzer vermeiden.

»Um Konflikten mit dem meist unsichtbaren Volk aus dem Weg zu gehen«, heißt es in einer von zahlreichen Internetseiten, »wird Stefansdóttir bei Bauvorhaben von offizieller und privater Seite zu Rate gezogen. So ist es keine Seltenheit, dass eine schon geplante Straße in ihrer Wegführung bei Besichtigung des Geländes noch einmal in ihrem Verlauf neu geplant wird.« Das gilt vor allem für Straßen, auf denen sich zahlreiche Unfälle an einem bestimmten Platz häuften, die bekannten schwarzen Punkte also. Valdimar Hafstein führte 1995 und 1996 zu diesem Thema vor Ort eine Feldforschung durch. Er erklärte, dass praktisch in jedem Sommer in Zeitung, Fernsehen oder Radio von ähnlichen Vorfällen berichtet wird. Meist handelt es sich um Unfälle, Traumwarnungen, plötzlich zusammenbrechende Maschinen, Autos, Lastwagen oder Traktoren beim Straßenbau, bei einem Hausbau oder anderen Baumaßnahmen. Immer werden dort wohnhafte Elfen, die die Baumaßnahmen sabotieren wollen, dafür verantwortlich gemacht.

Die Reaktionen auf solche Unfälle sind unterschiedlich, erklärt Hafstein, doch oft würden die Verantwortlichen sich in irgendeiner Weise mit den Elfen arrangieren: Entweder sie »verhandeln« mit den kleinen Bewohnern und geben ihnen ausreichend Zeit umzuziehen, oder sie setzen keine Sprengstoffe mehr ein, führen die neue Straße um den jeweiligen Elfenhügel herum oder geben das Bauvorhaben an dieser bestimmten Stelle überhaupt auf.

Berichte über die Wagemutigen, die sich nicht um solche Warnungen aus dem Elfenreich kümmerten und prompt von deren Rache heimgesucht wurden, gibt es zur Genüge.

Anfang der Siebzigerjahre musste beispielsweise beim Straßenbau ein großer Felsblock entfernt werden. Es gab die besagten Unfälle und Verzögerungen, der Hauptverantwortliche für das Bauvorhaben ließ ein Medium befragen, und dieses bestätigte, in dem Felsen würden Elfen wohnen.

Kurze Zeit später ließ der Mann verbreiten, er habe nun die Erlaubnis der Elfen erhalten, mit dem Bau fortzufahren. Allerdings ging immer noch alles schief, und als schließlich ein Bagger die nahe gelegene Pipeline rammte, das Wasser auslief und dadurch 70 000 winzige Forellen einer Fischfarm elendiglich umkamen, wollte niemand mehr mit der Beseitigung des Steins etwas zu tun haben. Einer derjenigen, die damals dabei waren, erzählte Hafstein, dass er seitdem vom Unglück verfolgt werde.

Ähnliches berichtet der selbst ernannte Elfenexperte Wolfgang Müller in seinem Buch *Die Elfe im Schlafsack*. Mitten auf einem Parkplatz im Nordosten Reykjavíks liegt ein großer Basaltblock, in dem eine Elfensippe wohnt. Vor fünfzig Jahren nun sollte dieser Felsblock wegen eines geplanten Parkplatzes weggeschafft werden. Kaum war dieses Vorhaben bekannt gegeben worden, legten die Hühner in der benachbarten Hühnerfarm plötzlich deutlich weniger Eier: Innerhalb von drei Wochen ging die Produktion praktisch auf null zurück. Nun fragte man einheimische Medien um Rat und erfuhr von ihnen, was man längst geahnt hatte: Der Stein war von Elfen bewohnt, die den Medien auch bereits drohend erschienen waren. So ließ man also den Felsblock, wo er war, und die Hühner legten wieder Eier.

Der »Alfhóllsvegur« (Elfenhügelweg) zwischen Reykjavík und Kopavogur führt um einen Hügel herum, in dem angeblich Elfen hausen. Hier scheiterten Versuche, vom Hügel ein wenig wegzubaggern, damit der Verkehr leichter daran vorbeikäme. Niemand möchte direkt daneben wohnen. Als die Stadt versuchte, Parzellen dort zu verkaufen, überlegten es sich die potenziellen Käufer anders, was die Stadt auch ohne Widerspruch akzeptierte. Das Grundstück wurde nicht wieder zum Verkauf angeboten, so dass der Elfenhügel nunmehr die Adresse Elfenhügelweg 102 trägt.

Auch in der Stadt Grundafjördur steht an der Hauptstraße zwischen den Häusern Nr. 82 und Nr. 86 ein Felsen: Nr. 84 wird von Elfen bewohnt.

Der Naturwissenschaftler und Autor Mins Minssen, der sich in einem Artikel augenzwinkernd mit dieser Thematik beschäftigte, erklärt, die isländischen Baubehörden seien wegen der permanenten Rücksichtnahme auf die vielen unsichtbaren Elfenpopulationen gezwungen, sich so vorsichtig in Stadt und Land zu bewegen, als gingen sie über eine Wiese, in der Eier zu vermuten seien, die sie nicht zertreten wollten. Manch einer meine darum sogar, man solle sich Bagger aus elfenfestem Schwedenstahl besorgen und damit ordentlich aufräumen, aber: So etwas tut man nach Ansicht vieler eben nicht.

Die Lava um die Stadt Hafnarfjördur wimmelt ebenfalls von Elfen, über die auf Stefansdóttirs Landkarte geschrieben steht: »Sobald man die verborgenen Wesen wahrnimmt, die in jedem Vorgarten hausen, wird die Lava auf ganz besondere Art lebendig.«

Im offiziellen Prospekt heißt es: »Seit jeher glaubt man daran, dass in diesen Felsen Elfen wohnen. Zwerge und andere verborgene Wesen, die in friedlicher Gemeinschaft mit den Menschen wohnen. Viele sind davon überzeugt, jene weiß gekleidete Frau mit dem Silbergürtel gesehen oder gespürt zu haben, die im Elfenschloss Hamarinn leben soll, dem felsigen Hügel, der die Stadt überragt. Eine Frau, die lange dort in der Nähe wohnte, träumte davon, dass sie in diesen Felsen eingeladen wurde. Die weiß gekleidete Frau führte sie durch die herrlichen Säle des Schlosses. Bei ihrem Gang durch diese Räumlichkeiten sah die Frau viele eigenartig und bunt angezogene Leute, die sich vor der Elfenfrau verneigten.«

Diese Angabe passt zu dem, was Stefansdóttir selbst über die Elfen behauptet. Sie, eine ehemalige Klavierlehrerin, die mit seherischen Fähigkeiten begabt sein soll und Elfen und andere Wesen wie Trolle gesehen haben will, spricht im Zusammenhang mit dem *huldufólk* – jenen Feen, die den Menschen am ähnlichsten sind – von bunter oder rosafarbener und hellblauer Kleidung, wie man sie auch auf der Abbildung der Feenkarte von Hafnarfjördur sehen kann (siehe links). Die Elfen dagegen sollen sehr unterschiedlich aussehen, während die Lichtfeen wiederum unseren Vorstellungen von Blumenelfen ähnlich sind. Außer diesen Wesen sieht Stefansdóttir auch Energielinien, wie sie die Chinesen als Drachenadern kennen. Sie würden sich ebenfalls in unterschiedlichen Farben zeigen und über weite Bereiche erstrecken. Blaue Linien, die von Steinhaufen wegführen, markieren alte, inzwischen überwucherte Feenpfade. Im Prinzip sei es uns allen möglich, solche Linien wahrzunehmen, dann nämlich, wenn, so Stefansdóttir, »wir versuchen, die Tür zu unseren Seelen zu öffnen und die universelle Kraft des Lebens betrachten, das Bewusstsein, welches in allen Dingen ruht«.

Die mystisch veranlagte Stefansdóttir weiß, wie sie Wolfgang Müller erzählte, auch genau, dass Elfen nicht sprechen. »Sie singen! Sie singen stundenlang und haben wunderbare Stimmen. Stundenlang singen sie

betörende Melodien.« Ansonsten aber sind die Feen wie gesagt den Menschen sehr ähnlich. Sie leben wie wir, halten Vieh, heuen, jagen Wale und pflücken Beeren. Manche behaupten sogar, sie hätten auch Polizisten und Priester. Ja, die Elfenbeauftragte weiß, dass sie wie unsereins in Kindergarten, Schule und Kirche(!) gehen, und liefert das Bild einer solchen Kirche gleich mit (siehe oben).

Was sie von den Menschen unterscheidet, sind unter anderem ihre magischen Fähigkeiten. Während ein Elfenmädchen in einer Geschichte einen Zauberteppich besitzt, funktionieren andere, wenn sie eben mal ein Reittier benötigen, Menschen zu Pferden um. Derartige Berichte sind weit verbreitet; dabei wird allerdings die ursprüngliche Elbe, *álfr* oder Elfe durch eine Hexe ersetzt.

Bekannt ist die isländische Geschichte von der Alfkönigin Hildur:

Einem Bauern sterben nacheinander alle Schafhirten, und zwar jedes Mal an Weihnachten. Nie sieht man eine Wunde, niemand weiß wieso. Als sich ihm wieder ein junger Mann als Hirte anbietet, informiert ihn der Bauer ausführlich über das Schicksal seiner Vorgänger und will ihn nicht annehmen. Er aber lässt sich nicht abschrecken und bittet so lange, bis der Bauer nachgibt. An Weihnachten bleibt der Hirte mit der Haushälterin Hildur zurück, während alle anderen in die Kirche gehen. Er isst zu Abend und legt sich dem Anschein nach schlafen, doch bleibt er in Wirklichkeit wach, um aufzupassen, was wohl geschehen mag. Sobald die anderen zu Bett gegangen sind, tritt Hildur in sein Zimmer, streift ihm, der sich schlafend stellt, einen Zaum über den Kopf, steckt ihm ein Gebiss in den Mund, fasst die Zügel und setzt sich auf seinen Rücken.

In diesem Augenblick merkt er, dass er über Stock und Stein und Berg und Tal fliegt – bis zu einem Spalt in der Erde. Dort verschwindet die Fee. Der Hirte aber folgt ihr und findet sich in Alfheim wieder, wo Hildur von dem Alfenkönig, ihren Kindern und vielen Untertanen freudig begrüßt wird. Es gibt ein großes prächtiges Fest, während dessen ein goldener Ring versehentlich zu Boden fällt, den der Hirte rasch aufhebt und einsteckt.

Bevor Hildur traurig zur Heimreise aufbricht, bittet ihr Mann, der Alfenkönig, ein altes Weib mit bösem Gesicht, die seine eigene Mutter ist, vergeblich, den Fluch von seiner Frau zu nehmen, den sie über sie verhängt hatte.

Am nächsten Tag erzählt der Hirte beim Essen von seinem Erlebnis, wobei er so tut, als habe er alles geträumt. Hildur bezichtigt ihn der Lüge, es sei denn, er könne seinen Traum beweisen. Da zeigt der Hirte den Ring vor, und Hildur dankt ihm überschwänglich, weil er sie damit von dem Fluch ihrer Schwiegermutter erlöst habe. Sie sei eine Huldrenfrau von geringer Abkunft, erklärt sie den Anwesenden, und ihre Schwiegermutter habe die Heirat mit ihrem Sohn nicht dulden wollen. Einmal im Jahr habe sie um den Preis eines Menschenlebens zu ihrem Mann zurückkehren dürfen, bis ein mutiger Mann tun würde, was der Hirte getan hatte. Sie bat alle um Entschuldigung für die Verbrechen, die sie ohne eigene Schuld begangen hatte, und versprach, den Hirten zu belohnen. Damit verschwand sie.

Der Hirte war seitdem vom Glück begünstigt, denn alles, was er anfasste, gedieh unter seinen Händen. Er blieb aber bescheiden und freundlich, denn er wusste, wem er dafür zu danken hatte.

Dort, wo die Elfenfrauen durch Hexen ersetzt wurden, enden die Geschichten längst nicht so gut, sondern die Hexe wird anderntags untrüglich entlarvt und ihrer »gerechten« Strafe zugeführt.

Von tollen Feenschlössern, Zauberteppichen und dergleichen mehr berichten übrigens eher die märchenhaften Geschichten. Die folgende, weit schlichtere Elfenerzählung wird vom großen isländischen Schriftsteller Halldór Laxness nacherzählt:

Es war einmal ein Mann. Er verirrte sich im Nebel auf dem Weg zwischen zwei entfernten Höfen, bis es ihm schien, dass die Bäche bergauf flössen. Zuletzt landete er auf Geröllhalden und scharfen Schottersteinen, die kein Ende nehmen wollten, und die Felsen waren so hoch wie Berge und standen auf der Spitze. Schließlich sah er keine Rettung mehr. Da kam aus dem Nebel eine Frau im blauen Kleid mit einem weißen Kopftuch zu ihm. »Komm mit mir«, sagte die Frau und machte nicht viel Worte; sie nahm ihn mit in ein kleines Gehöft, wo alles hübsch und sauber war; sie gab ihm Fleischsuppe mit Zwiebeln, so viel er wollte, es war fettes und mageres Fleisch darin, und Kaffee danach. Dann begleitete sie ihn hinaus auf die Hoframpe und zeigte ihm den richtigen Weg. Und da stieg der Nebel hoch, und er erkannte, wo er war; aber als er sich bedanken wollte, da war die Frau verschwunden, und das Gehöft war auch verschwunden, dahinter stand nur ein gewöhnlicher Felsen. Er schlug die Richtung nach Hause ein. Es gab kein Geröll mehr. Und die Bäche flossen wieder bergab.

In vielen Feengeschichten ist vom Nebel die Rede, den die Feen offenbar nach Belieben herbeizaubern oder selbst herstellen können, um sich und ihr Land zu verbergen oder aber um Menschen in die Irre zu führen. Auch werden sie selbst nicht selten mit dem Nebel gleichgesetzt, der abends auf den Wiesen aufsteigt. »Das Buschweiblein steigt über das Gebirge«, hieß es bei uns etwa. Andererseits sah man den Nebel als Zeichen dafür, dass die Feen gerade ihr Essen kochten.

Abschließend mag noch ein Isländer, Kjartan, zu Wort kommen, der als Kind einmal gesehen haben will, wie die Elfen aus ihrer Wohnung auszogen: Er wohnte damals in einem Haus in der Nähe eines grasbewachsenen Hügels. Als er eines Tages mit seinem Freund draußen spielte, sah er einige etwa kniehohe Leutchen, die grau angezogen waren, aus dem Hügel herauskommen und zu einem Lavafeld gehen. Sie trugen Taschen auf Rücken und Schultern. Kjartan schaute ihnen eine Weile erstaunt zu und wandte sich dann zu seinem Freund, um ihn auf die Elfen aufmerksam zu machen. Als er sich wieder umdrehte, waren die Elfen verschwunden. Kjartan suchte die Stelle auf der Lava, wo sie hingelaufen waren, ganz genau ab, doch er sah nichts mehr von ihnen.

Kurz darauf wurde der Hügel zu Bauzwecken eingeebnet, und Kjartan dachte sich später, dass er die Elfen genau in dem Augenblick überrascht hatte, als sie mit Sack und Pack ihre Wohnung verließen.

All diese isländischen Berichte scheinen sehr weit von unserer aufgeklärten Kultur entfernt zu sein, und ebenso gut wäre wohl ein Einhorn als Reittier für den Bundeskanzler vorstellbar wie eine staatlich anerkannte Elfenbeauftragte; und doch ... Und doch gab es Zeiten, die noch nicht allzu lange vergangen sind, wo auch wir felsenfest von der Existenz elbischer Wesen überzeugt waren.

In die Wälder, in den Wind

Dicht dem Winter auf den Fersen
Folgt auf Sternenspur
Eine Elfenschar und leuchtet
Holdem Lenz durch Wald und Flur.

Marion Doyle

In alten Zeiten war alles: Wald und Hain, Feld und Wiese, Hügel und Höhle, Meer und Fluss, von Stämmen und Sippen der großen Elfenfamilie besiedelt, und in jedem Haus und jedem Heim, in dem die freundlichen Tugenden der Mildtätigkeit und Gastfreundschaft gepflegt und geschätzt wurden, wohnte wenigstens eines dieser Wesen. So war der Glaube, der die ganze Erde mit Geschöpfen bevölkerte, deren Aufgabe es war, alle Hilflosen und Unschuldigen zu behüten und zu beschützen; die Guten zu fördern, die Verlassenen zu trösten, die Bösen zu bestrafen und die Hoffärtigen zu züchtigen und zu demütigen.

Es ist ein richtig edles Bild, das hier der englische Autor MacLaren im 19. Jahrhundert von den Feen zeichnete; denn dass Böse bestraft werden, widerspricht nach allgemeiner Vorstellung einem guten Charakter durchaus nicht.

Die Rosenelfen in der im ersten Kapitel zitierten Internetgeschichte von Saron sind noch um etliche Grade freundlicher. Sie sind sanft und lieb und zart und tun keiner Menschenseele etwas zuleide. Auch mit den »Zwergentrollen« fangen sie nicht etwa Zoff an und beschießen sie beispielsweise aus dem Hinterhalt mit ihren Elfenpfeilchen, nein, sie wehren sich auf subtile pazifistische Art und Weise.

Ganz so friedlich und rosig zeigten sich die hiesigen Feen früherer Zeiten nicht. Oder wenigstens nicht grundsätzlich. Man könnte sagen, sie standen durchaus ihre Frau, denn das sollte man doch gleich sagen: Überwiegend – wenn auch sicher nicht ausschließlich, wie manche behaupten – präsentierten sich die Feen, Elfen oder Elben wohl als Frauen. Nicht wenige von ihnen haben etwas Amazonenhaftes und jedenfalls überaus Wehrhaftes an sich, so dass sie zumindest in dieser Hinsicht den modernen Feen entsprechen könnten, wie sie beispielsweise auf Bildern der sehr beliebten Malerin Jessica Galbreth zu sehen sind.

Frau Holle und Perchta

Die durch das gleichnamige Grimm'sche Märchen wohl bekannte Frau Holle, Hulda oder Holda etwa ist ein solches Feenwesen. Und es ist durchaus typisch, dass sie im Lauf der Jahrhunderte auf die unterschiedlichste, sehr ambivalente Art und Weise gedeutet wurde. Man sagte ihr nach, sie sei ein dämonisches Wesen, ein Gespenst, ja die Anführerin einer ganzen Schar von Geistern, mit denen sie wild durch die Gegend jagt. Zuweilen ist sie gar die Fürstin des Totenheeres. Sie wurde als Wolkengöttin, als Nebelgeist oder Vegetationsdämon gedeutet. Im nördlichen Deutschland hielt man sie für die Königin der Zwerge, der Unterirdischen. Andererseits sah bereits um 1000 n. Chr. Burchard von Worms in ihr die Entsprechung der römischen Göttin Diana.

Als Fee aber ist sie das Oberhaupt über die *Huldren* oder *Holderchen*, so wie die sehr ähnlich charakterisierte Perchta (Bertha) die *Perchten* und *Heimchen* im Gefolge hat. »Beide«, so schreibt das *Handwörterbuch des deutschen Aberglaubens*, »nehmen die mannigfachsten Züge göttlicher, halbgöttlicher und endlich menschlicher Prägung in sich auf und wandeln sie den verschiedensten Landschaften, Umgangszeiten und -gebieten gemäß ab.«

So schillernd und gegensätzlich wie ihre Deutung ist, werden Aussehen und Charakter der Frau Holle und der Perchta beschrieben. Sie können als unglaublich hässliche schmutzige Greisinnen mit verfilzten Haaren, langer Nase und Triefaugen erscheinen, weshalb schlampig gekleidete Frauen auch mancherorts »Perchtel« geschimpft wurden. Manchen Augenzeugenberichten zufolge hatten sie irgendeinen körperlichen Makel, etwa – wie die dänischen *Ellefrauen* – einen hohlen Rücken oder aber einen Klumpfuß vom vielen Spinnen. Andererseits nahmen sie nach Lust und Laune auch die Gestalt lieblicher weiß gekleideter junger Frauen an. Genauso ist es – nebenbei gesagt – mit den Perchtenmasken, die in Österreich und Bayern (wo die Perchta bekannter ist als die Frau Holle) in Umzügen herumgetragen werden und ebenfalls schön oder erschreckend hässlich sein können. Gut und schön sind die beiden Feen jedenfalls im wahrsten Sinne des Wortes: *Hold* bedeutet zum einen »günstig, gnädig« und »treu«, dann aber auch »lieblich« und »anmutig« (man denke an das Gegenteil, den »Un-hold«); *percht* dagegen heißt »strahlend, glänzend«, weshalb Buben auch den Namen Rupert, Ruprecht oder Berchthold erhielten.

Der Feencharakter von Holda und Perchta zeigt sich unter anderem daran, dass sie großen Anteil am Spinnen und ähnlichen Tätigkeiten der Menschen nahmen. Dabei ließen sie absolut nicht mit sich spaßen. Das Spinnen ist eine ihrer großen Leidenschaften, und wenigstens den Märchen zufolge (man denke an die Grimm'schen *Drei Spinnerinnen*) erschien die eine wie die andere zuweilen als freundliche alte Frau, um einem Mädchen, das sich mit einem gewaltigen Berg Flachs konfrontiert sah, aus der Not zu helfen. In Thüringen glaubte man, die Frau Holle würde um Weihnachten mit ihrem Zug durch das Land ziehen. Dann umwanden die Mägde ihren Spinnrocken mit Werg oder Flachs und ließen ihn so über Nacht stehen. Bemerkte Frau Holle solche Rocken, pflegte sie zu sagen:

»So manches Haar, so manches gute Jahr!« – ein Segen, auf den natürlich alle erpicht waren. Bis zu Dreikönige aber mussten die Spinnrocken vollständig abgearbeitet sein, denn sonst wurde Frau Holle auf ihrem Rückzug in den Hörselberg recht böse und sprach: »So manches Haar, so manches böse Jahr!«

Überhaupt hatten faule Mädchen guten Grund, sich vor Frau Holle zu fürchten, auch wenn sie versuchten, sich mit Bannsprüchen wie diesem zu retten: »Holla, Holla mit dem Haar, morgen ist gesponnen gar.«

Fleißige Spinnerinnen wurden dagegen reich belohnt: Späne verwandelten sich in Gold oder in Schuhen oder Eimern lagen plötzlich Münzen.

Auch um den Ackerbau bekümmerten sich Holle und Perchta, vor allem natürlich um den Flachsanbau. Sie brachten, wenn sie ehrerbietig darum gebeten wurden, den Feldern Fruchtbarkeit und sie sorgten für reiche Ernte. Zuweilen rächten sie sich aber auch für eine Rücksichts-

losigkeit oder Schlimmeres mit einer Missernte – und bereuten diese Strafe später. Um wieder gutzumachen, dass sie ihnen die Weinreben erfrieren ließ, verriet Frau Holle den Thüringern einmal das Rezept der berühmten Thüringer Klöße, der »Hütes«. Sie »übermittelte«, wie vor kurzem in der *Thüringer Allgemeinen* zu lesen stand, »den seither Mittellosen ein Kartoffelrezept mit der Empfehlung: ›Hüt' es!‹«.

Wie allgegenwärtig man sich die Fee in früheren Zeiten dachte, lässt sich daran erkennen, dass die Fäden der Spinnen im Altweibersommer als Schleier der Frau Holle (den sie über den Zweigen zum Trocknen ausbreitet) bezeichnet wurden. Auch eine Tiroler Sage, die zu einem Märchen abgewandelt wurde, macht deutlich, dass Frau Holle ihren festen Platz im Bewusstsein der Menschen hatte und sie mit Fug und Recht zu den Feen gezählt wird:

Ein kleines Mädchen brachte eines Tages eine Schachtel mit Marienkäferchen nach Hause, die sie vor den bösen Nachbarskindern gerettet hatte. Auf die Vorhaltungen der Eltern aber dauerten sie die kleinen Gefangenen und sie brachte sie in der Nacht heimlich in den Wald und ließ sie fliegen. Da erschien eine wunderschöne Frau in weißen schimmernden Gewändern, in deren Falten sich die Käferlein verkrochen. Das Mädchen, Bärbeli, wusste sofort, dass es sich bei der Fee um Frau Holda handelte, »der gütigen Schützerin von Feld und Wald, der mütterlichen Freundin des arbeitsamen Landmanns und der fleißigen Spinnerin, die Gedeihen und fruchtbares

Wetter vom Himmel herab auf ihre Äcker bringt und mit sorgsamem Auge das Wachsen und Blühen der Felder überwacht.«
Einige Zeit später musste der Vater in den Krieg ziehen, und als sie hörte, er sei in der Schlacht gefallen, starb die Mutter an gebrochenem Herzen, und bald war auch die Gegend, in der das kleine Mädchen wohnte, vom Feind bedroht. Da erschien ein Marienkäferchen und lockte das Bärbeli in den Wald. Von dort vernahm das Mädchen das Kriegsgetümmel und fürchtete sich sehr. In dem Augenblick senkte sich ein Wagen vom Himmel herab, und Frau Holda entführte das Kind in ihr himmlisches Reich, damit ihm nichts geschah. Dort war alles über die Maßen schön, Bärbeli konnte nach Herzenslust mit all den wunderbaren Tieren und Vögeln, die es dort gab, spielen und lernte von Frau Holda richtig spinnen. Von Zeit zu Zeit nahm die Fee, wenn sie zusammen mit ihren Dienerinnen, den seligen Fräulein, den Flachs und das Getreide segnen wollte, das Kind mit hinunter auf die Erde.
Eines Tages aber, um Weihnachten, als sie wieder auf der Erde waren, sah Bärbeli ihren totgeglaubten Vater traurig in ihrem früheren Häuschen sitzen, und mit Erlaubnis der Frau Holda, die sie zum Abschied reich beschenkte, kehrte sie nach fünfjährigem Aufenthalt im Feenreich zu ihm zurück und führte ihm von nun an den Haushalt.

Nach landläufiger Vorstellung hausen Frau Holle und Perchta mit ihrem Gefolge allerdings weniger im Himmel als vielmehr in den Bergen, in Höhlen (»Hollenlöchern«), Steinen, Mooren oder auf Bäumen. Frau Holle wohnt oft in Teichen und Brunnen, wie heute noch Ortsnamen wie etwa Hollabrunn belegen. Holda wird, bei dem Namen nicht verwunderlich, eine besonders enge Verbindung zum Holunder nachgesagt – wovon in einem späteren Kapitel noch die Rede sein wird. Und ihr Lieblingstier ist (außer dem Marienkäferlein) die Katze: ungreifbar und zwiespältig, zugleich sanft und wild wie sie selbst. Die Katze steht übrigens in enger Beziehung zu den Feen. Nicht umsonst werden die *Wilden Frauen* zuweilen als katzengesichtig beschrieben.

Die Unberechenbarkeit der beiden Feen prägte natürlich das Verhältnis der Menschen zu ihnen, denn diese fürchteten mit Recht ihren Zorn, der sich längst nicht nur in Missernten auswirkte. Einem Mädchen etwa, das die Frau Holle und ihre kleinen Gefolgsleute, die Heimchen, einmal ohne bösen Willen auslachte, blies die Fee in die Augen, dass sie blind wurde. Sie machte es übers Jahr zwar wieder gut, doch ein Jahr hatte das Mädchen leiden müssen.

Der Perchta brachte man aus diesem Grund – hauptsächlich an ihrem Tag, dem 6. Januar – Opfer dar, vor allem Grütze und Fisch, in der Hoffnung, sich auf diese Weise ihre Gunst zu sichern. Die italienische Entsprechung der Perchta ist übrigens die Befana, eine hässliche alte Fee, die aber am Dreikönigstag den Kindern Geschenke bringt und damit ihr abschreckendes Äußeres mehr als wettmacht. Über die Gaben an die Frau Holle schrieb ein Zisterziensermönch im 13. Jahrhundert: »In der Nacht der Geburt Christi decken sie den Tisch für die Königin des Himmels, die das Volk Holda nennt, damit sie ihnen helfe.«

Bedenkt man, dass unser Weihnachten auf das heidnische Fest der Wintersonnenwende gelegt wurde, nimmt es nicht wunder, dass gerade zu diesem besonderen Zeitpunkt den Geistwesen, die an diesem Tag aus ihren Behausungen kommen und herumschwirren sollen, Opfer dargebracht wurden.

Nahmen die Menschen auf die Wünsche der Holda und der Perchta Rücksicht – enthielten sie sich beispielweise an Sonn- und Feiertagen der von ihr verbotenen Tätigkeiten, brachten sie ihnen Opfer dar und achteten sie darauf, sie nicht zu beleidigen –, kamen sie gut mit ihnen aus, wie der folgende um die Mitte des 19. Jahrhunderts aufgezeichnete Bericht aus Thüringen verdeutlicht:

In dem fruchtbaren Saalthal zwischen Bucha und Wilhelmsdorf hatte Perchtha, die Königin der Heimchen, ihren Wohnsitz, und ihre unsichtbare Nähe verbreitete Glück, Gedeihen und Heiterkeit über die ganze Flur. Mit den Heimchen aber waren die Einwohner so befreundet, dass sie sich bei ihren Arbeiten an den Spielen und Neckereien der Kleinen, an ihrem plötzlichen Erscheinen und Verschwinden ohne Furcht und Scheu ergötzten. Wenn der Bauer seinen vollen Erntewagen von steilen Höhen herab nach Hause fuhr, saß oft ein Heimchen, bekränzt mit Ähren, jubelnd auf dem Zugvieh, und sicher und wohlbehalten kam der reiche Segen der Felder in die Scheuer; breiteten die Leute auf ihren Wiesen die Heuschober aus, so geschah es nicht selten, dass ein freundliches Heimchengesicht ihnen daraus entgegenkicherte, und bei der Obsternte fiel mit der reichen Frucht wohl auch ein Heimchen vom Baum herunter und verschwand mit schalkhaftem Gelächter. Auf Perchthas, ihrer Königin, Gebot mussten die Heimchen die Felder und Fluren der Menschen bewässern, während sie selbst unter der Erde mit ihrem Pfluge ackerte und den besten Samen ausstreute, wenn droben die Leute ihre Felder bestellten.

Die »Heimchen« in diesem Bericht erinnern mit ihrer Kleinheit und ihrem Gekicher ein wenig an die Elfen, wie man sie sich heute vielfach vorstellt. Mit diesem Wort sind wohl Elben oder Zwerge gemeint, Genaueres weiß man nicht. Grimm behauptet, der Ausdruck Heimchen sei »feiner« als *Querx* oder *Erdmännchen*. Jedenfalls scheint es so zu sein, dass man die Hausgrillen (also das, was wir heutzutage unter Heimchen verstehen) früher als Personifikationen der Hausgeister ansah.

Waldweiblein

Weit seriöser als diese kicherigen Geschöpfe wirken die Moosweiblein, Holzfräulein, Rüttelweiblein, Busch- oder Puschweibel und (Verzeihung!) Buschrülpen – Feenwesen, die, wie ihre Bezeichnungen schon zeigen, im Wald leben. Zu ihnen sind die Dialen, die Böhmer Waldfrauen und vielleicht manche der »Wilden Leute«, die bereits erwähnten Saligen oder Seligen Fräulein und vielleicht auch die Tiroler Fänggen zu rechnen. Die Übergänge zu anderen Geistwesen sind auch hier wieder fließend. Eine Wissenschaftlerin, die sich mit diesem Thema eingehend beschäftigte, spricht sehr unromantisch von »Ökotypen«, die sich je nach Landstrich ausgebildet hätten. Die Brüder Grimm sagen in ihrer *Mythologie*: »Je mehr die Waldleute zusammen in Haufen leben, desto ähnlicher sind sie den Elben, Wichteln und Zwergen; je mehr sie einzeln erscheinen, desto größere Berührung haben die Frauen mit weisen Frauen, selbst Göttinnen …«

Wie eine Göttin oder eine Bilderbuchfee sieht ein Moosweiblein, will man (angeblichen?) Augenzeugen glauben, allerdings nicht immer aus. »In Neustadt«, so heißt es in einem oberpfälzischen Volksglaubenbuch, »kommt sie als kleines altes Weib, in Moos gekleidet, in der Adventszeit zu den Leuten und bleibt in der Stube auf dem Holz in der Hölle über Nacht, hat Holzschuhe an und redet nicht; des andern Morgens ist sie weg! – Nach der Beschreibung eines Webers aus Gefrees ist sie grau, von der Größe einer Katze, fast wie ein Affe gestaltet.« Ihr Gesicht soll, nach Aussage anderer, mit Moos oder Rinde bedeckt sein, die Haare mit Flechten oder die Kleidung aus Moos oder Rinde bestehen, und sie soll sich mit dem Tau waschen, der sich morgens in den Blättern des Frauenmantels findet.

Es gibt daneben eine Unmenge an Feenwesen, die im Gegensatz zu Gruppenbegriffen wie »Holzfräulein« oder »Moosweiblein« eine individuelle Bezeichnung tragen. Da ist in Schwaben das Baureweible bezeugt, das Mauerholzweiblein, das Gilzenweiblein, das G'städemer Weible, das Hardtweible, das Schleierweiblein und das Falkenhofer Weible, um nur einige wenige zu nennen. Im Allgäu finden sich etwa das Spitzweible, das Hagsbergweible, das Kematweible, das Filzmoosweible und das Gschnaitweible, das Muelteweible, Fürgeweible und Steigweible. Wir könnten diese Liste endlos fortsetzen, doch mag sie genügen, um zu zeigen, dass die meisten dieser »Weible« nach dem Ort, der Stelle, dem Berg oder Moor benannt sind, wo sie erschienen oder anzutreffen waren. Umgekehrt wurden auch Berge, Felsen oder, wie im Fall der Frau Holle, Brunnen nach den dort lebenden »Fräulein« benannt. So gibt es beispielsweise bei Aschaffenburg das »Gestühl der wilden Frau« und in Hessen den »Wildfrauborn«.

All diese Weiblein könnten vielleicht unter dem Oberbegriff *Wilde Frauen* oder *Waldfrauen* zusammengefasst werden, da von diesen im Allgemeinen die gleichen Geschichten erzählt werden. Oft wird ausdrücklich erwähnt, sie seien altertümlich angezogen und führten die Menschen gern in die Irre. Das *Knappenlochweible* beispielsweise, das nach einem verlassenen Bergbaustollen benannt ist, trug »eine ganz altmodische Tracht, auf dem Kopfe eine Pelzkappe und in der Hand meist einen Stecken. Wer nun nachts da vorüberkam, wurde gern vom Wege abgelenkt und irregeführt, und manchen folgte es über weite Strecken nach, bis es dann plötzlich verschwand.«

Dieses Weiblein zeigte sich, wie viele andere, als kleine, alte, bucklige Frau. Und auch die den genannten Wesen vom Charakter her entsprechenden *Fänggen* und *Nörglein* werden teilweise als furchterregende Gestalten beschrieben mit roten Zähnen, verfilztem Haar und was es der unerfreulichen äußerlichen Details mehr gibt. Die Fänggen oder *Fenken* wurden später sogar mit dem Teufel gleichgesetzt. Sie sind mancherorts riesig, mancherorts klein wie die Zwerge, und die Frauen haben Brüste, die so lang sind, dass sie sie über die Schultern werfen können. Gleiches wird von den Wilden Frauen etwa in der Eifel und allgemein in der mittelalterlichen Literatur, von den sardinischen *Giane*, der tirolischen *Langtüttin*, aber etwa auch von den skandinavischen Waldfrauen und den litauischen *Laumes* – und von den Feen im Himalaya! – berichtet.

Angesichts solch abstoßender Beschreibungen ist man eigentlich wenig geneigt, diese Wesen in irgendeine Beziehung zu den lieblichen Elfen oder Feen zu setzen. Andererseits sprach schon Cassian, der im 5. Jahrhundert lebte, von vergnügten Waldgeistern, die Menschen neckten und sich verhielten, wie man es heute den Elfen nachsagen würde. Außerdem wurden viele Waldfräulein als »wunderschöne Weibsbilder« mit hellen Haaren und schöner Stimme beschrieben, denen die sterblichen Männer reihenweise verfielen. So gibt es Aussagen, denen zufolge die Moosfräulein so groß wie die Menschen und keineswegs hässlich, sondern nur sehr blass seien. Gleiches gilt von den *Saligen*. Sie sind, wie es in einem alten Sagenbuch heißt, »meist hoch gewachsen, dabei oft von wundersamer Schönheit«. Auch die Waldfeen der Beskiden, die *Slibkas*, sind schöne Frauen mit langen Haaren. Sie sitzen auf den Ästen hoher Tannen, kämmen sich ausgiebig und singen dabei mit überaus trauriger Stimme in lang gezogenen Tönen immer nur »lu lu lu lu lu«, weshalb sie auch *Lulkas* genannt werden.

Dieser scheinbare Widerspruch – hier die grottenhässliche, dort die bildhübsche wilde Frau – zieht sich durch die ganze mittelalterliche Literatur.

Aber selbst, wenn sie alt und moosig sind, haben diese Weiblein und Fräulein mit den Feen doch eine ganze Menge gemein, weshalb sie mit Fug und Recht als solche bezeichnet und etwa mit den dänischen *Ellefrauen* verglichen wurden und werden. Da ist zum einen ihre Vorliebe für das Spinnen und Weben, weiterhin ihre Kenntnisse der geheimen Kräfte der Natur. Unschlagbar sind sie in der Heilkunde, denn mit den Pflanzen stehen sie auf du und du. Sie wissen bestens über ihre Inhaltsstoffe Bescheid und retteten manch einem Sterblichen dadurch das Leben. Auch Tolkien schildert die Elben als heilkundig.

Die Waldweiblein und -fräulein wohnten im Allgemeinen zwar nicht in unmittelbarer Nähe der Menschen, doch hielten sie sich andererseits auch nicht von ihnen fern. Sie kümmerten sich oft bereitwillig um das Vieh der Bauern und kannten sich überhaupt ausgezeichnet mit Tieren aus. Früher halfen Moosweiblein, Salige, Wildfräulein und Holzfräulein den Menschen zuweilen bei ihren Arbeiten in Küche, Haus und Hof, wenn sie dafür ihren Anteil an Küchlein und anderen Speisen bekamen. Eine schöne Waldfee füllt in einem Märchen einem Ziegen hütenden Mädchen sogar jedes Mal seine Spindel, nachdem es ausgiebig mit ihm getanzt hat.

Über die Holzfräulein waren etliche – teilweise recht merkwürdig »abgehackte« – Geschichten in Umlauf, die sich oft um deren Fähigkeit drehten, in die Zukunft zu schauen.

»In Etschenlind bei Blößberg war ein Holzfräulein bei einem Bauern. Einmal lachte sie gewaltig. Befragt darüber, sagte sie: ›Ihr habt aufgedeckt und gewaltig viel Löffel auf den Tisch gelegt, und doch reichen sie nicht aus, weil noch fünf zum Mitessen kommen, darunter einer, der hinkt. Darüber musste ich lachen.‹ Zu Mittag kamen die Gäste, wie sie es vorausgesagt hatte.«

Ein anderes Holzfräulein pflegte immer Wasser am Brunnen zu holen. Einmal aber weigerte sie sich mit der Begründung, jetzt sei Husten und Strauchen (Schnupfen) im Wasser. »Wirklich bekamen alle im Dorfe dieses Unwohlsein, nur jenes Haus blieb verschont.«

Sehr ähnlich vom Charakter und Wesen her werden im Allgäu die *Wilden Fräulein* und auch die *Erdfräulein* beschrieben. Zwei von ihnen wohnten im so genannten Fräuleinstein nordöstlich von Hinterstein. Sie hießen Rezabell und Hurlahutsch und wurden oft gesehen, da sie nicht selten zu den Häusern der nächstgelegenen Dörfer herabkamen. Sie verstanden sich auf das Spinnen und Weben und besaßen eine große Tuchbleiche. Sie sangen gern und sehr schön, waren hilfsbereit und im Allgemeinen freundlich. Die Leute sahen sie auch oft, wie sie aus Nebelfäden Seile drehten und damit spielten und darauf tanzten.

Beim Hofanzer in Vils hat man ein uraltes, großes Spinnrad, das man seit langem nur mehr zum Fadenzwirnen verwendet und das man das »Maringga-Rad« heißt. Wie es aber zu diesem Namen gekommen, darüber erzählten die Alten Folgendes: In dem Hause stand vor gar langer Zeit eine Magd von ganz fremdartiger Herkunft im Dienste. Sie war fleißig und rechtschaffen und saß während des Winters fleißig und eifrig an dem erwähnten Spinnrade, hatte aber sonst mancherlei Eigenheiten, und niemand kannte eigentlich ihren rechtmäßigen Namen. Eines Abends kam nun der Bauer von Reutte her, und wie er am Galgenmösle vorbeiging, hörte er von der Felswand herab eine Stimme rufen: »Sag doch der Maringga, der Maringger sei gestorben!« Obwohl nun der Mann weit und breit niemand mit dem Namen Maringga kannte, so ging ihm das doch im Kopfe um, und als er zu Hause war, erzählte er davon. Da stand sogleich die Magd vom Spinnrad auf und verließ das Haus, und niemand wusste, wohin sie gegangen. Das aber konnte man nun entnehmen, dass sie die Maringga gewesen, und von da an hieß man das Rad, an dem sie so viel und fleißig gesponnen hatte, nur mehr das »Maringga-Rad«.

Das Motiv: »Sag XY, dass der und der gestorben ist«, kommt auch sehr häufig in Zwergengeschichten vor, doch hat die Magd hier dem Anschein nach keine winzige Gestalt, und Gleiches gilt für die Heldinnen zahlreicher weiterer Geschichten ähnlichen Inhalts. Zumeist steht die Magd auf, sobald sie die Todesnachricht vernimmt, und verschwindet auf Nimmerwiedersehen.

Ebenso häufig wird in den Sagen und Geschichten die Waschleidenschaft der Weiblein erwähnt – ein weiteres typisches Feenmerkmal. Von Frau Holle erzählten wir bereits, dass sie ihren Schleier zum Trocknen auf die Zweige hängt, doch ist sie wahrlich nicht die Einzige, die auf Sauberkeit achtet. Auch die Seligen Fräulein pflegen ihre Wäsche im Freien zu trocknen, wobei sie des Öfteren beobachtet wurden – ebenso wie das Röhlinger Waschweiblein:

Um Mitternacht kommt in Röhlingen bei Ellwangen zu gewissen Zeiten ein Weiblein, ganz klein mit gewaltigen Holzschuhen, mit denen es poltert und schlurket, dass man's im Orte deutlich hören mag. Geht an den Brunnen, fängt an Wasser zu pumpen, schlägt die Ärmel wohl auf und hat bloß ein Unterröcklein an. Dann geht's ans Waschen über Hals und Kopf. Jetzt ist das Waschweiblein schon lang nicht mehr gekommen.

Ein weiteres typisches Kennzeichen der Feen ist ihre Großzügigkeit und ihr Mitleid mit den Armen, Kranken und Schwachen. Und diese beiden guten Eigenschaften lassen sich auch bei den verschiedenen Waldweiblein nachweisen:

Im Unterengadin und im Münstertal erschienen vormals gewisse feenhafte Wesen, die Dialen. Sie waren weiblich und von leidlicher Schönheit, sehr freundlich und gutherzig. Ein Umstand aber entstellte sie in den Augen mancher Leute: Sie hatten Ziegenfüße. Sie erschienen öfters den Hilfsbedürftigen, geleiteten verirrte Wanderer auf den rechten Weg und bewirteten Hungrige und Durstige. Armen Leuten, die im Schweiße ihres Angesichtes arbeiteten und nach einer Labung lechzten, erschienen sie hin und wieder, breiteten ein weißes Tuch vor ihnen aus und trugen auf blendend weißem Geschirr Speise und Trank auf. Es fürchtete sich auch niemand vor ihnen, denn man kannte ihre gute Gemütsart.

Wenn diese *Dialen* oder andere vergleichbare Feenmädchen bei einer Arbeit mit anpackten, ging alles sehr viel schneller vonstatten als normalerweise, und obendrein erteilten sie gefragt oder ungefragt den Anwesenden nach getaner Arbeit, gemütlich hinter dem Ofen sitzend, oft noch den ein oder anderen guten Rat, wie etwa: »Schäl keinen Baum, erzähl keinen Traum!«

»Neckt aber jemand ein Salinger Fräulein«, heißt es in einer Tiroler Sage, »so verschwindet es und erscheint auf jenem Feld nie wieder. Zuweilen kommen die Fräulein auch in die Häuser und helfen den Bäuerinnen kochen und nähen und scheuern; und wenn ein Fräulein Butter schlägt, kommt noch einmal so viel aus dem Kübel, und wenn eines die Kühe melkt, gibt das liebe Vieh viel mehr Milch als zu anderen Zeiten.«

Ja, sie waren fleißig, aber sie verlangten unbedingt Respekt, und eine Ablehnung vertrugen sie partout nicht – auch dies ein wesentliches Feenmerkmal! Wenn ein Seliges Fräulein ins Tal herabkam, um bei Bauern um ein Küchlein oder etwas anderes zu bitten, gab man besser schleunigst das Verlangte. Als eine Bäurin in Tirol einmal einen solchen Wunsch abschlug, verwünschte das Feenweiblein sie bis ins neunte Geschlecht – ein Fluch, der, versteht sich!, in Erfüllung ging. Einer anderen Bäurin fuhr ein Fräulein wenig fräuleinhaft mit einem glühenden Spieß ins Gesicht.

Auch verlangten die Feenwesen bestimmte Opfer und Opferrituale. Aus Tirol ist überliefert, dass man, wenn man auf eine bestimmte Alm steigen wollte, einen Stein auf einen Haufen werfen und dazu sprechen musste: »Ich opfere, ich opfere den wilden Fräulein.« Wer es unterließ, wurde unweigerlich bestraft. In Bayern band man den Kühen vor dem Auftrieb Körbchen voll Erdbeeren und Alpenrosen zwischen die Hörner für die »Fräulein«. In einem englischen Märchen beschützen die Waldfrauen einen Mann, weil er ihnen zuvor regelmäßig Milch und Quellwasser hinausgestellt hatte.

Außer auf Erdbeeren waren die Bergbewohnerinnen unter den Waldfeen allem Vernehmen nach auf Eier von Schneehühnern und Blaubeeren versessen, und von den Menschen ließen sie sich für ihre Dienste mit Milch und weißem Brot bezahlen. Die Männer mancher dieser Feenwesen gingen auch bei Wind und Wetter, ja gerade wenn es so richtig schön stürmte, auf die Jagd. Apropos Männer: Wie die Wilden Frauen, gibt es natürlich auch die Wilden Männer. Ob die allerdings in irgendeiner Weise zusammengehören, oder ob jeder für sich allein im Wald herumwurschtelt und man sich nur ab und an über den Weg läuft, ist nicht so ganz klar. Die Geschichten trennen jedenfalls in der Regel zwischen den einen und den anderen. Wenn ein solcher Begriff verwendet wird, ist meist die Rede von mehreren des jeweils gleichen Geschlechts, also auch im Fall der Wilden Männer. »In den Zeiten, in denen Tiefenbach noch nicht verödet war«, heißt es etwa, »hausten noch auf dem nahen Ochsenberge wilde Männle.« Man beachte, dass nicht von gemischten Paaren die Rede ist! Dennoch werden immer wieder auch Partner der Feendamen erwähnt, nur sind solche Beispiele eher selten.

Zudem bandeln alle Feen gern mit Sterblichen an – was nicht unbedingt für Männerreichtum bei ihnen spricht. Auch die Wilden Frauen machen da keine Ausnahme. Im Salzburger Land hatte ein Bauer ein Techtelmechtel mit einer von ihnen. Er hatte sich besonders in ihr bodenlanges schönes Haar verliebt und traf sich mit ihr an einer bestimmten Stelle, wobei er ihr vorlog, dass er nicht verheiratet sei. Eines Nachts ging ihm seine Frau nach, erwischte ihn in flagranti, behielt zum Glück aber die Nerven: »Gott erhalte dir dein schönes Haar«, sagte sie nur ruhig zur Wilden Frau, »aber was tust du hier unter den Menschen?« Damit drehte sie sich um und ging nach Hause. Die Fee schimpfte anschließend den Bauern tüchtig aus und erklärte ihm, nur das besonnene Verhalten seiner Frau habe ihn gerettet. Fortan solle er ihr gefälligst treu sein. Sie gab ihm zum Abschied einen Schuh voll Gold und befahl ihm, sich nicht mehr nach ihr umzusehen.

Trügerische Elben

Sind die Saligen oder Fänggen und die unzähligen verschiedenen Weiblein und Fräulein heutzutage auch nicht mehr sehr bekannt, lässt sich dies, dank Tolkien, von den Elben nicht behaupten. Sie sind zumindest den Fantasyfreunden bestens vertraut.

Früher war das allerdings anders. In der mittelhochdeutschen Lyrik (im engeren Sinne) kommt die Elbe beispielsweise nur ein einziges Mal vor, und zwar in einem Gedicht des bedeutenden Dichters Heinrich von Morungen (um 1200). Hier heißt es: »Vom Blick der Elbe wird mancher Mann bezaubert.« Der Spruchdichter Bruder Wernher, der gleichfalls im 13. Jahrhundert lebte, bezeichnet sie als »trügerische Wesen«. Wenngleich eine Weile später auch die Feen irischer und dänischer

Geschichten bei uns zulande in »Elben« umgewandelt wurden, gerieten diese Wesen – vor allem als trügerische, aber Männer bezirzende weibliche Feen – irgendwann doch in Vergessenheit. Erwähnt wurden sie lediglich in manchen Hexenprozessen. Zu Lebzeiten Christoph Martin Wielands, der sich, wie wir noch sehen werden, von Berufs wegen mit den Elfen befasste, war das Wort in dieser Bedeutung dem Volk jedenfalls nicht mehr geläufig.

Wenn überhaupt von ihnen die Rede war, dann häufig im Zusammenhang mit Krankheiten. Schlimmer noch: Die Krankheiten selbst wurden als Elben bezeichnet. Mitesser hießen etwa die »zehrenden Elben«, und andere Krankheiten, die »angeflogen kommen«, nannte man die »fliegenden Elben«. Schon Luther berichtet in seinen Tischreden, seine Mutter habe unter »Herzgespann und Elben« zu leiden gehabt, die ihr eine Nachbarin angezaubert habe. Auch das Vieh litt unter den Elben, und aus Mecklenburg ist gegen die »neunerlei Elben« ein Viehsegen überliefert, dessen sprachlich nicht sehr eleganter Anfang lautet: »Neunerlei Elven saugen sich zusammen. Sie sprachen, wir wollen in Hans Christian Sinlo seine Hofstadt gehen. In das Viehhaus und saugen das Vieh ihr Blut und Fleisch aus …« Und so weiter.

Weiter verbreitet war auch das Adjektiv »elbisch«, und zwar im Sinne von stumpfsinnig oder wahnwitzig. Mancherorts kannte man außerdem das Wort »Elbertrötsch«, eine Bezeichnung für jemanden, der geistig ein wenig zurückgeblieben ist.

»In Rauen bei Fürstenwalde«, heißt es in einem norddeutschen Volksglaubenbuch, »sagt man, wenn einer heftiges Kopfweh hat, er habe die verkehrten oder schwarzen Elben. Soll er wieder gesund werden, so bindet man ihm abends ein Tuch um den Kopf, lässt ihn damit die Nacht hindurch schlafen, nimmt es am andern Morgen ab und geht zu einem klugen Manne; der uriniert dann in das Tuch, und die Elben gehen fort. Außer den schwarzen Elben, welche die schlimmsten sind, gibt es auch noch rote und weiße, und bei allen dreien äußert sich die Krankheit vorzugsweise darin, dass den damit Behafteten das Gedächtnis schwindet.«

Jacob Grimm beschreibt die Elben gar als Sprösslinge der Hexen und deren dämonischer Liebhaber.

Nach dem Gesagten nimmt es nicht wunder, wenn es in einer Untersuchung zum Wort »Elfe« heißt, diese deutschen Elben hätten mit den

Elfen Shakespeares nicht das Geringste gemein. Dem Anschein nach auch nicht mit den Elben Tolkiens (wäre zu ergänzen), die sich als sing- und tanzlustige, heil- und zauberkundige, edle, hilfreiche und gastfreundliche Wesen präsentieren, in deren Reich eitel Freud und Sonnenschein herrscht (solange man sie in Ruhe lässt) und es leckeres Essen und Trinken im Überfluss gibt.

Das alles sieht recht übel für die Elben aus. Geistig Zurückgebliebene und Krankheiten, nein, das ist mit den Tolkienschen Elben oder mit Feen nicht zu vereinbaren … oder doch?

Die Tolkienschen Feen sind lieb und nett, wenn man selbst lieb und nett zu ihnen ist und sie nicht ärgert. Sie können allerdings auch anders. Wenn wir uns die Beschreibung der durch schwarze, rote und weiße Elben verursachten Krankheiten noch einmal näher ansehen, fällt uns auf, dass hier von Gedächtnisschwund und Kopfschmerzen die Rede ist. Die klassische Rache erzürnter Feen besteht oftmals in hinterrücks versendeten Elfenpfeilchen oder dem so genannten Feenschlag. Erstere bewirken beispielsweise den allbekannten »Hexenschuss«, Letzterer den von starkem Schwindel und Kopfschmerzen begleiteten Hitzschlag. Was aber den Gedächtnisschwund angeht, so ist allgemein bekannt, dass Menschen, die ins Reich der Feen geraten, oft für eine gewisse Zeit jede Erinnerung an ihre Familie und Heimat verlieren. Die genannten Krankheiten sind also für die Feenwesen ausgesprochen typisch. Dass von den Elben nun nicht viel mehr überliefert ist, als diese nach Menschenmaßstäben recht negative Seite, ist allerdings betrüblich. Immerhin mag man den männerbetörenden Aspekt nicht vergessen, der doch auf ein sehr anziehendes Äußeres schließen lässt und ein wesentliches Feencharakteristikum ist. Wiederholt erfährt man, dass sie in Bäumen leben und mit diesen geradezu verschmelzen – etwas, das von den Feen in Märchen verschiedener Länder (und heutzutage von den Elfen in Rollenspielen) immer wieder erzählt wird. Daher heißt es: »Die Elben leben nur im Walde. Fällt man den Baum, den sie bewohnen, so müssen sie sterben.«

Wer es nach all dem Gesagten immer noch ablehnt, die hässlichen Weiblein mit Moosgesichtern oder die Elben mit den Feen in Verbindung zu bringen, der sei an dieser Stelle daran erinnert, dass selbst in Märchen nicht alle Feen gut aussehen oder »gut« sind. Denken wir etwa an die

dreizehnte Fee bei Dornröschen, die das völlig unschuldige Mägdelein in der Wiege verflucht, nur weil zufällig kein goldener Teller mehr im Schloss aufzutreiben war, und die – wenigstens in der französischen Version des Märchens – auch noch alt ist. Erinnern wir uns außerdem an die Geschichte von dem armen Mädchen, dem drei alte Spinnerinnen helfen, ihre Aufgabe zu erledigen. »Da sah es drei Weiber herkommen, davon hatte die erste einen breiten Platschfuß, die zweite hatte eine so große Unterlippe, dass sie über das Kinn herunterhing, und die dritte hatte einen breiten Daumen.« Klingt nicht besonders hübsch, oder?

Zum Glück hält sich die arme Spinnerin an ihr Wort und schämt sich ihrer drei absonderlichen Helferinnen nicht, als sie heiratet – und wird deshalb von ihnen belohnt. Keine Frage, dass es ihr schlecht ergangen wäre, wenn sie sich anders verhalten hätte … wir sagen nur: Hexenschuss und Mitesser!

Wie kamen die Elfen nach Deutschland?

Sprich, kennst du der Elfen fröhliches Volk?
Sie weilen an Flusses Rand.
Sie spinnen aus Mondschein ihr Festtagskleid
Mit lilienweiß spielender Hand.

Immer wieder wird im Internet die Frage gestellt, ob denn Elfen und Elben dasselbe seien, und worin die einen oder anderen sich wiederum von den Feen unterscheiden. Selbst erklärte Tolkien- und Fantasyfreunde wissen in diesem Punkt oft nicht so recht weiter. Von sehr vielen Fans (und etlichen Fantasy-Autoren) werden die Begriffe *Fee, Elfe* und *Elbe* einfach synonym gebraucht, während sich andere – etwa der bekannte Autor Wolfgang Hohlbein – zumindest nicht ganz klar darüber sind, ob sich hinter den verschiedenen Namen tatsächlich eine und dieselbe »Art« verbirgt. Viele vertreten die Ansicht, Elfen seien im Gegensatz zu den Feen und den edlen (Fantasy-)Elben klein, niedlich, luftig, ein wenig boshaft, ätherisch und ziemlich kindisch – mithin nicht eigentlich ernst zu nehmen. Manche besser Informierte wissen auch, dass unsere Elfen nicht ganz »echt« sind, und verweisen als Urheber auf die Brüder Grimm (was falsch ist) oder – und das ist *fast* richtig – auf Christoph Martin Wieland.

Die Elfen haben wir tatsächlich, wenn man so will, diesem großen deutschen Dichter zu verdanken, der im Jahr 1815 starb und seither unverdientermaßen so in Vergessenheit geraten ist, dass 1999 in Weimar eine Veranstaltungsreihe mit dem rotzfrechen Titel »Who the fuck is Wieland?« angeboten werden konnte. Als Wieland bei seinen Shakespeare-Übersetzungen zum *Sommernachtstraum* kam, sah er sich mit dem Problem der *fairies* konfrontiert, und er entschied sich zum einen für

»Fee« und zum anderen für eine deutsche Neuschöpfung, nämlich »Elfe«.

Die Anregung für Letzteres – und jetzt kommen wir zu dem *fast* – hatte er von seinem Freund und Übersetzerkollegen Johann Jakob Bodmer, der nicht wusste, wie in Miltons *Verlorenem Paradies* »faery elves« am besten wiederzugeben sei. Zuerst schrieb er dafür »zauberische Waldfeyen«, dann aber verfiel er einfach auf »Aelfe«. Das Wort sei passend, meinte er, »so oft wir die Art Geister anzeigen wollen, welche die Angelsachsen mit diesem Namen genannt hatten«. Von Bodmer übernahm die Elfen der weit bekanntere Wieland, verbreitete sie mehr oder weniger in alle Winde, und von nun an waren sie aus dem deutschen Sprachgebrauch nicht mehr wegzudenken, auch wenn ihre »angelsächsischen« Charakterzüge auf die bei uns vorhandenen Feenwesen nicht sonderlich gut zu passen schienen. Die Brüder Grimm waren von den Elfen jedenfalls alles andere als überzeugt: »Der unhochdeutschen, nie unter dem Volk gebräuchlichen Wortform Elfen hätten wir uns enthalten, wenn sie nicht von den Dichtern des vorigen Jahrhunderts in Übersetzungen aus dem Englischen, ohne die Eigenart unserer Mundart zu beachten, angenommen und nun einmal eingeführt worden wäre.«

Das Wort selbst kam also in der englischen Literatur vor. Die Elfen galten dort allerdings nicht als eine eigene Klasse von Wesen, sondern *elf* ist lediglich die angelsächsische Entsprechung zum »französischen« (normannischen) *fairy*. Der Ausdruck wurde, wie die Feenforscherin Katherine Briggs erklärt, vornehmlich im Süden Englands auf kleinere Feen angewandt, die vom Typ her den skandinavischen Lichtelfen ähneln und eher in Gruppen auftreten.

Christoph Martin Wieland brachte uns Deutschen das Wort Elfe – die Wesen selbst, die süßen kleinen geflügelten niedlichen Elfen, verdanken wir dagegen zahlreichen Untersuchungen zufolge William Shakespeare. Immer wieder heißt es, seine Elfchen im *Sommernachtstraum*, deren Winzigkeit, Luftigkeit und neckische Liebenswürdigkeit, beruhten nicht auf herkömmlichen Vorstellungen, sondern seien seine Erfindung und hätten nicht nur die gesamte Literatur und Kunst, sondern sogar den Feenglauben des Volkes nachhaltig beeinflusst. Dieser Ansicht war auch Tolkien, der zwar seine Feen mit dem englischen Wort »elves« bezeichnete, sich aber für die deutsche Übersetzung ausdrücklich das handfestere »Elben« wünschte. In ei-

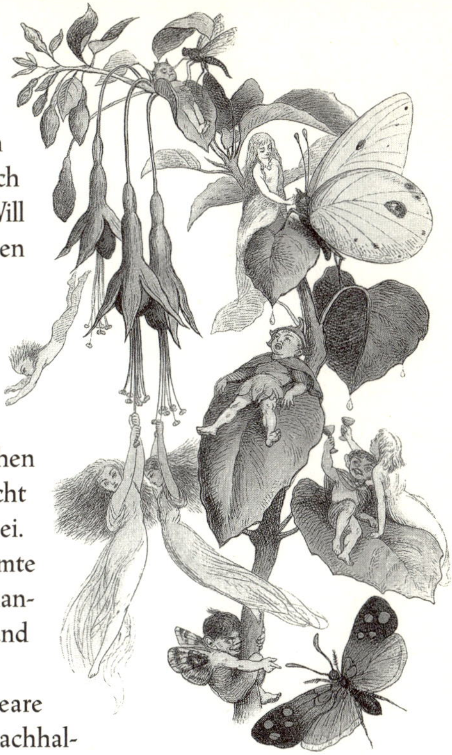

nem Brief schrieb er ziemlich ungnädig, dass er »elves« in seinen alten Bedeutungen verstanden wissen wolle, »die sich bis zu Spenser hin noch gehalten hatten – die Pest über Will Shakespeare mit seinen verdammten Spinnweben!«

Eine Reihe von Autoren sind demgegenüber der Ansicht, es hätte durchaus in den verschiedensten Gegenden kleine Elfen gegeben – so etwa die skandinavischen Lichtelfen –, weshalb Shakespeare nicht als deren »Erfinder« zu bezeichnen sei. Auch heißt es, dass er auf bestimmte Motive zurückgegriffen habe, die manche in mittelalterlichen Romanzen und Sagen sehen wollen.

Wie dem auch sei: Dass Shakespeare das Bild, das wir von Elfen haben, nachhaltig prägte, ist wohl unumstritten. Zudem scheinen zwischen den Elfen, den geputzten quirligen Libellenflügelwesen, die in einem Märchen von Karola Bassermann mit Sonnenstrahlen gleichgesetzt werden, und den hässlichen alten, aber handfesten Moosweiblein oder den Seligen Fräulein, die beim Heuen mit anpacken wie zehn Männer, und eben den Elben Abgründe zu klaffen. Abgründe wie zwischen einer bayrischen Bäurin und einem launischen extravaganten Model vom Schlage Naomi Campbells, die über Laufstege läuft wie der Rosenelf von Hans Christian Andersen über Blattadern:

Mitten in einem Garten wuchs ein Rosenstock, der über und über mit Rosen bedeckt war; in einer von ihnen, der schönsten von allen, wohnte ein Elf. Er war so winzig klein, dass kein menschliches Auge ihn erblicken konnte. Hinter jedem Blatte in der Rose hatte er eine Schlafkammer. Er war so wohlgebildet und schön, wie nur ein Kind sein kann, und hatte Flügel von den Schultern bis hinunter zu den Füßen. O, welcher Duft war in seinen Zimmern, und wie hell und schön waren die Wände! Es waren ja die blassroten Rosenblätter.

Den ganzen Tag erfreute er sich im warmen Sonnenschein, flog von Blume zu Blume, tanzte auf den Flügeln des fliegenden Schmetterlings und maß, wie viele Schritte er zu gehen habe, um über alle Landstraßen und Stege zu gelangen, welche auf einem einzigen Lindenblatte sind. Was wir Adern im Blatte nennen, hielt er für Landstraßen und Stege.

An solch ätherisch niedliche, winzige Zuckerpüppchenwesen hat im Volk früher niemand geglaubt. Ein englischer Forscher erklärt indigniert: Hätte man im 16. Jahrhundert einem Engländer Bilder solcher Feen gezeigt, »hätte er höchst empört bestritten, dass dies Abbildungen der *fairies* sein könnten«.

Von Lupinen, Bienenammenfeen und betrübten Elfen

Um nun auf Wieland zurückzukommen, der uns mit seiner Shakespeare-Übersetzung diese luftig leichten Elfen nahe brachte, so hielt er es ansonsten mehr mit den Feen – den *richtigen* Feen. Solchen, wie man sie sich gemeinhin vorstellt: groß, schön und mit einem tatsächlichen oder symbolischen Zauberstab, mit dem sie begünstigten Sterblichen Wünsche erfüllen.

Ein solcher Glückspilz ist *Pervonte*, der Held von Wielands gleichnamiger Verserzählung. Er ist zwar ein rechter Tölpel und faul obendrein, aber er baut drei Feen, die er beim Holzholen im Wald schlafend vorfindet, aus Zweigen ein Schutzdach gegen die Sonne.

Nun sagt mir noch, dass auch der dümmste Bär
Nicht durch die Zaubermacht der Schönheit menschlich werde!

Als die Feen durch sein lautes Gähnen erwachen und sich so nett umsorgt sehen, freuen sie sich sehr und sagen:

Vernimm, Pervonte, wir sind Feen.
Man legt uns viel zur Last; allein, das sollst du sehen,
Undankbar mindstens sind wir nicht.
Verlange, was du willst, es soll sogleich geschehen.

Damit verschwinden sie. Pervonte wundert sich, sagt »ei-ei« und macht sich auf den Heimweg. Als er nun unwillkürlich einen Wunsch ausspricht und sieht, dass die Feen die Wahrheit sagten, wünscht er der eingebildeten Prinzessin Bastola, die sich in übler Weise über ihn lustig macht, mit Zwillingen schwanger zu werden, was natürlich prompt eintritt. Kurz und gut, die beiden werden schließlich gezwungenermaßen ein Paar, und als seine eitle frisch angetraute Frau von seiner Gabe erfährt, geht das Wünschen erst richtig los. Palast, Garten und Reichtum, alles bekommen sie. Sie wünscht ihn schön: Er wird ein Adonis, sie wünscht ihm schließlich ein wenig unbedacht Verstand, und er bittet folgsam die Feen auch darum:

So gebt mir denn Verstand, ihr Feen,
Und zwar vom Guten; denn es heißt,
Es sei nicht alles Gold, was gleißt.

Mit der Klugheit kommt die Vernunft, und Pervonte ist nun vollauf zufrieden. Nicht so seine Frau, die immer mehr und mehr möchte und Pervonte zu weiteren Wünschen treibt. Endlich aber hat er von der oberflächlichen Gans genug. Er beschafft ihr, wie von ihr verlangt, einen Beutel Gold, der niemals leer wird, und lässt sie damit ziehen. Kaum dass die reiselustige Gemahlin zur Tür hinaus ist, wirft er sich auf die Knie und fleht:

Hört meinen letzten Wunsch! Nehmt alles wieder hin,
was ich von eurer Huld empfangen,
Und setzt in diesem Augenblick
Mich in den Stand, worin ich war, zurück,
Als ich zu wünschen angefangen.

Die Feen willfahren freudig dieser letzten Bitte, lassen ihm aber seinen Verstand, und als er seine alte Mutter begrüßt, spricht Pervonte froh:

Ich bring euch aus dem Feenland
Gesunden derben Hausverstand,
Notfeste Schultern, tücht'ge Hände
Und mit dem Wünschen hat's ein Ende.

* * *

In vielen weiteren Schriften Wielands kommen Feen vor, so natürlich in *Oberon*, wo selbiger und seine Titania sich ebenso herumstreiten wie bei Shakespeare. In seine Sammlung *Dschinnistan oder Auserlesene Feen- und Geistermärchen* nahm er unter anderem die Geschichte von *Himmelblau und Lupine* auf, worin erzählt wird, wie ein böser Zauberer die Fee Lupine dazu verdammte, fünf Tage pro Woche hässlich, aber lieb, vernünftig und nett zu sein, an zwei Tagen jedoch hinreißend schön und dafür kalt und eitel. Damit nicht genug, verwünschte eine Fee (wie es sich trifft!) einen Prinzen umgekehrt dazu, zwei Tage hässlich, doch lieb, vernünftig und nett zu sein, an den übrigen aber ein Adonis, dafür kalt und eitel. Um die Sache ein wenig zu verkomplizieren, sollten beide nur dann wieder entzaubert werden können, wenn sich jeweils jemand in die *hässliche* Fee und in den *schönen* Prinzen verlieben würde. Ein Happy End zwischen den beiden scheint schon deshalb unmöglich, weil der Prinz immer dann schön ist, wenn die Fee hässlich ist und umgekehrt. Na, Wieland findet doch einen Weg (der allerdings nicht unbedingt vor Spannung trieft) und Ende gut, alles gut.

Eines von Wielands liebenswertesten Werken aber ist *Don Sylvio von Rosalva* und darin vor allem die Erzählung vom Prinzen Biribinker, in der es von Feen nur so wimmelt.

Ein dickbäuchiger namenloser König heiratet, und seine Frau bekommt bald ein Kind. Als aus der riesigen Schar möglicher Kandidatinnen eine Amme für Prinzchen Biribinker ausgewählt werden soll, bieten sich zuletzt auch eine dicke Biene und eine schwarze Ziege für dieses Amt an. Beide sind, versteht sich, verwandelte Feen.

Als nach längerer Beratung die Biene der Ziege als Amme vorgezogen wird, meckert diese dreimal böse in ihren Bart und verschwindet in einer goldenen Karosse – wie das Ziegen eben so zu tun pflegen. Ein zu Rate gezogener Zauberer deutet dem besorgten König ihre gemeckerte Aussage dahingehend, dass dem Prinzen große Gefahr drohe, wenn er vor seinem achtzehnten Geburtstag ein Milchmädchen zu Gesicht bekommen sollte.

Der Prinz wird also von seiner Bienenfee in einen abgeschiedenen Wald gebracht, und unter der guten Pflege der Fee spuckt er, wie es bei Wieland heißt, »lauter Rosensirup, er pisste lauter Pomeranzenblütwasser, und seine Windeln enthielten die köstlichsten Sachen von der Welt.«

Natürlich trifft Biribinker doch auf ein Milchmädchen, das gerade dabei ist, eine himmelblaue Ziege in einen Kübel aus Rubin zu melken, und er verliebt sich in sie. In der Folge aber entkommt ihm seine Liebste immer wieder, er sucht sie und fällt unweigerlich jedes Mal in die Arme einer schönen Fee, deren Reizen er nie widerstehen kann und mit der er die Nacht verbringt – um sich dann morgens wieder an sein Milchmädchen zu erinnern.

Die Feen haben Umgang mit Gnomen, Salamandern und anderen Wesen – Fantasy lässt grüßen! –, die sie sich zu Liebhabern nehmen, weil ihr Gebieter, ein Zauberer, inzwischen zu alt für die Liebe ist. Die Absurditäten und der Spaß, den sich Wieland ununterbrochen gönnt, werden durch etliche seltsame Einfälle auf die Spitze getrieben. Beispielsweise lässt der eifersüchtige Zauberer eine seiner Geliebten, natürlich auch eine Fee, unsichtbar werden und hext ihr auch einen Talisman an einer intimen Körperstelle an. Sobald ein Unbefugter die Fee dort berührt, fängt das Ding an, laut Musik zu machen, und alarmiert so den alten Zauberer!

* * *

Auch ein anderer großer deutscher Dichter, der etwa fünfzig Jahre nach Wieland geborene Ludwig Tieck, sprudelte gelegentlich, so zum Beispiel in seinem urkomischen *Gestiefelten Kater,* vor aberwitzigsten Einfällen. Ihm, dem Mitbegründer der deutschen Romantik, der zusammen mit den Brüdern Schlegel Mittelpunkt des frühromantischen Kreises in Jena war, verdanken wir unter anderem eine ganze Anzahl der schönsten, wunderbar erzählten Novellen.

Eine davon ist *Die Elfen* – auch wenn sie leider traurig endet. Sie stammt aus dem Jahr 1811 und hat, wie wir finden, das zusätzliche Verdienst, volkstümliche Ansichten über die Feen wiederzugeben. Tiecks Elfen haben kaum etwas mit den Wielandschen Kunstfeen gemeinsam, über die sich lachen oder schmunzeln lässt, die sich im Grunde aber nur dadurch von Menschen unterscheiden, dass sie zaubern können.

Marie ist das Kind von Bauern und lebt in einer sehr idyllischen ländlichen Gegend, deren Schönheit einzig ein düsterer Tannenwald trübt, in dem, wie die Leute glauben, »irgendwelches Zigeunergesindel« haust und der daher von allen gemieden wird. Auch Marie und ihrem Spielgefährten Andres ist es untersagt, sich dort hineinzuwagen.

Eine Tages aber veranstalten die beiden ein Wettrennen und Marie nimmt die verbotene Abkürzung durch den Tannenwald. Doch zu ihrem Erstaunen findet sie sich aber mit einem Mal statt inmitten finsterer Bäume in einem lichtdurchfluteten wunderschönen Garten wieder, »in welchem Tulpen, Rosen und Lilien mit den herrlichsten Farben leuchteten! Blaue und goldrote Schmetterlinge wiegten sich in den Blüten, in Käfigen aus glänzendem Draht hingen an den Spalieren vielfarbige Vögel, die herrliche Lieder sangen, und Kinder in weißen kurzen Röckchen, mit gelockten gelben Haaren und hellen Augen, sprangen umher, einige spielten mit kleinen Lämmern, andere fütterten die Vögel oder sammelten Blumen und schenkten sie einander, andere wieder aßen Kirschen, Weintrauben und rötliche Aprikosen.«

Die kleine Marie wird sofort in diese fröhliche Gemeinschaft aufgenommen und schließt sich besonders an eine kleine Elfe namens Zerina an. Die beiden vergnügen sich damit, Samen von Blumen und Bäumen auszustreuen, die augenblicklich wachsen und blühen. Auch zeigt Zerina dem Menschenmädchen ihr unterirdisches Reich, einen prunkvollen Palast, voller Musik und schöner Feen. Sie führt Marie in die Schatzkammern, in denen Zwerge und deren König damit beschäftigt sind, Gold und Edelsteine heranzuschleppen und zu sortieren. Im Feenreich gibt es auch zwei andere Ebenen, die eine, in der das Wasser der Umgegend »verwaltet« wird, und eine weitere, die für die Feuerströme zuständig ist, deren Glut Bäume und Pflanzen wachsen lässt. Überall wimmelt es von Elfen – solchen, die im Wasser und solchen, die im Feuer leben.

Marie ist überaus beeindruckt und bleibt im Feenreich, bis es Nacht wird. »Aber wer seid ihr denn?«, fragt sie zuletzt, und Zerina antwortet ihr:

»Wir heißen Elfen, man spricht auch wohl in der Welt von uns, wie ich gehört habe.«

Dann aber kündigt ein großer wunderbarer Vogel, ein Phönix, die Ankunft des Elfenkönigs an, der das Reich für längere Zeit mit seiner Anwesenheit beehren möchte, und Marie darf nicht länger bei den freundlichen Elfen bleiben.

Zum Abschied gibt ihr eine der Feen einen Ring und erklärt ihr, nun würde sich erst recht Segen über das Land ausbreiten, kein Hagel, keine Überschwemmung werde Ernten vernichten, alles werde über die Maßen gedeihen. Sie aber, Marie, dürfe nie mit einem Wort verraten, wer im düsteren Tannenwald lebe, »sonst«, so fährt die Fee ernst fort, »müssen wir diese Gegend fliehen und alle umher, so wie du selbst, entbehren dann das Glück und die Segnung unserer Nähe.«

Als Marie nach Hause kommt, erkennt sie ihre gealterte Mutter nicht wieder, der Spielgefährte Andres ist inzwischen erwachsen geworden, wie sie selbst um sieben Jahre älter ist.

Ihrem gegebenen Wort getreu, erzählt sie auf die vielen Fragen, wo sie denn die ganze Zeit gesteckt habe, irgendein Märchen und heiratet kurz darauf ihren Jugendfreund. Als sie ein Töchterchen bekommt, nennt sie es in Erinnerung an die von ihr schmerzlich vermissten Elfen Elfriede. Das Kind ist außerordentlich schön, dabei sehr frühreif und in sich gekehrt. Es spielt am allerliebsten ganz für sich allein – so glauben jedenfalls die Eltern, bis Marie sie eines Tages durch eine Ritze beobachtet und die Elfe Zerina bei ihr sieht. Die beiden spielen genau so miteinander, wie sie selbst es einst im Elfenreich getan hatte, und Marie ist darüber zugleich glücklich und von Wehmut erfüllt. Von da an schaut sie den beiden häufiger zu, und als sie sie eines Tages entdeckt, winkt Zerina ihr zwar mahnend, aber freundlich zu.

Die Wirtschaft gedeiht und wächst und eine Ernte ist besser als die andere, ganz wie die Elfen es ihr versprochen hatten – und alles wäre gut, wenn nicht Andres immer und immer wieder auf das »Zigeunerpack« im Wald schimpfen würde. Marie muss sich jedes Mal auf die Lippen beißen, um ihre früheren Freunde nicht zu verteidigen; eines Tages aber kann sie nicht mehr an sich halten. Andres droht, das Gesindel müsse als »landesverderblich« vertrieben werden, und Marie fährt ihm über den Mund und erklärt, diese Leute seien in Wirklichkeit ihre Wohltäter. Nun muss sie ihrem Mann natürlich erklären, wie sie das meint, und schließlich zeigt sie ihm Zerina, wie sie gerade mit ihrem Töchterchen spielt.

Andres entfährt bei diesem Anblick ein Ausruf der Verwunderung, Zerina sieht ihn, wird bleich und zittert und sagt zu ihrer kleinen Freundin: »Du kannst nichts dafür, geliebtes Herz, aber sie werden niemals klug, so verständig sie sich auch dünken.«

Sie umarmt die Kleine, verwandelt sich in einen Raben und fliegt laut krächzend davon. In dieser Nacht bricht ein fürchterliches Gewitter über die Gegend herein und am nächsten Tag ist die Umgegend trüb und düster. Im selben Jahr gibt es eine Missernte, die Quellen versiegen, und die Gegend wird so öde, dass der ortsansässige Graf mit seiner Familie sein Schloss verlässt.

Die Elfen sind fortgezogen, wie ein Fährmann nach dem Gewitter erzählt, der sie allesamt übersetzte. Die kleine Elfriede stirbt aus Kummer innerhalb kurzer Zeit. »Marie stand oft auf dem Platze vor der Hütte und beweinte das entschwundene Glück. Sie verzehrte sich, wie ihr Kind, und folgte ihm in einigen Jahren.«

Charmante französische Wunder und das Wochentagslied

Dorten, an dem Bach alleine,
Badet sich die schöne Elfe;
Arm und Nacken, weiß und lieblich,
Schimmern in dem Mondenscheine.

Heinrich Heine

Es war einmal eine Witwe, die hatte zwei Töchter. Die Älteste glich ihr von Gesicht und Laune so sehr, dass sie die leibhafte Mutter war und man eine mit der andern hätte verwechseln können. Sie waren beide so widerwärtig und hochmütig, dass gar kein Mensch mit ihnen auskommen konnte. Die Jüngste aber war das leibhafte Ebenbild von ihrem Vater an Sanftmut und Gutherzigkeit, und bei alledem noch das hübscheste Mädchen, das nur weit und breit zu finden war. Da man nun meistens nur seinesgleichen liebt, so hatte die Mutter sich auch in die älteste Tochter ganz vernarrt und konnte die Jüngste hingegen gar nicht leiden, tat ihr alles zuleide, ließ sie nicht mit am Tische, sondern nur in der Küche essen und gab ihr unaufhörlich zu arbeiten.

Das arme Kind musste unter anderm auch alle Tage zweimal eine gute halbe Stunde weit vom Hause ans Wasser gehen und einen großen Krug voll holen. Da sie nun einmal eben an dem Brunnen war, kam eine arme alte Frau zu ihr und bat sie, sie möchte sie doch einmal trinken lassen. »Ei, herzlich gerne, gutes Mütterchen«, sagte das hübsche Mädchen, spülte gleich ihren Krug recht sauber aus und schöpfte am hellsten Flecke in der Quelle frisches Wasser, reichte ihr den Krug und hielt ihn ihr, während sie trank, damit es ihr nicht zu schwer würde, ihn selbst zu halten. »Hab Dank, liebes Kind!«, sagte das Mütterchen, als sie getrunken hatte. »Du bist so schön, so lieb und so gut, dass ich dir etwas schenken muss.« (Denn es war eine Fee, die nur die Gestalt einer alten armen Bauersfrau angenommen hatte, um zu sehen, wie weit die Gutherzigkeit dieses jungen Mädchens gehen würde.)

»Ich schenke dir also die Gabe«, fuhr die Fee fort, »dass dir, wenn du sprichst, mit jedem Worte eine schöne Blume oder ein Edelstein aus dem Munde fallen soll.« Da nun das hübsche Mädchen nach Hause kam, zankte die Mutter sie gewaltig aus, dass sie so spät vom Brunnen wiederkäme. »Ich bitte um Verzeihung, liebe Mutter«, fing das arme Mädchen stammelnd an und zugleich fielen ihr zwei schöne Rosen, zwei Perlen und zwei große Diamanten aus dem Munde. »Ei, was ist denn das?«, fing die Mutter ganz erstaunt an. »Sieh doch, ich glaube gar, dir fallen Perlen und Diamanten aus dem Maule! Sag mir doch, wie geht das zu, meine Tochter?« (Und dies war das erste Mal in ihrem Leben, dass sie sie meine Tochter nannte.)

Das gute Kind erzählte ihr darauf ganz unschuldig, was ihr am Brunnen passiert war, und spuckte dabei eine ganze Menge Diamanten aus. »Meiner Treu!«, sagte die Mutter, »da muss ich deine Schwester auch hinschicken. Komm her, Fränzel, sieh einmal, was deiner Schwester da für schöne Sachen aus dem Maule fallen, wenn sie redet; wär's dir nicht lieb, wenn du auch diese Gabe hättest? Du brauchst nur hingehen, Wasser holen, und wenn eine arme Frau kommt und einmal trinken will, ihr gutwillig einmal zu trinken zu geben.« »Ei nun ja, das könnte dir so passen!«, versetzte die Älteste patzig, »das würde mir schön stehen, wenn ich da mit dem Krug auf dem Kopf an den Brunnen gehen und Wasser holen sollte!« »Du sollst aber gehen, ich will's so haben«, sagte die Mutter, »und zwar sofort!«

Da das Mädchen nun sah, dass es nicht anders war, ging sie zwar, aber murrend und brummend, und nahm die schönste silberne Flasche, die nur im Hause war, dazu.

Sobald sie nun an den Brunnen kam, sah sie eine prächtig gekleidete Dame aus dem Holze kommen und sie um einen Trunk Wasser ansprechen. Und das war die nämliche Fee, die zuvor ihrer Schwester erschienen war, die aber jetzt die Gestalt einer Prinzessin angenommen hatte, um zu sehen, wie weit die Bosheit dieses ungezogenen hochmütigen Mädchens gehen würde. »Ei nun ja«, versetzte das böse Stück auf die Bitte der Dame, »da hab ich sonst nichts zu tun, als Ihr zu schöpfen, und meine schöne silberne Flasche hab ich auch bloß dazu hergebracht, um die Madam zu bedienen! Doch meinetwegen, sie kann sie nehmen, wenn sie gar zu durstig ist, und sich selber einschöpfen.« »Du bist nicht sehr höflich, meine Tochter«, versetzte die Fee, ohne böse zu werden. »Wohlan, da du doch so wenig dienstfertig und gefällig bist, so schenk ich dir zur Gabe, dass dir, wenn du sprichst, bei jedem Worte eine Schlange oder Kröte aus dem Maule gehen soll.«

Das Mädchen ging heim, und als ihre Mutter sie kommen sah, rief sie ihr entgegen: »Nun, meine Tochter, wie steht's?« »I nun, wie soll's stehn?«, versetzte das Brummeisen und spie sogleich zwei Schlangen und drei Kröten aus. »Ach, dass Gott erbarm!«, schrie die Mutter. »Was ist das? An dem Unglück ist kein Mensch schuld als ihre gottlose Schwester. Warte, du sollst's schon dafür kriegen!«, und damit sprang sie hin und wollte die Jüngste verprügeln.

Das arme Mädchen aber lief aus dem Hause fort und versteckte sich in dem benachbarten Walde. Da fand sie der Sohn des Königs, der eben von der Jagd zurückkam; und als er sah, wie schön sie war, fragte er sie, was sie denn so allein mache und warum sie weinte. »Ach, gnädiger Herr«, entgegnete das arme Mädchen, »ich weine darum, weil meine Mutter so schlimm ist und mich aus dem Haus gejagt hat.« Als der Prinz sah, dass ihr beim Sprechen immer Perlen und Diamanten aus dem Mund fielen, erstaunte er und fragte sie, woher das käme. Sie erzählte ihm darauf ihr ganzes Abenteuer. Da sie so schön und so gut war, verliebte sich der Prinz in sie, und da er nun bedachte, dass sie mit dieser Gabe so reich und noch viel reicher sei, als irgendeine andere Prinzessin, die man für ihn wählen könnte, so nahm er sie mit an des Königs, seines Vaters, Hof und vermählte sich mit ihr.

Was aber ihre Schwester betrifft, diese machte sich bei aller Welt so verhasst, dass auch endlich ihre eigene Mutter sie aus dem Hause jagte, und, nachdem sie weit und breit herumgelaufen war, ohne einen Menschen zu finden, der sie aufnehmen wollte, starb sie endlich hungers hinter dem Zaune.

Dukaten, Perlen, Edelsteine
Vermögen viel auf dieser Erd;
Ein freundlich Wort jedoch – ich meine,
Es hat noch größre Kraft und hat noch größren Wert.
Gutherzigkeit scheut keine Müh,
Sucht ihre Lust in Artigkeit.
Der Lohn folgt nach zu seiner Zeit –
Wer rechnet schon, ob spät ob früh.

Dieses Märchen nahm Charles Perrault Ende des 17. Jahrhunderts in sein berühmtes Märchenbuch auf, und in den folgenden Jahren schossen Märchensammlungen, und vor allem Feenmärchen, wie die Pilze aus französischem Boden – oder besser gesagt, aus der Feder vornehmer Damen und Herren: Eine neue literarische Mode hatte am Hofe und in den Salons Einzug gehalten. Zu Festlichkeiten des Königs oder des Adels verkleidete man sich als Faun, Nymphe, Satyr oder Fee; und was früher als hausbacken galt, Märchen eben, wurde wieder hervorgekramt, mit Motiven aus anderen Kulturen, vor allem dem Orient, versetzt und bereichert, mit mehr oder weniger Witz erzählt und so zur reinen Unterhaltungslektüre umfunktioniert.

Die Feen dieser Geschichten sind oft sehr starke Persönlichkeiten, machtvoll, gütig und schön. Im Märchen *Königin Grille* ist eine Fee die mächtige Beschützerin und Ratgeberin des Königs Phönix, eines Herrschers, der sein Volk liebt. »Fängt sich das doch gerade an wie ein Feenmärchen!«, unterbricht ein Druide an dieser Stelle den Erzähler, der darauf entgegnet: »Ist auch eins!«

In *Prinz Herzgeliebt* von Marie Le Prince de Beaumont rettet ein gütiger König, dessen Hunde bei der Jagd ein kleines weißes »Kaninichen« töten wollen, das Tier und liebkost es. Daraufhin erscheint in der Nacht in seinem Zimmer eine schöne Dame. »Sie hatte keine goldenen und silbernen Kleider an; sondern ihr Rock war weiß, wie der Schnee; und anstatt des Kopfzeuges hatte sie eine Krone von weißen Rosen auf dem Kopfe. Der gute König erstaunete sehr, als er diese Dame sah, denn seine Türe war verschlossen, und er wusste nicht, wie sie hereingekommen war. Sie sagte zu ihm: ›Ich bin die Fee Candida. Ich war unter der Zeit, da Sie jageten, in dem Gehölze. Und ich wollte wissen, ob Sie so gut wären, wie es jedermann saget. Dieserwegen nahm ich die Gestalt eines kleinen Kaninichens an und flüchtete mich in Ihre Arme.‹«

Die Fee – die leider nur in dieser Übersetzung (und vermutlich auch nur infolge eines Druckfehlers) übrigens wirklich als *»Kaninichen«* auftritt – möchte dem König einen Wunsch gewähren und seinen Sohn entweder zu dem schönsten, dem reichsten oder dem mächtigsten Prinzen der Welt machen. Das aber, was der König wirklich will – dass sie seinen Sprössling zu einem rechtschaffenen Menschen heranwachsen lässt –, dies eine vermag sie nicht.

Nun ja, sie steht dem Prinzen und späteren König natürlich bei und schenkt ihm einen Wunderring, der ihn immer, wenn er etwas Böses tut, sticht. So springt ihm, als er in sein Zimmer kommt, sein Hündchen Bibi entgegen »und wollte ihn liebkosen. Er sagte zu ihm: ›Pack dich fort; ich bin itzt nicht aufgeräumt, deine Liebkosungen anzunehmen.‹ Das arme Hündchen, welches ihn nicht verstund, zupfte ihn bei seinem Kleide, damit es ihn nötigte, dass er es wenigstens ansähe. Hierüber wurde Herzgeliebt ungeduldig und gab ihm einen starken Stoß mit dem Fuße. In dem Augenblicke stach ihn der Ring, als wenn es eine Stecknadel gewesen wäre. Er erstaunete sehr darüber und setzete sich ganz beschämt in eine Ecke seines Zimmers.« Was, so sinniert er weiter, hat er eigentlich davon, demnächst König eines großen Reiches zu sein, wenn er nicht einmal sein Hündchen treten darf!

Nun, nach vielen Irrungen und Wirrungen und diversen Wundern, wird er schließlich doch so, wie ihn sein inzwischen verstorbener Vater sich gewünscht hatte.

Perraults eingangs zitiertes Feenmärchen hebt sich von diesen im Wesentlichen frei erfundenen, oft sehr künstlichen und konstruierten Produkten, in denen es von »charmanten« Wundern nur so wimmelt, durch seine Schlichtheit positiv ab – und das nicht ohne Grund. Bei ihm handelt es sich eher um die Nacherzählung eines volkstümlichen Motivs, das uns übrigens auch durch die Grimm'schen *Drei Männlein im Walde* vertraut ist. Diese Männlein schenken dem guten Mädchen unter anderem, dass ihm Goldstücke aus dem Mund fallen, dem schlechten aber, dass es Kröten speit. Eine psychologisch interessante Zutat Perraults scheint allerdings zu sein, dass der Prinz bei ihm, anders als in vielen deutschen Märchen, das im Wald aufgefundene Mädchen nicht so, wie sie eben ist, arm wie eine Kirchenmaus, vom Fleck weg heiratet. Nein, zuvor überlegt und berechnet er sehr ökonomisch, dass sich dieser Fund durchaus lohnt. Er braucht die Kleine nur zum Sprechen zu bringen und schon purzeln ihr die Diamanten aus dem »Maul«; das ist ja noch besser (weil ästhetischer) als ein Goldesel! Da können alle Prinzessinnen seines Bekanntenkreises nicht mithalten.

Davon einmal abgesehen, dass man es vermutlich nicht als besonders angenehmes Geschenk empfinden würde, fortwährend Rosen und Steine erbrechen zu müssen, zeigt sich in diesem Märchen die Fee als überaus gerecht. Und sie erinnert darin sehr stark an die Frau Holle, die ja ebenfalls die eine Tochter mit einem Goldregen belohnt, während sie die andere zur Strafe mit Pech übergießt.

Ebenso aber wie Frau Holle im »wirklichen Leben« niemanden mit Gold übergießt, sondern, wie wir hörten, allenfalls einen Segen für das kommende Jahr ausspricht oder einen eben vor Unheil bewahrt, pflegten auch die französischen Feen ihren Schützlingen im Allgemeinen keine Diamanten aus dem Schlund sprudeln zu lassen.

Überhaupt gab und gibt es in Frankreich allem Vernehmen nach auch jede Menge ausgesprochen unangenehmer Feen. Ja, ein französisches Aberglauben-Lexikon erklärt, manche seien »geradezu bösartig«. Sie verursachten bei Menschen Lähmungen, machten das Vieh krank oder führten unerfreuliche Zaubereien durch. In Ostfrankreich etwa gab es

eine Fee namens *Herqueuche,* deren Lieblingszeitvertreib darin bestand, »Schlechtes zu tun«. Sie war groß, hässlich und zahnlos, trug einen »Lumpenstrohhut« und pflegte junge Frauen, die gerade große Wäsche machten, mit einem Stock zu attackieren. Andere französische Feen liebten es, Leute in die Irre zu führen und sich anschließend über die Verzweifelten mit Spöttereien zu amüsieren. Unnötig zu sagen, dass sie sie anschließend mitten in der Wildnis sitzen ließen.

Aber verglichen mit manch anderen Feenwesen waren diese ja noch geradezu gut drauf. Es gab nämlich auch solche, die sich in schwarze Katzen verwandelten, in die Häuser schlichen und Babys erstickten. Eine Fee gleicher Couleur, die in der Normandie heimische *Bête Avette* (böse Avette), wohnte in einer Quelle und liebte kleine Kinder so sehr, dass sie sie ertränkte, um sie immer um sich zu haben.

Vermutlich meinte Bête Avette es nicht böse, wenn sie Kinder umbrachte – sie war sich eben selbst die Nächste.

Doch gab es in Frankreich durchaus auch außerhalb der Salonliteratur gütige Feen, die sich liebevoll um die Menschen kümmerten. Eine davon ist *Tante Arie,* die im Jura und der Haute Saône bekannt war. Sie pflegte die guten Kinder an Weihnachten und anderen Festtagen mit Geschenken zu belohnen. Auch sah sie nach, wo Ordnung und Fleiß zu

Hause waren, und kehrte dort ein, um unsichtbar den Frauen zur Hand zu gehen. Den Töchtern half sie beim Nähen und den Bauern auf dem Feld.

Ähnlich freundlich geartet ist *Héra*, die lieben und braven Kindern einen Besuch abstattete und Gaben für sie hinterließ.

Aber selbst die nettesten und charmantesten französischen Feen wollen mit Respekt behandelt werden, sonst kann ihre Laune sehr schnell umschlagen. Sie hielten sich früher oft in der Nähe der Menschen auf und erhielten von diesen Opfergaben, vor allem Milch, doch wohnten sie im Allgemeinen nicht in den Häusern. Sie liebten Brunnen, Quellen und Höhlen, weshalb es in Frankreich auch noch eine ganze Reihe von »Feenbrunnen«, Feenfelsen und Feengrotten gibt. In der Nähe von Thillot, in den Vogesen, kennt man den *Four des fées*, den »Feenofen«: einen Felsen mit einem tiefen und breiten natürlichen Schacht, in dem die Feen früher, wie man sich erzählte, ihren Kuchen backten, um ihn anschließend mit den Hirten zu teilen.

Die Menschen kamen gut mit ihnen aus, solange sie sich an die Spielregeln hielten. Bei Avessac im Tal der Loire hatten die Feen in früherer Zeit einen ihrer vielen Tanzplätze, den sie auch gehörig ausnutzten. Eines Tages aber wurde den in der Nähe lebenden Bauern das nächtliche Getrappel und die laute Musik zu viel, und sie zerstörten die schöne Tanzfläche. So etwas ließen sich die Feen natürlich nicht ungestraft bieten: Prompt schickten sie eine Hungersnot, die etliche Jahre lang anhielt und den Landstrich nahezu entvölkerte.

Dass die Feen sauer waren, weil man ihren Tanzplatz verwüstete, ist nachvollziehbar; dass man ihnen beim Tanzen nicht in die Quere kommen sollte, vielleicht auch. Sie wollten nun mal meist ihre Ruhe haben, und wenn da ein Tölpel des Weges kam und meinte, er könne sie einfach mal so stören, war es da nicht einsichtig, wenn sie ihn dafür ein wenig bestraften? Zugegeben, sie hätten ihn nicht gleich umbringen müssen, wie es einem Bericht zufolge einmal in der Bretagne mit einem angetrunkenen fröhlichen Burschen geschah. Der wollte auf dem Rückweg von einem Fest unbedingt durch ein Gelände laufen, wo Feen zu tanzen pflegten. Und als seine Gefährten ihn davon abzubringen versuchten, prahlte er, er würde »sie schon tanzen lehren«. Die Folge davon war, dass die aufgebrachten Feen freundlich lächelnd zu ihm sagten: »Nun, dann halt dein Wort«, und ihn so lange tanzen ließen, bis er tot umfiel.

Die bretonischen Feenwesen, die *Korrigans*, wohnen am liebsten unter den zahlreichen prähistorischen Steinsetzungen, die es in dieser Region gibt, oder auch in Quellen. Sie sind klein von Gestalt, nur etwa zwei Fuß hoch, und haben langes Haar, das sie sehr gern kämmen. Sie sind manchen Augenzeugen zufolge lediglich in einen weißen Schleier gehüllt und erscheinen in der Dämmerung als sehr hübsch. Bei Tageslicht allerdings sind ihre Augen rot, die Haare weiß und ihre Gesichter zerfurcht.

Wie dieses abends-hübsch, morgens-hässlich-und-alt nicht eigentlich miteinander vereinbar ist, werden die Korrigans oder *Korreds* sowie die ebenfalls in der Bretagne angesiedelten *Kourils*, die oft als eine Art Untergruppe der Korrigans betrachtet werden, auch in der Literatur entweder zu den Feen oder zu den Zwergen gerechnet. Zählt man sie zu Letzteren, werden sie überhaupt nur als hässlich beschrieben, mit großem Kopf, grauem Schleier und großem Hut. Ob aber nun Zwerg oder Fee, jedenfalls können sie die Zukunft vorhersagen, besitzen übernatürliche Kräfte und helfen (wenn sie dafür belohnt werden), wie andere Feenwesen auch, den Menschen auf den Höfen.

Von den Korrigans (und in Irland von den dortigen Feen) wird immer wieder, in verschiedenen Variationen, eine recht seltsame Geschichte erzählt, in denen die Wochentage eine zentrale Rolle spielen.

Unter einer Steinsetzung wohnten einmal die Korrigans und pflegten in lauen Nächten davor ausgelassen zu tanzen. Menschen machten besser einen Bogen um den Ort, denn mit diesen Wesen war nicht zu spaßen. Eines Abends jedoch vergaßen ein Bauer und seine Frau jede Vorsicht: Es war spät, und der Weg durch das Feengebiet bedeutete eine beträchtliche Abkürzung. Bald fanden sie sich umringt von den tanzenden Wesen, die laut sangen:
Lasst ihn frei, lasst ihn frei,
Denn er hat ein Sech dabei:
Lasst sie frei, lasst sie frei,
Denn sie hat ein Sech dabei.
Zu ihrem Glück hatten die beiden also einen eisernen Pflugteil dabei, der sie schützte – denn bekanntlich hassen alle Geister Eisen. Als die Bauersleute im Dorf von ihrem Erlebnis erzählten, machten es ihnen einige Neugierige nach, bewaffneten sich mit Eisengeräten und sahen den Korrigans beim Tanzen zu. Unter diesen Schaulustigen waren auch zwei Schneider, Peric und Jean, die große Lust hatten mitzutanzen. Sie losten miteinander, wer es wagen sollte, und das Los fiel auf Peric,

einen kleinen rothaarigen Mann, der zudem einen Buckel hatte. Die Korrigans hatten nichts dagegen, und so hüpfte er mit ihnen herum, während sie ununterbrochen sangen: »Montag, Dienstag, Mittwoch!«
Als Peric schließlich der ständigen Wiederholung müde wurde, ergänzte er, als sie wieder einmal beim Mittwoch angelangt waren: »und Donnerstag und Freitag!«
»Mat! Mat!«, schrien die Korrigans begeistert, was so viel wie »gut« bedeutete. Sie ließen ihn hochleben und boten ihm ein Geschenk seiner Wahl an. Er konnte haben, was er wollte: Schönheit, einen hohen Rang oder Reichtum. Er lachte und bat sie nur darum, ihm seinen Buckel abzunehmen und seine Haarfarbe zu ändern. Da warfen sie ihn hoch in die Luft und von Hand zu Hand, bis er schließlich wieder auf seinen Füßen landete – ohne Buckel und mit feinem schwarzem Haar.
Als Jean hörte und sah, was mit seinem Freund geschehen war, beschloss er, ein paar Tage später ebenfalls sein Glück zu versuchen. Er machte sich also auf zum Tanzplatz, mischte sich unter die Korrigans und sang mit ihnen das nunmehr erweiterte Liedchen: »Montag, Dienstag, Mittwoch, Donnerstag, Freitag.«
»Und Samstag und Sonntag«, rief er dann stolz.
»Und was noch, und was noch?«, schrien die Korrigans, aber ihm fiel nichts mehr dazu ein, und so wiederholte er nur noch einmal: »Samstag und Sonntag.« Was er nun haben wolle, fragten ihn die Korrigans böse. »Reichtum«, antwortete Jean prompt. Wie zuvor sein Freund, wurde nun auch er in die Luft geworfen, doch als er landete, hatte er rote Haare und einen Buckel.
Er war von den Korrigans dafür bestraft worden, dass er das Liedchen nicht mit den Worten geschlossen hatte: »Und damit ist die Woche beendet.« Erst dann nämlich, wenn ein Sterblicher diese Worte aussprach, konnten die Korrigans mit dem unendlichen Tanzen und dem monotonen Singsang aufhören. Sie waren verständlicherweise erbost darüber, dass er die abschließende Formel nicht ausgesprochen hatte und ihre Erlösung somit wieder hinausgeschoben worden war.

Von der Schicksalsschwester zur Märchenfee?

Die Hütte ward zum Schlosse
Der Teich zum Silbersee,
Mein Steckenpferd zum Rosse
Die Nachtigall zur Fee

Matthisson

Der Gegensatz zwischen den bretonischen Korrigans oder den Quellnymphen und den mächtigen Salonfeen Frankreichs könnte kaum größer sein. Auch viele unserer eigenen Märchenfeen haben mit den Elben und Moosfräulein des Volksglaubens nicht unbedingt viel gemein. Wir Deutschen verwenden ebenso wie die Franzosen das Wort »Fee« (bzw. fée) zumeist dann, wenn von diesen mächtigen schönen Wesen die Rede ist, die an die Wiege eines Kindes treten und dessen Schicksal verkünden oder ihm etwas wünschen.

Das hat seinen guten Grund. Das Wort »Fee« geht nämlich auf das lateinische *fata* zurück, das seinerseits mit *fatum* und *fatus* zusammenhängt und eine Personifikation des Schicksalspruches bezeichnet.

Etwa im Zeitalter des Augustus traten die römischen Schicksalsgöttinnen, die *Fata,* in der Dreizahl auf, wenn sie sich um die Menschen kümmerten. Und sie taten genau das, was auch viele französische Salonfeen taten: Sie weissagten bei der Geburt eines Kindes dessen Schicksal. Noch lange Zeit danach kannte man sie in Italien als die *tre fate.* Im *Pentameron* des Giambattista Basile nahmen sich die Fata der Unterdrückten und Verfolgten an, machten ihnen Geschenke, erteilten Rat und Hilfe und bestraften die Bösen.

Solch starke, wichtige, das Schicksal kündende Feen wurden, wie wir schon gesehen haben, auch in die teilweise sehr gekünstelten und der Mode einer bestimmten Zeit verhafteten Salonfeenmärchen Frankreichs integriert. Doch wurde dieses alte Motiv längst nicht nur dort aufgegriffen: Es ist in Litauen, vielen Balkanländern, Portugal und auch in Griechenland immer noch sehr lebendig:

Es war einmal in alten Zeiten ein junger Mann, ein Kaufmann, heißt es, der befand sich auf der Reise, und als es dunkel wurde, kehrte er in einem Haus ein. Die Frau seines Wirtes hatte kurz vorher ein Kind bekommen, und zwar ein Mädchen. Als nun die Leute im Haus sich schlafen legten, legte sich auch der Fremde nieder. Es war schon ein Teil der Nacht verstrichen, da hörte er drei Frauen sprechen. Er horchte auf, um zu vernehmen, was sie sagten. Da hörte er, dass von dem neugeborenen Kind die Rede war.

Die eine sagte: »Es soll einen guten Mann bekommen, wenn's groß geworden.« Das Gleiche sagte auch die zweite. Die dritte aber sprach: »Nein! Es soll keinen anderen Mann bekommen als den Fremden, der hier auf der Erde liegt und schläft.« Als das der Fremde hörte, wurde er zornig und sprach zu sich: »Was? Ich, ein kräftiger Mann von dreißig Jahren, soll diesen Teufel da heiraten?« Und damit stand er auf, ergriff das Kind und warf es zum Fenster hinaus. Es fiel aber mit der Seite auf einen Pfahl und wurde aufgespießt. Dann machte sich der Fremde aus dem Staub.

Als nun am Morgen die Mutter aufstand und ihr Kind nicht mehr sah, suchte sie es in allen Ecken und fand es endlich an dem Pfahl hängend wie einen kleinen Weinschlauch. Sie nahm es herunter und pflegte es gut und das Kind genas. Nach Verlauf vieler Jahre beschloss der Kaufmann, sich zu verheiraten, und hielt bei vielen an, erreichte jedoch seinen Zweck nicht. Nach einiger Zeit holte er sich eine Frau aus einem anderen Ort.

Als nun am Abend beide zu Bette gingen, bemerkte der Mann, dass seine Frau an der Seite eine große Narbe hatte. Er fragte sie, woher das komme, und da erzählte sie ihm, wie einst, als sie klein war, ein Fremder, der im Haus ihres Vaters eingekehrt, sie zum Fenster hinausgeworfen habe, und wie sie auf einen Pfahl gefallen und an der Stelle, wo die Narbe zu sehen, angespießt worden sei. Da sagte ihr Mann zu ihr: »Höre Weib, ich war jener Fremde, von dem du sprichst. Ich hörte damals die Moiren sagen, das neugeborene Kind solle mich zum Manne bekommen. Darüber ärgerte ich mich, da ich bereits dreißig Jahre alt war. Nun sieh, wie die Moiren es fügen: Was sie einmal bestimmen, daran ändern sie nichts.« So sprachen sie miteinander und schliefen gut, und wir noch besser.

Man könnte sich hier vielleicht fragen, wieso der Kaufmann, nachdem er sich über die Verfügung der *Moiren* seines Alters wegen so geärgert hatte, sich nicht kurz darauf verheiratete, sondern erst Jahre und Jahre später auf Brautschau ging. Doch das braucht zum Glück nicht unser Problem zu sein – und ebenso wenig, wie ein Mädchen gut neben jemandem schlafen kann, der sie einstmals aus dem Fenster schmiss und »wie einen kleinen Weinschlauch« aufgespießt hängen ließ. *Was* dagegen hier interessiert, sind die Moiren.

The Enchantment

Die Moiren sind die griechische Entsprechung der römischen Fata, die wiederum weit besser unter der Bezeichnung *Parzen* bekannt sind – obgleich sie im altrömischen Kult offenbar keine besondere Rolle spielten. Ihre Aufgaben und die Dreizahl übernahmen die Parzen nach und nach wiederum von den Moiren. Ursprünglich gab es nämlich nur eine *Parca,* die Göttin der Geburt; nicht umsonst leitet sich ihr Name von *parere* »gebären« her.

Diese Töchter der Nacht messen jedem Menschen sein Leben und sein Schicksal zu. *Klotho* spinnt den Lebensfaden und wird mit der Gegenwart gleichgesetzt. *Lachesis* bestimmt die Länge dieses Fadens und wird darum mit der Zukunft identifiziert. Die dritte schließlich, *Atropos,* schneidet den Lebensfaden ab und ist damit die Vergangenheit.

Die Moiren erscheinen nach weit verbreitetem Glauben am dritten Tag nach der Geburt eines Kindes im Haus der Wöchnerin und bestimmen das Schicksal des Neugeborenen. Die Hausbewohner früherer Zeiten sahen zu, dass auserlesenes Essen und Trinken für die unheimlichen Besucherinnen vorbereitet, die Wohnung tipp-topp aufgeräumt und sauber war und nichts im Weg stand oder lag, worüber sie im Dunkeln hätten stolpern können. War ihr Unmut nämlich durch eine solche Unachtsamkeit erregt, das Essen nicht nach ihrem Geschmack oder der Hund nicht angebunden, ließen sie es an dem armen Baby aus. In Rumänien – wo man diese Schicksalsfeen auch heute noch kennt – sang die Hebamme in dieser Nacht (während die Familie in einem Winkel des Zimmers saß und wartete) ein Lied, das die *Ursitele* günstig stimmen sollte und dessen letzte Strophe übersetzt lautete:

Segnet, segnet, Ursitele
Dieses Kind fürs ganze Leben!
Wollet Reichtum ihm, Gesundheit,
Wohlergeh'n und Schönheit geben!

Die nordischen Nornen sind sogar nach Vergangenheit (*Urd*), Gegenwart (*Verdandi*) und Zukunft (*Skuld*) benannt, treten ebenfalls in der Dreizahl auf und befassen sich wie ihre griechischen und römischen Schwestern mit dem Schicksal der Menschen. Deutsche Dichter hielten sich aber eher an die Parzen und bedienten sich immer wieder des Bildes vom Lebensfaden.

So sagt etwa Johann Gottfried Herder: »O Freund, die Parze spinnt den Faden weit und schwarz und lang genug, um weise sein zu können.« Und mit Johann Friedrich Cronegk könnte man wünschen: »Alsdann so mag die geizge Parze einst tausend und noch tausend Jahre an meinen Tagen günstig spinnen.«

Somit sind Wiege und Grab (so könnte man sagen) der Hauptaufgabenbereich der Parzen und Moiren, doch achten sie beispielsweise auch darauf, dass die Ordnung der Dinge gewahrt bleibt, sei es sowohl, was die Natur, sei es, was die Sitten betrifft. Zudem vermitteln die Parzen zwischen den Welten – etwa wenn es darum geht, jemanden von der Unterwelt in die Oberwelt oder von dieser in den Himmel zu geleiten.

Die enge Verbindung zum Tod umgibt die Parzen und Moiren mit einer düsteren Aura. Man ehrte und fürchtete sie gleichzeitig. Mit Feen, die einem mir nichts, dir nichts den Lebensfaden abschneiden können, sollte man besser nicht Karten spielen. In Griechenland glaubte man zu Pestzeiten, sie seien an der tödlichen Seuche schuld, ja: Sie seien die inkarnierte Pest. Die eine hielt eine Rolle Papier in der Hand, die Zweite eine Schere und die Dritte einen Besen. So betraten sie die Häuser, in denen ihre Opfer lebten. Dann schrieb die Erste den Namen des nächsten Todgeweihten auf, die Zweite verwundete ihn mit ihrer Schere und die Dritte kehrte ihn aus dem Haus hinaus. Auch in Litauen glaubte man an »Pestfeen« (*Maro Deives*), schöne Mädchen, die mit einer Kutsche herumfuhren und den schwarzen Tod brachten. »Sie kamen nachts ans Fenster und fragten: ›Schlaft ihr?‹ Drei Mal wurde so gefragt. Wenn die drin Anwesenden antworteten: ›Wir schlafen nicht!‹, dann sagte die *Laima*: ›Bloß nicht schlafen!‹ Sie schrieb weiße Lettern ans Fenster, die niemand lesen konnte. Wenn aber geantwortet wurde, dass sie schliefen, sagte die Laima: ›Also schlafen sie den ewigen Schlaf!‹ Und sie schrieb schwarze Lettern ans Fenster.«

Von diesen düsteren griechisch-römisch-nordischen Schicksalsfrauen bis hin zu den lieblichen Feen, die allen Männern den Kopf verdrehen, war es noch ein weiter Weg. So schön sind sie, dass es für eine Frau kein größeres Kompliment gab, als dass sie »schöner denn eine Feine« sei. Zumindest lautlich führte dieser Weg zunächst nach Frankreich, wo um das Jahr 1000 aus den Fata *faie* und noch später *fées* wurden. Von ihnen übernahmen unsere großen mittelalterlichen Epiker dieses Wort zunächst als *feie* oder *feine* – und zwar weil, wie es in einer Untersuchung heißt, der deutsche Volksglaube des Mittelalters keine übernatürlichen Wesen kannte, die genau den französischen Faien entsprochen hätten. Gemeint ist konkret das »Feine, das Menschlich-Anziehende, das Durchgebildete« der französischen Feen.

Gottfried von Straßburg dichtete um das Jahr 1210 auf den edlen Sinn eines Ritters:

Ich mein', ihn haben Feinen
Wunderbar gesponnen
Und ihn in ihrem Bronnen
Geläutert und gereinet.

Wie man sieht, ist den Feen ihre Vorliebe für das Spinnen und für die Brunnen geblieben; vom Hauch des Todes sind sie hier aber zum Glück nicht mehr umgeben. Das Luftig-Leichte, die Zartheit der Elfen, die so wenig zu den matronenhaften Parzen zu passen scheint, wird auch in dem französischen Wort *féerie* deutlich, unter dem man Zauberei, Illusion oder eben »Feerei« verstand. Ja, und in dieser Wortform gelangte die Fee über den Kanal nach England und wurde dort zu *fairie*. Anfangs wurde das Wort noch in der Bedeutung »Täuschung« oder »Verzauberung« verwendet und verstanden, dann bezeichnete es auch das Reich, in dem die Feen wohnen, und schließlich diese Wesen selbst. Dass man sich diese Feen in England gleichfalls als attraktiv, als hübsch, als äußerst begehrenswert dachte, zeigt beispielsweise folgende Passage aus Geoffrey Chaucers um 1390 entstandenen *Canterbury-Erzählungen*:

Ich will die Feenkönigin,
Kein' andre ist nach meinem Sinn
In meiner Heimatstadt,
Die andern lass' ich einfach stehn,
Ich hol' die Königin der Feen
Und küss' mich an ihr satt.

Im 16. Jahrhundert dichtete Edmund Spenser sein unvollendet gebliebenes, aber nichtsdestotrotz berühmtes Versepos *Faerie Queene*, und von Shakespeare wird noch die Rede sein. Es waren aber längst nicht nur die Feenköniginnen vom Schlage der französischen Salonfeen, die schließlich unter dem Begriff *fairie/fairy* zusammengefasst wurden.

Katherine Briggs, die sich in mehreren Büchern ausführlich mit den Geistwesen Großbritanniens auseinander setzte, unterscheidet vier Arten von Fairies – die »in Scharen Auftretenden«, die Kobolde und Zwerge, die Nixen und schließlich die Riesen, Monster und dergleichen.

Diese Katalogisierung zeigt, dass in der Tat fast »das gesamte Königreich der Elfen-Leute« unter »Fairy« zusammengefasst wurde, und macht in Verbindung mit den vorhergegangenen Ausführungen wohl deutlich, wie weit einerseits die volkstümlichen »Feen« von den Fata und Moiren und den Bilderbuch-Märchenfeen mit Zauberstab und Geburtswünschen entfernt sind, und wie sich andererseits dennoch keine klaren Grenzen zwischen den einen und den anderen ziehen lassen. Die Aufgabe, aus dem großen Fairy-Meer die verschiedenen Geistwesen herauszufischen und ihren rechtmäßigen Bezeichnungen zu unterstellen bzw. zuzuordnen, ist also praktisch unlösbar.

Dennoch sollte hier die immer wieder gestellte Frage des Unterschieds zwischen Feen, Elben und Elfen noch einmal aufgegriffen werden. Zusammenfassend lässt sich nämlich vielleicht Folgendes sagen: Unter »Elfen« versteht man landläufig die niedlichen geflügelten, winzigen, neckischen Wesen, die in Blumen wohnen und die stark von Shakespeares *Sommernachtstraum* beeinflusst sind. Diese Wesen waren in dieser »extremen« Form wohl nirgendwo und zu keiner Zeit volkstümlich. Im weitesten Sinne lassen sich zu den Elfen vielleicht die meist in Gruppen auftretenden »kleinen Leute« Irlands oder auch Englands und Schottlands sowie die nordischen *Alfen* rechnen – zieht man die Flügel und die Puppenniedlichkeit ab.

Das alte deutsche Wort »Elben« wurde zu einer bestimmten Zeit auf Wesen angewandt, die vielleicht attraktiv, aber nicht niedlich im Sinne der Elfen, sondern potenziell gefährlich waren – und zwar speziell für Männer auch im übertragenen Sinn. Die vielen altertümlichen Namen mit dem Bestandteil Elb-/Elf-/Alp- oder Alf-, der nach Auffassung mancher auf Lateinisch *albus* (»weiß«) zurückgehen soll, legen zum einen den Schluss nahe, dass »Elbe« zeitweise eine allgemeine Bezeichnung für Geister war. Zum anderen wurden diese Wesen zwar nicht als grundsätzlich böse angesehen – mit Zauberstab-Märchenfeen hatten sie dennoch nicht viel gemeinsam.

Zu diesen ursprünglichen deutschen Elben könnte man in Übereinstimmung mit namhaften Forschern vielleicht all die Moosweiblein, die Perchta und die Holda mit ihrem Heimchengefolge zählen. Erst Tolkien machte die Elben durch seinen Übersetzungswunsch bei uns salonfähig – edel, schön und gut – und erschuf damit wohl eine ähnlich neue Art von Geistwesen wie seinerzeit Shakespeare.

Eine Fee dagegen ist zunächst einmal weiblich, dann schön, sie tritt eher allein oder aber in der Dreizahl auf, sagt das Schicksal voraus und wirkt verglichen mit den verspielten Elfen hoheitsvoll. Sie ist so groß wie die Menschen. Allerdings sollte erwähnt werden, dass manche Forscher bei der Herleitung des Namens eine Vermischung mit den römischen *fatuae* sehen, Naturgeistern, die sich um Wald und Herden kümmern und weit weniger damenhaft sind.

So wird »Fee«, ähnlich wie »Fairy«, auch als Überbegriff über all diese verschiedenen Wesen verwendet, und zwar nicht zuletzt aus dem einfachen Grund, dass alles Gesagte auf ziemlich wackeligen Beinen steht. Alle diese Bezeichnungen sind von uns Menschen geschaffen – ob sie stimmen, wissen (wenn überhaupt) nur die Wesen selbst, um die es geht. Zahlreichen Berichten zufolge hassen sie es aber, als »Feen« oder »Fairies« bezeichnet zu werden. Sie halten das für »respektlos« und sind zufrieden damit, einfach pauschal als »gutes Volk« oder »die Schönen« bezeichnet zu werden.

Und wenn sich da die Zwerglein oder Trolle einfach dazurechnen oder druntermischen möchten – sei's drum!

Sie kümmern sich um ihren Kram – Irlands Feen

Wo die Wasser niederbranden
Von den Höh'n über Glen-Keen,
In Weihern, schilfumstanden,
Die nie ein Stern beschien,
Beschleichen wir Forellen,
Wispern wir schwüles Sehnen
In ihren Schlaf hinein;
Neigen uns über Quellen,
In Farn versteckt, der Tränen
Ins junge Wasser weint.
Komm hinweg, o Menschenkind …

William Butler Yeats

Ein bisschen wie ein umgestülpter fester Pudding auf einem flachen Teller erhebt sich im Westen Irlands eindrucksvoll und (anders als ein Pudding) Ehrfurcht gebietend der Ben Bulben, der Feenberg. Zu seinen Füßen, in Drumcliff, unweit von Sligo, liegt auf einem idyllischen kleinen Friedhof der große irische Dichter William Butler Yeats begraben. Auf seinem Grabstein steht:

Cast a cold eye on life, on death,
Horseman, pass by.
(»Blick kühl aufs Leben, auf den Tod,
Reiter, zieh weiter.«)

Yeats liebte diese Gegend, und er hatte es auch mit den Feen, wie die oben zitierte Strophe aus dem Gedicht »Das gestohlene Kind« zeigt, das weiter hinten noch einmal in voller Länge in unserer Übersetzung abgedruckt ist (S. 194). Er sammelte zahlreiche Geschichten über sie und andere Geistwesen, die ihm Einheimische mitteilten. Wie er erklärt, wimmelt es in Drumcliffe geradezu von Geistern aller Art: kopflosen Frauen, Rittern, Schattenhasen, feuerzüngigen Hunden, pfeifenden Seehunden und so weiter. Allerdings muss man schon aus genau der Gegend stammen, meint Yeats, um von den Einheimischen etwas erzählt zu bekommen. Nur wenige Kilometer vom Dorf entfernt erhielt er nämlich oft genug nur knappe, eher abweisende Antworten, wie die folgende von einer alten Frau: »Die kümmern sich um ihren Kram und ich mich um meinen!«

Trotzdem erfuhren er und viele andere Forscher und an der Materie Interessierte glücklicherweise noch genug über die Feen Irlands, um ausführlich darüber berichten zu können. Manche, die auf der Suche nach dem »Kleinen Volk« den Ben Bulben bestiegen, kehrten allerdings nie wieder von dort zurück. Der Tafelberg nämlich ist der Hauptwohnsitz einer bestimmten Gruppe von irischen Feen, den *Gentry* (wörtlich etwa: »niederer Adel«). Walter Yeeling Evans Wentz, einer der Pioniere der wissenschaftlichen (ethnographischen) Feenforschung, traf einen Informanten, der schon mehrfach Angehörige der Gentry von Angesicht zu Angesicht gesehen hatte:

Es war im Januar an einem kalten, trockenen Tag, als ich und ein Freund von mir auf einer Wanderung um den Ben Bulben zum ersten Mal einen von den Gentry sahen. Ich wusste, wer das war, denn solange ich denken konnte, hatte ich von diesem Feenvolk reden hören. Dieser war in ein blaues Gewand gekleidet und trug eine mit Rüschen geschmückte Kopfbedeckung. Als er näher gekommen war, sagte er zu mir mit einer süßen und silbrigen Stimme: »Je seltener Sie in diese Berge kommen, desto besser. Eine junge Lady hier möchte Sie gern für sich haben.« Dann verbot er uns, unsere Gewehre abzufeuern, weil die Leute der Gentry nicht gern durch Lärm gestört würden. Als wir die Berge verließen, wies er uns an, uns nicht mehr umzuschauen.

Die Angehörigen der Gentry beschreibt dieser Augenzeuge als aristokratisch und eher größer als die übrigen Feen Irlands, das »Kleine Volk«. Sie haben enorme Fähigkeiten, einen Blick, der die Erde durchdringt, und sie machen eine wundervolle Musik. Sie wohnen im Berg in wunderschönen Schlössern, und ein Teil von ihnen auch anderswo, denn sie reisen sehr gern. Sie nehmen großen Anteil an den Belangen der Menschen und stehen immer auf der Seite von Recht und Ordnung. Ab und an rauben sie Menschen, die aus dem einen oder anderen Grund für sie von Interesse sind, und wenn jemand mit ihnen geht und bei ihnen etwas zu sich nimmt, kann er nie wieder zu den Seinen zurückkehren.

Wie schon diese wenigen Angaben zeigen, wusste der Informant recht viel über die Gentry zu berichten. Vielleicht wäre noch zu ergänzen, dass ihre Körpergröße ihm zufolge veränderlich ist. Eines Tages erschien nämlich einer von ihnen vor ihm, und der war nur vier Fuß groß und ziemlich breit gebaut. Er sagte erklärend: »Ich bin größer, als es dir jetzt vorkommt. Wir können die Alten jung, die Großen klein und die Kleinen groß machen.«

Dieser Augenzeuge hatte Glück, dass ihm die Gentry so wohl gesonnen waren, denn es hätte ihm durchaus schlecht ergehen können, als er so auf dem Ben Bulben herumspazierte. Der Tafelberg, dessen steile Südseite – mit herrlichem Ausblick auf Land und Meer – auch wir bestiegen haben, ist auf seiner Oberseite tückisch mit Höhlen und Spalten durchsetzt, die tief ins Erdinnere reichen. Sie sollen ins Reich der Gentry führen und manch einer ist (wie gesagt) darin verschwunden und nie zurückgekehrt. Der Feenforscher Dermot MacManus kam hier, wie erzählt wird, durch einen wilden Eber zu Tode.

Zuweilen werden die Gentry von den Iren mit dem Kleinen Volk, den *sídhe*, gleichgesetzt. Manche sagen aber auch, dass es sich um zwei verschiedene Feengeschlechter handelt. William Butler Yeats erklärt in einem seiner Bücher, das irische Wort für »fairy« sei *sheehogue* (*sídheóg*), eine Verkleinerung von *shee* (*sí*).

Wer sind die Feen?, fragt Yeats weiter. »›Gefallene Engel, die nicht gut genug waren, um erlöst, und nicht schlecht genug, um verdammt zu werden‹, meinen die Landleute. ›Die Götter der Erde‹, behauptet das Buch von Armagh. ›Die Götter des heidnischen Irland‹, sagen die irischen Heimatforscher, ›die Tuatha Dé Danann, die, als sie nicht länger verehrt und mit Opfergaben ernährt wurden, dahinschwanden und nun nur noch wenige Spannen groß sind.‹«

Dass die Feen ursprünglich Gottheiten waren, wird immer noch von vielen angenommen. Gerade die irischen Feen gelten als Paradebeispiel für diese Theorie, oder wie es Spence ausdrückt, als »einer der vollständigsten und sichersten Indizien für die Abstammung der Feen von götterähnlichen Gestalten«. Sie sollen eng mit den mythischen *Tuatha Dé Danann* in Zusammenhang stehen – oder besser gesagt, von ihnen abstammen. Die Tuatha Dé Danann beherrschten ursprünglich das Land, sorgten für Segen und Fruchtbarkeit und waren in den Künsten der Magie bewandert, genau wie später das »Gute Volk«.

Was immer die Sídhe nun tatsächlich sein mögen, jedenfalls hatten die Iren großen Respekt vor ihnen. Man darf sie, wie überhaupt Feen weltweit, nie bei ihrem richtigen Namen nennen, denn sie sind so empfindlich, dass man sich schon dadurch ihren Zorn zuziehen kann. Die Serben und die Kroaten beispielsweise sprachen von ihren Feen als den »Glücklichen« oder »den jungen Damen«, oder auch den »guten Leuten«. Die letztgenannte Bezeichnung ist unter anderem auch in Irland gebräuchlich, daneben sprach man, wenn man von ihnen erzählte, eben von der Gentry oder aber vom »Guten Volk«.

Diese guten Leutchen verbringen, so Yeats, ihre meiste Zeit damit, zu essen, einander zu bekriegen, sich zu lieben und zu wunderbarer Musik zu tanzen. »Nahe der Ortschaft Ballisodare wohnt eine kleine Frau, die sieben Jahre bei ihnen lebte. Als sie heimkam, hatte sie keine Zehen mehr – sie hatte sie abgetanzt.«

Die irischen Sídhe feiern, ähnlich den Menschen, drei große Feste im Jahr: die Walpurgisnacht, in Irland Beltane genannt, die Johannisnacht und Samhain, was andernorts Halloween genannt wird. Auch die Feen im übrigen Europa sollen diese Tage besonders ehren. Sie gelten als ausgesprochene »Feentage«, Zeitpunkte, an denen man am besten zu ihnen in Kontakt treten kann.

In den genannten drei Nächten sind sie am aktivsten, tanzen und streiten, und die Menschen nehmen sich besser vor ihnen in Acht, auf dass sie nicht unversehens mitgenommen werden oder einen der gefürchteten Elfenpfeile abbekommen, die Lähmungen und ähnlich schlimme Leiden nach sich ziehen. Falls an einem dieser Tage jemand einen Wirbelwind sieht, zieht er besser den Hut und spricht: »Gott segne sie.«

Es empfiehlt sich auch nicht unbedingt, eines ihrer Lieder in der Nähe eines Feenhügels, eines *sí*, zu singen. Die Sídhe hüten diese Lieder sehr eifersüchtig und nehmen es meist übel, wenn Erdlinge sich erdreisten, sie auf ihre plumpe Weise nachzusingen. Nur einige wenige Auserwählte dürfen bei ihnen in die Lehre gehen, wie die großen irischen Barden und Musikanten. Vom letzten dieser Meister, dem berühmten Harfenspieler, Sänger und Komponisten Turlough O'Carolan (1670–1738), heißt es gar, er habe auf einem *sí* geschlafen und sei dadurch zu einem großen Sänger und Dichter geworden.

Die irischen Feen kümmern sich aber nicht nur, wie jene alte Frau behauptete, um ihren eigenen Kram, sie achten, wie der Gentry-Kenner wusste, auch darauf, dass bei den Menschen nicht alles drunter und drüber geht und die guten alten Sitten erhalten bleiben. Zuweilen müssen sie im Rahmen dieser nicht unbeträchtlichen Aufgabe zu recht eigentümlichen Erziehungsmaßnahmen greifen, wie die folgende sehr ungewöhnliche Erzählung zeigt. Sie könnte eigentlich mit Fug und Recht auch als Gespenstergeschichte durchgehen, doch illustriert sie die enge Verbindung zwischen den Sídhe und anderen irischen Geistern und verdient es schon deshalb, hier wiedergegeben zu werden.

In Antrim lebte einst ein junger Mann namens Teig O'Keine, der zeit seines Lebens von seinem Vater über alle Maßen verwöhnt worden war. Nichts wurde ihm abgeschlagen, nie wurde er zum Arbeiten ermahnt; er konnte das Geld mit vollen Händen ausgeben oder es ganz nach Belieben mit Kumpanen beim Kartenspiel versaufen oder verwetten. Eines Tages aber kam dem Vater zu Ohren, dass sein Sohn ein Mädchen entehrt habe, und da hörte der Spaß für ihn auf. Er stellte Teig zur Rede und erklärte, entweder er würde das Mädchen auf der Stelle heiraten, oder er würde ihn enterben. Drehte sich um und ließ den Sohn stehen.

Teig war empört über diese ungewohnte Reaktion und marschierte zornig in die dunkle stille Nacht hinaus, um zu überlegen, was er nun tun sollte. Er ging und ging, bis ihm einfiel, es müsse fast Mitternacht sein. In diesem Augenblick hörte er Stimmen auf der Straße in einer Sprache miteinander reden, die er nicht verstand. Dann sah er viele kleine Leutchen, die offenbar einen Toten trugen, auf ihn zukommen. Die Haare standen dem Jungen zu Berge, als sie ihn umringten, und ein älteres Männlein fragte: »Ist das nicht ein Glück, dass wir dich getroffen haben, Teig O'Keine?« Teig aber brachte vor Angst kein Wort heraus. Noch zwei Mal fragte das Männlein dasselbe, dann erklärte es mit stahlhart klirrender Stimme: »Da du drei Mal nicht geantwortet hast, bist du nun in unserer Macht und musst tun, was wir wollen. Heb diesen Leichnam auf!«

Teig weigerte sich mit seinem alten Trotz, da befahl das Feenmännlein den anderen lachend, ein wenig nachzuhelfen. Ein kleiner Feerich stellte Teig ein Bein, er fiel hin, und schon lag die Leiche auf seinem Rücken und krallte sich mit Armen und Beinen an ihm fest. Da sagte das alte Feenmännlein: »Nun wohl, du wolltest ihn nicht aufheben, so wirst du ihn also ordentlich begraben.« Es wies ihn weiterhin an, es in dem einen Ort zu probieren, und wenn es dort aus dem ein oder anderen Grund nicht klappen würde, dann in einem anderen, und wenn es dort auch nicht ging, dann in einem dritten und einem vierten, die er ihm alle namentlich nannte. Würde er seine Sache gut machen, sollte es sein Schade nicht sein, ergänzte das Männlein noch, und die anderen fügten begeistert und bestätigend hinzu: »Glic! Glic! Hwee, hwee!«

Teig hatte durch den Toten auf seinem Rücken, der ihm Schauer der Angst einjagte, jede Lust zu widersprechen verloren, fügte sich zähneklappernd in sein Schicksal und machte sich, gefolgt von den schwatzenden Feen, in der Dunkelheit stolpernd auf den Weg zum erstgenannten Ort. Dort angelangt, fand er die Kirchentür verschlossen und wollte schon aufgeben, da hörte er dicht an seinem Ohr eine Stimme sagen: »Der Schlüssel liegt über der Tür.« Teig war vor Entsetzen wie gelähmt und brachte erst nach ein paar Augenblicken heraus: »W-w-wer spricht da?« »Ich bin, es, die Leiche!«, flüsterte es an seinem Ohr. »Kannst du denn sprechen?«, erkundigte sich Teig erstaunt. »Hin und wieder«, sagte der Leichnam.

Teig fand den Schlüssel und grub nun, wie angewiesen, mitten in der Kirche ein Loch, nachdem er die Steinplatten abgehoben hatte. Plötzlich aber stieß er auf einen weiteren Toten und hielt erschrocken inne. Er war sich unschlüssig, was er nun tun sollte, und fragte »seine« Leiche, ob er sie vielleicht zu dem anderen legen dürfe. Als die keine Antwort gab, hielt er das für ein gutes Zeichen und machte sich wieder ans Graben, als der zweite Tote aufstand und donnerte: »Hoo! Hoo! Hoo! Verschwinde! oder du bist ein toter, toter Mann!« Damit fiel er in sein Grab zurück. Teig schüttete das Loch hastig wieder zu und deckte es mit den Steinplatten ab. Er versuchte es an zwei anderen Stellen, doch jedes Mal stieß er wieder auf einen Toten.

So musste er sich also notgedrungen auf den Weg zum nächsten Ort machen, den ihm die Feen genannt hatten. Er kannte den Weg nicht, doch die Leiche auf seinem Rücken streckte die linke Hand aus und wies in eine Richtung und zeigte ihm auch an jeder Kreuzung die richtige Straße. Als er endlich angekommen war, erblickte er auf dem Friedhof Hunderte und Aberhunderte von aufgeregten Geistern, die ihm böse den Weg versperrten. Also blieb ihm nichts anderes übrig, als – von seiner Leiche dirigiert – auch den dritten genannten Ort aufzusuchen. Doch auch dort hatte er kein Glück, denn diesmal blockierte ein riesiger Feuerring den Zutritt.

Da flüsterte ihm seine Leiche den Namen des vierten Platzes ins Ohr und wies ihm wiederum den Weg. »Beeil dich«, sagte sie noch, denn die Nacht begann schon zu verblassen und die Feen hatten ihm eingeschärft, seine Arbeit in der Nacht zu er-

ledigen. Als er, mehr tot als lebendig vor Müdigkeit und ausgestandenen Ängsten, endlich an dem angegebenen Ort anlangte, fand er zu seiner großen Erleichterung ein frisch ausgehobenes Grab vor, in dem sich ein leerer Sarg befand. Kaum hatte er sich darüber gebeugt, als die Leiche von seinem Rücken mit einem Plopp ins Grab plumpste. Er brauchte nur den Deckel zu schließen und die Erde darüber zu schaufeln. Als er fertig war, kam die Sonne über den Horizont und Teig schleppte sich in ein Gasthaus, wo er zunächst einmal viele, viele Stunden schlief, dann aß und trank und dann wieder schlief.

Danach, so hieß es, war Teig O'Keine nicht mehr derselbe – was angesichts des Erlebten vielleicht nachvollziehbar ist. Er spielte nicht mehr die Nächte hindurch Karten, trank nicht mehr und verwettete auch kein Geld mehr. Er heiratete das Mädchen, das er entehrt hatte, und wurde überaus glücklich mit ihr. Das alles aber hatten ganz allein die Feen bewirkt.

Fromme Feen

Elf! Elf! das klingt so wunderlich,
Elf! Elf! mir graut vor dem Elfenreihn;
Die haben gewiss kein Christentum,
Oh, lass mich zu Vater und Mutter mein!

Echte Elfenfreunde würden ihren Lieblingen wohl kaum solch böse Dinge zutrauen, wie sprechende Leichname auf eines armen Menschen Schultern zu packen. Sich friedlich an lauen Sommerabenden bei Mondschein zu baden dagegen sehr wohl.

In einer Reihe von Fantasyromanen sind die Feen und Elben dagegen durchaus imstande, alles andere als »gut« zu sein. Wer streitsüchtig, selbstgerecht und eitel ist oder Menschlinge, die sich in erotischer Absicht nähern, mal eben zu schwarzer Kohle verbrutzelt, ist schwerlich als »gut« zu bezeichnen. Mit Geistern kann man es – zumindest auf dem Papier – ja machen, denn wer will einem das Gegenteil beweisen. Und käme einer daher, der sagen würde, das oder das entspricht nicht im Geringsten dem Charakter einer Fee oder einer Elbin, bräuchte man ihm bloß zu entgegnen: Woher willst du das eigentlich wissen? Hast du sie gefragt?

Heutzutage hängt nicht viel davon ab, ob in diesem oder jenem Fantasyroman den Elfen und Feen dies oder jenes angedichtet oder in die Schuhe geschoben wird. In früheren dunklen Jahrhunderten, als Unschuldige en masse gefoltert und verbrannt wurden, war das aus mehreren Gründen längst nicht so unproblematisch.

Das Christentum versuchte, man erinnere sich, in heidnischen Gegenden Fuß zu fassen, und musste zu diesem Zweck ein wenig aufräumen – und zwar sowohl ganz konkret als auch im geistigen Sinne. Ganz konkret bedeutet etwa, ehrwürdige alte heilige Bäume im Namen des Christentums umzuhauen. Das war vergleichsweise leicht; dafür brauchte man einfach Mut und Kraft und eine gehörige Portion Respektlosigkeit. Die geistige Seite war weit schwieriger zu bewältigen – galt es doch, uralte Vorstellungen von Göttern und Geistwesen und die damit zusammenhängenden Riten und Bräuche aus den Herzen der Menschen zu verbannen und an deren Stelle den alleinigen Gott der Christen zu setzen.

Also verfiel man auf den klugen Gedanken, die überkommenen Bräuche und Feste und auch viele Sagen weitgehend zu lassen, wie sie nun einmal waren – schließlich sind die Menschen Gewohnheitstiere – und sie lediglich christlich zu übertünchen. Ging es darin um Dinge, die den Christen nicht in den Kram passten, wurden die Geschichten nach und nach »überarbeitet«. Hierzu gehörte vor allem der alte Glaube an übernatürliche Wesen, die das Christentum für durch und durch heidnisch hielt und daher nicht akzeptieren konnte. Nicht umsonst wird man im *Lexikon für Theologie und Kirche* beim Stichwort »Geister, Geisterglaube« ohne jede weitere Erklärung auf »Dämon« verwiesen – wobei auch hier eine christliche Umdeutung ins Negative stattfand. In der Antike bezeichnete »Dämon« nämlich keineswegs nur böse Geister, sondern ebenso einen guten Schutzgeist, »ja, das Göttliche im Menschen schlechtweg«.

Was nun die Elfen und Elben oder Feen (und übrigens auch die Zwerge) angeht, so haben wir schon Yeats zitiert, der von gefallenen Engeln spricht und diese – weit verbreitete – These für durchaus erwägenswert hält. Besser Informierte kennen sogar die näheren Zusammenhänge: Die Feen hätten erst nach den gefallenen Engeln den Himmel verlassen, und mit ihnen gingen so viele weitere Wesen, dass sich der heilige Michael schließlich genötigt sah, etwas gegen die Massenauswanderung zu unternehmen. Er informierte also Christus darüber, dass sich sein Himmel rapid leere. Der überzeugte sich höchstpersönlich vom

Stand der Dinge und ließ dann rasch die Himmelstore schließen mit den kategorischen Worten: »Wer draußen ist, ist draußen, und wer drinnen ist, ist drinnen.« Das erinnert uns Deutsche vielleicht ein ganz klein wenig an den Mauerbau. Es mag uns auch die Überlegung gestattet sein, dass es ganz so himmlisch und gemütlich da oben nicht zugegangen sein kann, wenn die Leute scharenweise das Weite suchten … oder?

Die Geschichte geht aber noch weiter, denn die Flüchtenden retteten sich in Höhlen. Seitdem sind sie dazu verdammt, dort unter der Erde zu leben und nur dann herauszukommen, wenn ihr König es ihnen erlaubt.

Wenigstens in Irland glaubte man, die Feen würden nur deshalb Sterbliche heiraten, damit ihre Kinder wieder die Chance hätten, in den Himmel zu kommen.

Aber ob nun gefallene Engel, Sternanbeter, wie es in einem englischen Märchen heißt, oder, wie ebenfalls oft behauptet wird, Geister der bei der Sintflut ertrunkenen Menschen, ungetauft gestorbener Kinder oder als Braut gestorbener Mädchen – jedenfalls galten die Feen oft schon durch ihre angebliche Abkunft als mit dem Odium des Unheiligen und Heillosen behaftet.

Nicht von Adams Same sind wir,
Unser Ahn nicht Abram hieß;
Spross des stolzen Engels sind wir,
Den der Herr von sich verstieß.

Ein weiterer Schritt war der, dass die Feen, wie hier in diesem Gedicht, in Märchen oder Sagen sich selbst als »heidnisch« und damit recht eigentlich als »verloren« zu erkennen geben und vielleicht gar um Erlösung bitten. Zuweilen sind sie auch schlicht mit sich und der Welt zufrieden, bis sie jemand darauf aufmerksam macht, dass sie keinen Grund zur Fröhlichkeit hätten, weil sie, wie ein Bauer in einer norwegischen Geschichte erklärt, »der Herrlichkeit des Herrn« nie teilhaftig werden würden. Derartige Märlein finden sich vielerorts, in Irland ebenso wie in Schottland oder Dänemark.

Zwei Kinder spielen an einem Fluss, da sitzt ein Nix auf dem Wasser und lässt seine Harfe ertönen. Die Kinder rufen ihm zu: »Was hilft's, dass du da sitzest und spielst, du wirst doch nicht selig!« Der Nix weint bitterlich, wirft seine Harfe hin und sinkt in die Tiefe. Als die Kinder heim zu ihrem Vater kommen, erzählen sie ihm, was sich zugetragen hat. Der Vater heißt sie zurückgehen, den Nix trösten und ihm die Versicherung der Erlösung geben. Als sie bei dem Fluss anlangen, sitzt der Nix auf dem Wasser und weint: »Nix, traure nicht!«, rufen sie ihm zu, »der Vater hat gesagt, dass auch dein Erlöser lebe.« Da nimmt der Nix seine Harfe wieder und spielt fröhlich.

Diese schwedische Geschichte erzählen unter anderem die Brüder Grimm, die sich im Rahmen ihrer Übertragung irischer Elfenmärchen auch mit dieser Klassifizierung der Elfen als halb teuflische Wesen auseinander setzen. Sie meinen jedoch, die Zweiteilung in gute und böse Elfen sei schon angelegt gewesen, da die Edda zwischen Lichtelben und Dunkelelben unterscheide. Die »christliche Absicht«, sich diese Zweiteilung zunutze zu machen, erkennen allerdings auch sie, was angesichts solcher Märlein wie der vom schwedischen Nix oder der folgenden irischen Geschichte vielleicht nicht unbedingt schwer fällt.

Gegen Ende September war einmal eine muntere Gesellschaft von Elfen versammelt, welche im Glanze des Mondlichtes herumtanzten und ihre wunderlichen Streiche und Sprünge machten. So trieben sie ihr wildes Spiel, zogen Kreise umher, wirbelten und zappelten durch die Luft, und auf und nieder tauchend erschöpften sie ihre Künste, bis endlich einer von ihnen zirpte:
Geschwind, geschwind, hört auf zu sausen,
Lasst euer tolles, wildes Brausen,
Ich wittre einen, der kommt heran,
Ich wittre einen geistlichen Mann!
Alsbald fuhren sie auseinander, so geschwind als möglich, und steckten sich unter die grünen Blätter des Fingerhuts, denn wo ihre roten Käppchen hervorguckten, da schienen sie nur die dunkelroten Blütenglocken der Pflanze zu sein.
Der Elfe hatte sich bei seiner Warnung nicht geirrt, denn auf dem Weg kam Vater Horrigan auf seinem Klepper dahergeritten, und indem er bedachte, dass es schon spät sei, entschloss er sich, bei der ersten Hütte, zu der er gelangte, ein Ende zu machen. Er hielt also beim Haus des Dermod Leary, drückte auf die Klinke mit den Worten: »Gesegnet sei Alt und Jung«, und trat ein.
Dermod hieß ihn willkommen, nur betrübte ihn der Umstand, dass er dem ehrwürdigen Herrn nichts anderes anzubieten hatte als ein Gericht Kartoffeln. Ihm fiel ein, dass er sein Netz in den Fluss gestellt hatte, er ging hinaus und fand einen Lachs so schön, als je einer im Wasser geschnalzt hat. Doch als er sich näherte, um

ihn herauszunehmen, ward ihm, er wusste nicht wie und von wem, das Netz aus der Hand gerissen und der Fisch weggenommen, der dahinschwamm, so vergnügt, als wenn gar nichts vorgefallen wäre.

Dermod sah betrübt die Furche an, die der Fisch im Wasser gezogen hatte, und brummte zornig: »Ei! So möge das böse Geschick Euch treffen Tag und Nacht, wo Ihr den Fuß hinsetzt. Ihr müßt Euch vor Euch selber schämen, wenn Ihr noch wisst, was Scham heißt, mich auf diese Art hinters Licht zu führen! Euch hat ein anderer geholfen! Fühlte ich nicht, dass mir mit solcher Gewalt das Netz entrissen würde, als hätte es der Teufel selbst in den Klauen?«

»Das ist nicht wahr!«, rief einer von den Elfen, der jetzt zu Dermod Leary herauskam, indem ein ganzer Haufen seiner Gesellen ihm auf der Ferse folgte, »es waren bloß anderthalb Dutzend der unsrigen, die es dir wegrissen.«

Dermod starrte voll Verwunderung auf das winzige Geschöpf, das in seiner Rede fortfuhr: »Sorge nicht um die Abendmahlzeit des geistlichen Herrn, denn wenn du zurückgehen willst und ihm eine Frage vorlegen, so soll er ein Essen haben, so gut, als je eins auf eine Tafel aufgetragen worden.«

Dermod besann sich eine Zeit lang, dann antwortete er: »Ich sehe keinen Grund, warum ich das nicht tun sollte, aber mit eurer Mahlzeit will ich mein Lebtag nichts zu schaffen haben.«

»Wohlan«, sagte das kleine Geschöpf, während die Übrigen von allen Seiten herzudrängten, »geh und frage den Vater Horrigan, ob unsere Seelen am Jüngsten Tage begnadigt werden, gleich den Seelen guter Christen?«

Dermod ging wieder nach seiner Hütte, wo er die Kartoffeln schon auf den Tisch ausgeschüttet sah. Seine Frau reichte dem Vater Horrigan die größte dar, einen schönen lachend roten Erdapfel, rauchend wie ein Ross, das in kalter Nacht stark getrabt hat.

»Ehrwürdiger Herr«, sagte Dermod nach einigem Zaudern. »Ich möchte wissen, ob die Seelen des stillen Volkes am Jüngsten Tage werden begnadigt werden? Das stille Volk selbst hat mich geschickt, Euch die Frage vorzulegen; sie sind zu Tausenden drunten am Fluss und warten auf die Antwort, die ich ihnen bringen soll.«

»Geh sogleich wieder hin«, sprach der Geistliche, »und sage ihnen, wenn sie es zu wissen wünschten, so möchten sie selbst zu mir herkommen; ich wollte ihnen auf jede Frage, die sie mir vorzulegen Lust hätten, herzlich gerne Antwort geben.«

Dermod ging also wieder zu den Elfen zurück, die gleich um ihn herumschwärmten und wissen wollten, was der Geistliche erwidert hätte. Er trat ohne Furcht mitten unter sie und teilte ihnen die Antwort mit. Als sie aber hörten, dass sie zu dem Geistlichen selbst gehen sollten, flogen sie fort, einige hierhin, andere dorthin, und

rauschten an dem armen Dermod so hart und in so großer Menge vorbei, dass er ganz verwirrt wurde.
Als er nach einiger Zeit wieder zu sich selbst kam, ging er nach seiner Hütte und aß seine trockenen Kartoffeln mit dem Vater Horrigan, der wenig aus dem Vorfall machte. Aber Dermod konnte es nicht vergessen, dass der ehrwürdige Herr, dessen Worte Kraft genug hatten, die Elfen in alle Welt zu jagen, nicht ein erträgliches Gericht bei seiner Abendmahlzeit haben sollte, und der gute Lachs auf eine so ärgerliche Weise aus dem Netz genommen war.

Die Elfenworte »Ich wittre einen …« erinnern an »Fi fei fo fann, ich wittre das Blut von einem Mann« in der bekannten englischen Menschenfressergeschichte *Jack und die Bohnenstange*. Die armen Elfen, kann man da bloß sagen … wobei diese hier sich ja in ihr ungewisses Schicksal fügten und auch nicht übertrieben unglücklich ob ihres Heidentums waren wie der schwedische Nix oder ein schottischer Elf, der spät in der Nacht einem Geistlichen begegnete und von diesem gefragt wurde, wer er sei. »Er antwortete, er sei einer aus dem guten Volk, doch der umgekehrte Name würde schicklicher sein. Ursprünglich ein Engel und des Lichtes teilhaftig, habe er sich vom Teufel verführen lassen und sei zur Strafe mit einer unzähligen Menge seinesgleichen hinabgeworfen worden, um über Seen und Berge zu wandern bis zu dem großen Tage des Gerichts; sie wüssten nicht, was ihr Schicksal sein würde, aber sie fürchteten das Schlimmste. Er fragte hierauf ängstlich den Geistlichen, was seine diesbezügliche Meinung sei. Dieser ließ sich auf eine lange Unterredung mit dem Elfen ein und befahl ihm dann, ihm das Vaterunser herzusagen; schon gleich am Anfang stockte aber das Wesen und statt: ›der du bist‹ zu sagen, sprach es: ›der du *warst* im Himmel‹. Zuletzt gestand der Geistliche, dass er es nicht wage, ihm Hoffnung zu einer Verzeihung zu machen, weil das Verbrechen seines Volkes zu groß sei. Hierauf stieß der unglückliche Elfe einen Schrei der Verzweiflung aus und stürzte sich kopfüber in den See.«

Schande über diesen Priester!

Oft genug wird den Feen eine Seele abgesprochen, eine Vorstellung, die in literarischen Märchen gern aufgegriffen wurde – so etwa in Andersens *Kleiner Meerjungfrau* oder auch in La Motte-Fouqués berühmter *Undine*. Hier verrät die Titelheldin ihrem Mann: »Wir und unsretgleichen in den andern Elementen, wir zerstieben und vergehn mit Geist und Leib, dass keine Spur von uns zurückbleibt, und wenn ihr andern dermaleinst zu einem reinern Leben erwacht, sind wir geblieben, wo Sand und Funk und Wind und Welle blieb. Darum haben wir auch keine Seelen.«

Immerhin werden die Feen oder Elfen in derlei Geschichten noch als solche anerkannt. In vielen anderen Märchen und Sagen sind an ihre Stelle die Hexen und mancherorts sogar der Teufel getreten. Wie sehr die Hexen die Feen und andere Geistwesen überlagerten oder ersetzten, zeigen beispielsweise Worte wie »Hexenschuss« statt des älteren »Elfenpfeils«. Geschichten, die früher von Zwergen bzw. elbischen Wesen erzählt worden waren, kursierten später fast wortwörtlich über die Hexen:

Im Prätigau kam, wie man erzählt, ein junger Mann einmal unversehens zu einem solchen Hexentanze. Es geschah ihm jedoch nichts zuleide, denn seine Gevatterin war auch dabei. Man lud ihn vielmehr freundlich ein, ein bisschen Musik zu machen, und bot ihm zu diesem Zwecke eine gewöhnliche Hirtenpfeife. Der Bursche, der sonst gar nichts von Musik verstand, verwunderte sich nicht wenig, als er ohne weiteres die lustigsten Tänze und Liedchen aufspielen konnte. Voll Freude pfiff und trällerte er den Hexen ohne Unterlass bis zum Morgengrauen. Als endlich der Tanz zu Ende war, steckte er die wunderbare Pfeife mit Sorgfalt in die Brusttasche seines Rockes und marschierte wohlgemut nach Hause.

Vieles, sehr vieles von dem, was man den Feenwesen nachsagte, wurde später von den Hexen behauptet: Ihre Schwäche fürs nächtliche Tanzen, die erstaunlichen Kräuterkenntnisee, ihre zauberischen Fähigkeiten, wie vor allem das Wetter zu beeinflussen, und die Vorliebe bzw. Abneigung für oder gegen bestimmte Tiere und Pflanzen. Auch wird beiden nachgesagt, dass sie gern Milch stehlen und – übrigens an denselben Festtagen – besonders ausgelassen feiern.

Vielleicht trugen die »Hexen« auf der Folter abgepressten Geschichten über ihre enge Verbindung zu den Feen zur Verteufelung der Letzteren bei. Jedenfalls wurden altehrwürdige Bäume, vor allem Eichen – vordem als Sitz einer Gottheit oder Aufenthaltsort von Feen betrachtet – nun als Hexeneichen verschrien und umgehauen, und manche Geistwesen wurden negativ belegt, wie beispielsweise der Alp, der nurmehr als der schlimme Alpdruck bekannt ist. Vergessen ist fast völlig, dass viele alte Namen, wie Alpwin oder Alphart oder Alplint, mit ihm gebildet wurden, woraus, wie die Brüder Grimm bemerkten, »zugleich erhellt, dass man sich dabei nichts Böses noch Gehässiges dachte«.

Die buchstäbliche Verteufelung des »zunächst freundlichen« Alps wird auch an einer Geschichte aus den Alpen deutlich. Hier wird als unfehlbare Waffe gegen den Teufel ein Lärchenknüppel empfohlen. Damit, so heißt es, kann man ihn »wacker durchwichsen«.

Oft erschien der Teufel verkleidet, doch erkannte man ihn sogleich an seinem hohlen Rücken, denn er hat kein Rückgrat; an diesem hat Josls Sepp einmal einen ganz hübschen Jäger erkannt und durchgebläut, dass er fast hin geworden ist und geschworen hat, er sei kein Teufel, sondern ein Mensch wie er, aber Josls Sepp gab kein Pardon und ließ ihn endlich liegen – er war jedoch am andern Tag verschwunden; 's war halt der Teufel.

Das körperliche Merkmal, das hier als untrügliches Teufelszeichen erwähnt wird, identifiziert der Chronist dieser Geschichte als ebenso typisches Kennzeichen nördlicher Elfen: »Hohl wie ein Backtrog« lautet nicht selten die in der Sage begegnende Kennzeichnung jener mythischen Wesen.

Auch die Abwehrhandlungen, die man früher gegen elbische Wesen vornahm, wurden später auf die Hexen (und den Teufel) übertragen. So zeichnete man drei Kreuze auf alles, was in irgendeiner Weise »verhext«, das heißt konkret sauer werden, verderben oder umkippen konnte, wie z. B. auf Bierfässer oder die Butter. Damit die Bewohner von Ställen und Häusern keine Krankheiten angezaubert bekamen, zeichnete man auch auf Türen Kreuze. Hinter die Fenster gesteckter Kalmus, Besen aus Birkenreisern und an Johannistag gepflückte siebenerlei Kräuter, darunter vor allem Eisenkraut und Johanniskraut, und Hufeisen über der Tür sind nur einige weitere Maßnahmen und Materialien, die gegen die einen wie die anderen eingesetzt wurden.

Angesichts dieser schleichenden Verhexung, der viele Jahrhunderte andauernden Herabwürdigung der Feen kann es einen wirklich wunder nehmen, dass sie im Herzen vieler Menschen und selbst in wirklich christlichen Ländern wie Irland noch lebendig geblieben sind. Der irische Dichter Seamus Heaney erzählte uns einmal, dass sein Vater, ein Bauer aus Ulster, gerade einen Weißdorn umhauen wollte, als zwei ältere Nachbarinnen des Weges kamen und ihn mit Hinweis auf die Rache der »Guten Leute« eindringlich davor warnten. Er aber hörte nicht auf sie und fällte den Baum. Kurz darauf brach sich eines seiner Pferde ein Bein, und die Nachbarinnen sagten, er hätte besser auf sie hören sollen!

Im Gegensatz übrigens zu den Geschichten, in denen erzunglückliche Feen Selbstmord begehen, weil sie nicht erlöst werden können, stehen Berichte, nach denen die Feen infolge der Christianisierung mit all ihren Begleiterscheinungen aus unseren Breiten verschwanden. Das dauernde Kirchengebimmel etwa ging ihnen auf die Nerven. Vor allem aber störte sie, dass die Menschen nicht mehr an sie glaubten und nichts mehr mit ihnen zu tun haben wollten; dass sie die ehemals in Ehren gehaltenen Bäume fällten, die ehemals sauberen Quellen verschmutzten und was dergleichen Schandtaten mehr sind.

Nicht verschwiegen werden aber sollte, dass viele Geschichten (und übrigens auch die isländische Elfenbeauftragte Stefansdóttir) erklären, die Elfen oder Feen würden dem Christentum mindestens ebenso gläubig anhängen wie die Menschen. In ihren unterirdischen Reichen gebe es also sowohl Kirchen wie Priester und selbstverständlich gingen sie regelmäßig zum Gottesdienst. Der isländische Schriftsteller Halldór Laxness erzählt in einem seiner Romane von einem kleinen Waisenjungen, der nicht mit seiner Pflegefamilie zur Kirche gehen darf. Er schlendert also traurig umher, als er »in den Felsen unten am Berg« den wunderbaren Gesang vieler Stimmen hört. Der Junge merkt, dass es sich um einen Gottesdienst handelt, und sieht, dass die Albenburg kein Felsen mehr ist, sondern eine Kirche, die offen in der Sonne liegt, und der Pfarrer ist in ein grünes Ornat gekleidet. »Und der Junge geht in die Kirche der Elfen. Solche Leute hat er noch nie gesehen, so edel und glücklich.«

Die Predigt des Priesters geht dem Jungen so zu Herzen, dass er sie sein ganzes Leben lang nicht vergisst und nach ihr zu handeln versucht. Als der Gottesdienst zu Ende ist, verschwinden die Elfen und die Kirche, und an ihrer Stelle ist wieder nur der graue Felsen zu sehen. Der Junge aber wächst zu einem genügsamen, zufriedenen Mann heran, dem die Erinnerung an diesen einen Sonntag zeit seines Lebens Trost spendet.

Der Kuriosität halber seien abschließend überseeische Feenwesen erwähnt, die geradezu fanatische Christen sind. Die Rede ist von kleinen indianischen Feen, den so genannten *Nagumwasuck* und den *Mekumwasuck*. Beide Feenvölkchen halten sich angeblich in unmittelbarer Nähe der Passamaquoddy-Indianer auf, die an der kanadischen Grenze leben.

Als die Indianer in den Dreißigerjahren eine Kirche bauten, errichteten auch die Feen eine, natürlich in Miniaturgröße. Nachts hörte man sie eifrig hämmern und werkeln. Mehr noch: Die Mekumwasuck gelten regelrecht als Wächter der Kirche. Um 1970 brachen einmal ein paar Betrunkene in die Menschenkirche ein, als der Priester gerade in Urlaub war. Aber das Kleine Volk hatte gut aufgepasst und verjagte die Diebe. Einer von ihnen blieb bei der Flucht im Fenster stecken und wurde von den Mekumwasuck ein wenig bearbeitet, bis er sich endlich befreien konnte.

Na, da kann man bloß sagen: Wenn das kein Sieg des Christentums war – erst die Bekehrung der Indianer und dann die der Feen!

Magische Ringe

Gesehn hab ich die Elfenfraun
Beim Tanz im lichten Wald,
Wo just hinter dem hohlen Baum
Ihr Tanzplatz liegt in Kreisgestalt,
Noch nie so richtig –
Doch einmal, hinter diesem Baum versteckt,
Hätt ich sie um ein Haar entdeckt!

Queenie Scott Harper

Eine Sache, die später den Hexen zugeschrieben wurde, aber ureigenste Domäne der elbischen Wesen war, haben wir im letzten Kapitel ausgespart, weil sie eine besondere Behandlung verdient: die so genannten Feenringe, die dann in Hexenringe umgetauft wurden. Darunter verstand man zum einen – so auch heute noch – das seltsame Phänomen kreisförmig wachsender Pilze, wie es beispielsweise bei Champignons und Pfifferlingen zuweilen zu beobachten ist. Zum anderen heißen so kreisrunde kahle Stellen oder aber solche, in denen das Gras ganz besonders üppig wächst. Sie rühren überwiegend von Pilzmyzelien her. Anfangs erscheint der von diesem durchwucherte Nährboden kahl, später wird er von den absterbenden Pilzmassen gedüngt und dadurch fruchtbar und grün. Als Hexenringe werden außerdem auch Brunstplätze bezeichnet, auf denen »der Rehbock die Rehgeiß herumtreibt« und daher das Gras niedergetrampelt ist.

Das sind natürlich nur die rationalen Erklärungen, die im Übrigen auch nicht plausibel machen können, warum sich um diese Feenringe so viele Geschichten – gleich ob aus Irland, Wales, Schottland oder Deutschland – ranken, die sich in einem wesentlichen Punkt gleichen: Wenn Sterbliche (vor allem nachts) die Fläche innerhalb des Kreises betreten, passiert etwas. Und nicht immer geht das, was dann geschieht, so gut aus wie in der folgenden, sehr märchenhaften Erzählung aus Wales:

Ein Hirte, der eines Tages im Juni in der Nähe von Cardigan auf dem Berg Frennifawr seine Schafe hütete, bemerkte auf einmal in der Nähe eines alten Cromlechs die Tylwyth Teg, die aussahen wie kleine Soldaten und in einem Feenring tanzten. Er ging langsam und vorsichtig näher, bis er sich die kleinen Leutchen aus der Nähe ansehen konnte. Nie hatte er so hübsche und lustige Persönchen gesehen. Die Musik konnte er zwar nicht hören, doch er sah die kleinen Harfen, zu deren Musik die Elfen im Kreis hüpften, während sie sich an den Händen hielten.

Von den Tanzenden abgesehen, waren da noch kleine, adrett gekleidete Frauen auf niedlichen Pferdchen und andere, die einfach nur zuschauten oder miteinander Fangen spielten.

Der Hirte war von dem Anblick so bezaubert, dass er sich schließlich nicht beherrschen konnte und einen Fuß in den Feenring setzte. In diesem Augenblick vernahm er die lieblichste Musik, die er je gehört hatte, und er war derart davon berührt, dass er nun auch mit dem zweiten Fuß den Ring betrat.

Kaum hatte er das getan, als die ländliche Umgebung ganz und gar verschwand und er sich in einem funkelnden und glitzernden Palast wiederfand, in dem es jeglichen nur denkbaren Luxus gab. Überall sah er die schönsten Elfenmädchen herumlaufen, die ihn mit den auserlesensten Speisen und Getränken bedienten, von denen er in seinem bisherigen Leben nur hatte träumen können. Er fühlte sich also buchstäblich wie im Paradies und ließ es sich mit Erlaubnis der Elfen so richtig gut gehen. Nur eine einzige Sache wurde ihm verboten: Unter keinen Umständen durfte er aus einem bestimmten Brunnen, in dem verschiedenfarbige Fische herumschwammen, Wasser trinken.

Wie das nun so ist, konnte er sich eines schönen Tages nicht enthalten, ausgerechnet das zu tun, was er nicht sollte.

Kurz, er tauchte die Hand ins Wasser, die Fische waren fort. Er führte die Hand zum Mund, und ein Aufschrei ging durch den paradiesischen Garten. Er trank, und der Palast mit allem darin und darum verschwand, und er selbst stand wieder auf dem Berg, auf dem er die Elfen tanzen gesehen hatte.

Der Schafhirte war ein Glückspilz, könnte man angesichts dessen sagen, dass in den meisten Fällen ein solches Erlebnis ein weit übleres Ende nahm. Die Feen können es nämlich auf den Tod nicht ausstehen, bei ihrem Treiben beobachtet, geschweige denn dabei gestört zu werden. Ein Bauer, der eines Abends seine Pferde von der Weide holen wollte, sah an einer sehr einsamen Stelle die Elfen in einem Ring tanzen und betrat die Tanzfläche, um nähere Bekanntschaft mit den kleinen Kerlchen zu schließen. Die Folge von dieser unerlaubten Dreistigkeit aber war, dass er nicht mehr aufhören konnte zu tanzen. So hüpfte er und hüpfte er und hüpfte er immer im Kreis herum, während Tage, Wochen, Monate und Jahre verstrichen. Er hätte noch viel länger tanzen müssen, wenn nicht eines schönen Tages ein Mann zufällig an diesem abgelegenen Platz vorbeigekommen wäre und sich über den am helllichten Tag herumspringenden Bauern gewundert hätte. »Hei! Hoho!«, schrie er also dem Tanzenden zu: »Gott helfe uns, das ist vielleicht ein Fröhlicher! Was um Himmels willen macht dich denn so vergnügt?«

Die Erwähnung Gottes und des Himmels brach den Zauber der Elfen mit einem Schlag. Der Bauer fragte noch: »Was wurde aus den Pferden?«, trat aus dem Feenring und zerkrümelte auf der Stelle zu Staub.

Im nördlichen Europa dachte man, die Elfen würden sich einfach unsichtbar machen, sobald jemand um Mitternacht in ihren Kreis trat, und ihn anschließend aus Rache gründlich in die Irre leiten.

Angesichts solcher Ansichten wird verständlich, dass man bis vor nicht allzu langer Zeit beispielsweise in Wales die Kinder davor warnte, Feenringe zu betreten. Auch wenn die Leute nicht mehr glaubten, dass dort Feen tanzten, war ihnen eine solche Stelle doch irgendwie unheimlich.

Interessant ist vielleicht, dass von manchen auch die Kornkreise, die immer noch nicht schlüssig erklärt werden können, als Feentanzplätze gedeutet werden.

Trinke das Licht und tanze dich munter!
Trinke das Licht und dann hügelan!
Spritzt dir ein Perlchen vom Frühgras herunter,
Denk dir, ein Elfchen springe dich an!

Die baulustigen schottischen Feen

Der Reimer Thomas lag am Bach,
Am Kieselbach bei Huntly-Schloss.
Da sah er eine blonde Frau,
Die saß auf einem weißen Ross.
Sie saß auf einem weißen Ross,
Die Mähne war geflochten fein,
Und hell an jeder Flechte hing
Ein silberblankes Glöckelein.
Und Tom der Reimer zog den Hut
Und fiel aufs Knie, er grüßt und spricht:
»Du bist die Himmelskönigin!
Du bist von dieser Erde nicht!«
Die blonde Frau hält an ihr Ross:
»Ich will dir sagen, wer ich bin;
Ich bin die Himmelsjungfrau nicht,
Ich bin die Elfenkönigin!
Nimm deine Harf und spiel und sing
Und lass dein bestes Lied erschalln,
Doch wenn du meine Lippe küsst,
Bist du mir sieben Jahr verfalln!«
»Wohl! Sieben Jahr, o Königin,
Zu dienen dir, es schreckt mich kaum!«
Er küsste sie, sie küsste ihn,
Ein Vogel sang im Eschenbaum.
»Nun bist du mein, nun zieh mit mir,
Nun bist du mein auf sieben Jahr.«
Sie ritten durch den grünen Wald
Wie glücklich da der Reimer war.
Sie ritten durch den grünen Wald
Bei Vogelsang und Sonnenschein,
Und wenn sie leicht am Zügel zog,
So klangen hell die Glöckelein.

Dieses Gedicht stammt von Theodor Fontane und Johann Karl Gottfried vertonte es. Es geht aber nicht auf eine deutsche Sage zurück, wie man wohl denken könnte, sondern auf eine schottische Ballade. Tom den Reimer hat es wirklich gegeben. Er hieß eigentlich Thomas von Erceldoune, genannt *the Rhymer*, und war ein schottischer Dichter des 13. Jahrhunderts. Von ihm stammt eine Versromanze über Tristan und Isolde, die 1804 von Walter Scott ediert wurde.

Wie von vielen Dichtern, Barden und Sängern seiner Zeit glaubte man, seine poetische Gabe und seine angeblichen hellseherischen Fähigkeiten seien ihm nicht angeboren gewesen, sondern übernatürliche Wesen, die Feen eben, hätten sie ihm verliehen. Die Geschichte, die von ihm und der Feenkönigin erzählt, war weit verbreitet und kam auch Fontane zu Ohren. Dieser erzählt aber nur den Anfang der Romanze mit der Feenkönigin und überspringt mit der letzten Strophe einen nicht so hübschen Teil, der gleichwohl wiedergegeben werden sollte. Nachdem nämlich Tom der Fee sein Wort gegeben hatte, ihr sieben Jahre zu dienen, und sie daraufhin küssen durfte, verwandelte sie sich in ein abscheulich hässliches Weib: Eine Gesichtshälfte war vom Schlagfluss entstellt, und ein Auge hing aus der Höhle heraus. Sie hatte eine Haut wie trübes Blei, ja, »eine Hexe aus dem Spittel oder dem Armenhaus wäre im Vergleich zu der eben noch so schönen Jägerin eine Göttin gewesen.«

Aber Wort ist Wort, und Tom dem Reimer blieb nichts anderes übrig, als der alten Vettel zu folgen, und zwar nicht hoch zu silberglöckchenklingelndem Ross, wie Fontane es beschrieb, sondern zu Fuß, weil nämlich Pferd und Hunde inzwischen verschwunden waren. Dafür öffnete sich vor den beiden eine stockdunkle Höhle, sie tasteten sich durch die Finsternis, wateten zeitweilig durch Ströme von Blut, und Tom fiel nach drei Tagen solch mühsamen Wanderns vor Hunger fast in Ohnmacht. Dann aber gelangten sie in einen wundervollen Obstgarten, und Tom bemerkte zu seiner freudigen Überraschung, dass seine hässliche Geliebte auf einmal wieder die schöne Fee war, als die er sie zuerst erblickt hatte.

Sie erklärte ihm nun, sie würden jetzt in ihr Reich kommen, doch dürfe er dort kein Wort sprechen, damit ihr Gemahl, der König dieses Reiches, ihn nicht ausfragen und er somit ihr Verhältnis aus Versehen offenbaren würde.

Tom versprach es ihr, ein wenig verwirrt, und so gelangten sie in ein prächtiges Schloss, in dem ein ausgelassenes, prunkvolles Fest in vollem Gange war. Tom mischte sich zufrieden unter die Tanzenden, bis ihn die Feenkönigin beiseite nahm und ihn aufforderte, nun wieder in sein eigenes Land zurückzukehren, denn die sieben Jahre seien um. Tom wollte das partout nicht glauben und hatte auch noch keine große Lust, die nette Gesellschaft zu verlassen. Der Hinweis aber auf einen »höllischen Feind«, der im Anmarsch sei und der sicher Anstoß an seinem Anblick nehmen würde, machte ihm den Abschied dann doch leicht, und er ließ sich von seiner Geliebten wieder auf die Erde zurückbringen.

Zum Abschied küsste sie ihn und verlieh ihm die Gabe, nie mehr eine Lüge aussprechen zu können. Tom war anfangs darüber keineswegs entzückt, denn er wusste, wie unbeliebt jemand war, der stets die Wahrheit sagte. Mit der Zeit aber machte er sich einen Namen als Seher, und die Leute achteten und respektierten ihn.

So saß er eines Tages an seiner Tafel mit einem hohen Gast, da traten aus dem Wald ein Hirsch und eine Hindin. Sie liefen ohne zu zögern durch das Dorf und direkt zu Toms Haus. Der erhob sich ruhig, denn er wusste, dass man ihn rief und sich nun sein Schicksal erfüllen sollte. »Er folgte dem Hirsch und der Hindin in den Wald, und obwohl es sich ab und an noch zutrug, dass solche ihn zu sehen bekamen, denen er sich zeigen mochte, so hat er sich doch niemals wieder wie ihresgleichen unter die Menschen gemischt.«

Ehrlich gesagt, haben wir ein Stückchen aus dieser Version der Geschichte hier ausgelassen, weil es uns wie eine spätere christliche Zutat erscheint. Im Obstgarten, in den die beiden nach ihrer Höhlenwanderung gelangen, steht nämlich zum einen ein Apfelbaum. Die Früchte soll Tom der Reimer nicht essen, weil sie angeblich schuld am Fall der Menschheit seien. Des Weiteren zeigt ihm die Fee außer dem Weg zum Feenreich noch drei weitere Straßen: Die erste führt die Seligen ins Paradies, die zweite die Sünder zum Ort der Verdammnis und die dritte dorthin, wo Übeltäter allein durch Gebet und Seelenmessen erlöst werden können. Hm …!

Tom der Reimer war nachweislich ein Schotte. Seine Feenkönigin ist aber nicht unbedingt eine typisch schottische Fee. Die Feenwesen Schottlands unterscheiden sich nicht sehr von denen Irlands, und sie werden wie diese als das Kleine oder Gute Volk bezeichnet.

»Meine Großmutter«, erzählte einmal ein Schotte, »glaubte fest an Feen und sie hat mir eine Menge Geschichten über sie erzählt. Sie waren kleine Leutchen, grün angezogen und wohnten unter der Erde an trockenen Plätzen. Man hörte sie oft dort in den Hügeln, und ich glaub, dass dort wirklich etwas war. Feen sind verrückt nach Musik, und sie spielen oft auf dem Dudelsack.«

Ein anderer Schotte berichtete von einer typischen, weil wenig Aufsehen erregenden, fast alltäglich wirkenden Feenbegegnung:

»Ich hatte einen Freund namens James Galbraith, der vor vierzig Jahren ertrank. Eines Tages ging er nach Scalary und hatte unterwegs Durst. Er trank also aus einer Quelle an einem Hügel. Als er getrunken hatte, schaute er sich um und sah eine Frau, die ganz und gar grün gekleidet war. Er wusste, dass niemand als eine Fee so angezogen sein konnte, und ging weiter. Nach ein paar Schritten sah er sich um, und die Frau war verschwunden. Abends erzählte er seinem Vater von seinem Erlebnis, und der sagte, auch er habe vor ein paar Tagen eine grün gekleidete Frau an derselben Stelle gesehen.«

Wie in Irland hielten sich auch die schottischen Feen nicht von den Menschen fern, ganz im Gegenteil. Die langarmigen, rothaarigen *pechs* sollen sogar sämtliche Burgen im Land gebaut haben. Anstatt dafür froh und dankbar zu sein, zogen sich die Menschen aber nicht selten durch unhöfliches Benehmen den Zorn der kleinen Wesen zu – wie beispielsweise in der folgenden Geschichte:

Einst hörte eine (offenbar sehr hellhörige!) Frau, wie in einem Hügel Milch zu Butter gequirlt wurde, und äußerte laut den Wunsch, ein wenig Buttermilch abzubekommen. Kaum hatte sie ausgesprochen, als sich der Hügel öffnete und eine kleine Fee herauskam, die ihr freundlich eine Schale Buttermilch anbot. Die Frau aber, die nur halb im Scherz gesprochen hatte, lehnte die Gabe erschrocken ab. Da wurde die Fee böse, nahm die Frau mit sich in den Hügel und wies sie an, soundso viel Wolle zu spinnen und soundso viel Korn zu mahlen. Erst wenn sie diese Arbeiten erledigt hätte, dürfe sie wieder nach Hause. So viel nun aber die Frau spann oder mahlte, die zwei Haufen wurden nicht weniger.

Außer ihr war noch ein alter Mann in der Feenwohnung gefangen, der schließlich Mitleid mit ihr hatte und ihr riet, jeden Morgen, bevor sie mit Spinnen oder Mahlen anfing, ihr linkes Auge mit Spucke zu befeuchten. Die Frau tat wie geheißen, und siehe da, die Haufen nahmen ab, und schließlich war sie mit allem fertig. Da konnte die Fee nicht anders, als sie wieder nach Hause gehen zu lassen. Zuvor aber verfluchte sie den alten Mann wegen seines Verrats und sagte, er müsse nun für immer beim Kleinen Volk bleiben.

In Schottland war der Glaube, Menschen würden von den Feen in ihre Hügel entführt, sehr weit verbreitet. Verschwand jemand auf mysteriöse Art und Weise, waren die Feen schuld. Für manch einen, der etwas zu verbergen hatte, war das vielleicht keine schlechte Ausrede. Dumm nur, wenn es tatsächlich die Feen gewesen waren und man selbst des Mordes verdächtigt wurde. So geschah es einem armen Schotten, der eines Nachts mit seinem Freund an einem Feenhügel vorbeiging, in dem gerade eine große Tanzerei stattfand. Der Freund wollte unbedingt mitmachen und verschwand im Hügel, der sich schwarz hinter ihm schloss. Als der andere allein heimkam und seine Geschichte erzählte, wurde er schief angeschaut, obgleich damals noch jeder an Feen glaubte. Als aber der Freund auch nach mehreren Tagen nicht wieder auftauchte, sprachen die Leute offen von Mord, von Gericht und von Hängen. Der arme Verdächtige bat nun inständig darum, man möchte ein Jahr warten, so lange, bis die Feen wieder »Tag der offenen Tür« hätten. Heutzutage wäre der Schotte vermutlich geradewegs in eine psychiatrische Anstalt eingewiesen worden. Damals aber wurde ihm (so heißt es wenigstens) die Frist zugestanden, und genau ein Jahr später stand er wieder nachts vor dem Feenhügel. Da ging die Tür auf, Lärm drang heraus, die Feen tanzten wie damals und unter ihnen sein vermisster Freund. Mit einem Satz war der beherzte Mann bei ihm und zerrte ihn rasch nach draußen. Der Freund wollte um alles in der Welt nicht glauben, dass schon ein Jahr vergangen sei, und erst als ihm seine Frau ein einjähriges Kind entgegenstreckte, ließ er sich überzeugen.

Abschließend soll noch von einer weiteren – angeblichen? – Entführung die Rede sein, die man den schottischen Feen nachsagt, denn sie betrifft einen der ersten Feenforscher. Die Rede ist vom 1692 verstorbenen Robert Kirk. Er war seines Zeichens Pfarrer in Aberfoyle und machte sich unter anderem dadurch einen Namen, dass er als Erster die Psalmen ins Gälische übersetzte. Weit bekannter als durch diese zweifellos gottgefällige Tat aber ist er später durch sein Buch über die Feen geworden, dessen Titel übersetzt »Die geheime Gemeinschaft der Elfen, Faune und Feen« lautet; das Werk lag im Jahr 1691 als Manuskript vor, wurde jedoch erst viel später, 1815, zum ersten Mal gedruckt.

Kirk beschäftigte sich seit seiner Jugend mit dem Kleinen Volk, von dessen Existenz er felsenfest überzeugt war. »Der Pfarrer«, heißt es in einem älteren Bericht über ihn, »verbrachte viel Zeit damit, das Kleine

Volk zu studieren, und er muss imstande gewesen sein, sie zu sehen, denn er war ein siebter Sohn.«

Die Leute wussten natürlich von dem ungewöhnlichen Interesse ihres Pfarrers an den Feen, und als er eines Tages tot auf einem Feenhügel gefunden wurde, waren sich viele sicher: Das, was da lag, war nicht der Leichnam von Kirk, sondern nur eine Art Attrappe, ein Baumstamm, der das Aussehen des Pfarres hatte. Andere sagten, er sei nur in Ohnmacht gefallen und dann verschwunden. In Wirklichkeit sei er nämlich von den Feen in den Hügel entführt worden. Auch den Grund für diese Entführung wussten die Menschen von Aberfoyle selbstredend. Kirk hatte eines der unausgesprochenen Tabus der Feen verletzt: Er hätte niemals ihre Geheimnisse, die sie nur ihm persönlich verrieten, öffentlich preisgeben dürfen – wie er es mit seinem Buch (auch wenn es da noch nicht veröffentlicht war) getan hatte.

Dieses Feen-Tabu erinnert uns an ein Erlebnis eines unserer Professoren, der seinerseits über die Feen in Hunza (Pakistan) arbeitete. Er wurde damals von seinen Informanten davor gewarnt, das, was er von ihnen erfuhr, weiterzusagen. Sonst, so erklärten sie ihm eindringlich, hätte er die Rache der Bergjungfrauen zu befürchten. Als der Wissenschaftler, der er war, hielt er sich nicht daran und veröffentlichte die Feengeschichten, sobald er sie aufgearbeitet und übersetzt hatte. Als er plötzlich für mehr als ein Jahr fast völlig die Sprache verlor und keinen Unterricht mehr halten konnte, brachte er diesen Umstand selbst mit der damaligen Warnung in Zusammenhang.

Um nun auf Robert Kirk zurückzukommen, so soll er später einem Verwandten erschienen sein und ihm aufgetragen haben: »Sag Duchray, der mein Cousin ist so gut wie deiner, dass ich nicht tot bin, sondern als Gefangener der guten Leute lebe.« Er könne ihn aber befreien, wenn er bei der Taufe seines letztgeborenen Kindes, bei der er erscheinen werde, einen Dolch über seinen Kopf hinweg werfen würde. Alles geschah, wie Kirk es gesagt hatte, doch der Cousin war über den Anblick Kirks derartig verblüfft, dass er versäumte, den Dolch zu werfen, und damit war die letzte Chance, den Geistlichen in die Menschenwelt zurückzuholen, vertan. Er blieb nun für immer verschwunden.

Morgane

Ebenso von Nebeln umwoben wie ihr Wohnort Avalon ist die Fee Morgane selbst; das fängt schon bei ihrem Namen an, an dessen Deutung immer noch herumgerätselt wird. Ob er nun als »Schaum des Meeres« oder »strahlende Frau« oder aber als »meergeboren«, »weiße Maid« verstanden werden muss, oder ob er mit dem arabischen Wort für Koralle zusammenhängt ... keiner weiß etwas Genaues.

Auch wer sie nun eigentlich ist, kann niemand sagen, oder mit den Worten eines Forschers, der sich ausführlich mit ihr befasste: »Ihre Geschichte muss erst noch geschrieben werden.«

Was wir wissen, ist, dass der englisch-walisische Geschichtsschreiber Galfred oder Geoffrey von Monmouth (ca. 1090–1155) in seiner *Vita Merlini* die erste ausführliche Version der Artussage aufzeichnete und dort erstmals eine Fee Morgane erwähnte, die eine wichtige Rolle als Herrscherin über die Feeninsel Avalon spielte.

Hier heißt es, dass sie zusammen mit ihren acht Schwestern, von denen sie die schönste und gelehrteste ist, auf der Insel lebt, in der Kräuterheilkunde außerordentlich bewandert ist, durch die Luft fliegen kann und sich König Artus' annahm, als er nach einer Schlacht schwer verwundet zu ihr kam. In dieser Version der Sage ist Morgane im Wesentlichen eine gute, freundliche Fee. Geoffrey von Monmouth bediente sich alter Chroniken, um ein völlig neu komponiertes Werk mit einer Vielzahl hinzugefügter Personen und Episoden zu erschaffen.

Spätere Autoren, die das Thema der Artussage behandelten – allen voran der altfranzösische Dichter Chrétien de Troyes (ca. 1140–90) –, spannen die Geschichte weiter aus und fügten neue Themenkomplexe ein. Sie ließen Morgan-le-Fay, wie sie in Frankreich genannt wurde, von Merlin, dem Zauberer, erziehen, der sie auch in allen magischen Künsten unterwies. Von ihm lernte sie es, sich zu verwandeln und jede beliebige Gestalt anzunehmen. Gleichfalls von ihm erhielt sie die Gabe der Weissagung – und vom Dichter einen neuen Charakterzug: die Rachsucht.

Infolge des immer stärker werdenden Einflusses des Christentums wurde die Figur der Morgane zunehmend vermenschlicht und ihr Feencharakter immer mehr in den Hintergrund gedrängt. Sie steht zwar noch in enger Beziehung zu den Feen, gehört aber nicht mehr wirklich zum Kleinen Volk und Morgane besitzt jetzt auch eine gehörige Portion Boshaftigkeit, Verschlagenheit und weitere negative Eigenschaften.

Bei Sir Thomas Malory, dessen um 1470 entstandenes Werk *Morte Darthur* unsere Begriffe von der Artussage entscheidend geprägt hat, herrscht Morgane nicht mehr über Avalon, sondern ist eine Priesterin mit höchst menschlichen Gefühlen und Leidenschaften, und nur von Zeit zu Zeit hat sie noch die Gabe, in die Zukunft zu schauen. Ansonsten umgibt sie sich mit einer ganzen Reihe von Geliebten, die sie zu verschiedenen Verrätereien und anderen üblen Taten anstiftet. Doch lässt sie auch selbst kaum eine Gelegenheit aus, Unfrieden zu säen oder jemandem Böses zuzufügen.

So stiehlt sie König Artus, zu dessen Halbschwester sie inzwischen avanciert ist, sein berühmtes Schwert Excalibur, und als er sie verfolgt, »ritt sie«, wie es bei Malory heißt, »schneller durch den Wald, bis sie zu einer Ebene kam, und als sie sah, dass sie nicht entrinnen konnte, ritt sie zu einem nahen See und sagte: Was auch aus mir werden mag, mein Bruder soll diese Scheide nicht bekommen. Und dann ließ sie die Scheide an der tiefsten Stelle ins Wasser werfen, und dort versank sie, denn sie war schwer von Gold und Edelsteinen. Dann ritt sie in ein Tal mit vielen großen Steinen, und als ihre Verfolger immer näher kamen, verwandelte sie sich und ihr Gefolge mit allen Pferden durch einen Zauber in einen großen Marmorstein.«

Anschließend schenkt sie Artus einen wundervollen juwelenbesetzten Mantel, von dem sich herausstellt, dass derjenige, der ihn umlegt, auf der Stelle zu Asche verbrennt – um nur eine ihrer freundlichen Gesten zu nennen. Kein Mann ist vor ihren Nachstellungen sicher. Unter anderem ist sie in den edlen Lancelot unsterblich verliebt, und weil sie ihn nicht bekommen kann, versucht sie sich an ihm zu rächen. Sogar Tristan (dessen ursprünglich eigenständige Geschichte längst in die Artussage eingebaut worden war) macht sie schöne Augen. Sie ist eine »Priesterin der schwarzen Kunst« geworden, eine Hexe im negativen christlichen Sinne.

Auch in Marion Zimmer Bradleys bekannter fantastischer Nacherzählung der Artussage, *Die Nebel von Avalon*, besitzt Morgane eine Reihe von negativen Charaktereigenschaften, und sie ist klein und hässlich – eben heidnisch! Die Frau von König Artus, Gwenhwyfar, dagegen ist blond und hübsch. Bradley beschreibt die Begegnung zwischen Lancelot, Gwenhwyfar und Morgaine wie folgt:

> *Morgaine sah plötzlich, wie sie auf Lancelot und das fremde blonde Mädchen wirken musste – klein, dunkel, das heidnische blaue Zeichen auf der Stirn, das Unterkleid beschmutzt bis zu den Knien, unschicklich nackt die Arme, die Füße voller Lehm und das Haar zerzaust. Klein und hässlich wie eine Fee … Morgaine, die Fee. So hatte man sie bereits in ihrer Kindheit geneckt. … Lancelot sah sie kurz an, und Morgaine spürte, dass auch er sie für hässlich, barbarisch und heidnisch hielt. Dieses wunderschöne blonde Mädchen gehörte zu seiner Welt.*

Klein und hässlich sind (andere) Feen namens Morgane allem Vernehmen nach nicht. Fest steht beispielsweise, dass es in Wales einen See gibt, Llyn Fawr mit Namen, an dem früher zuweilen eine Fee namens Morgan beobachtet wurde, wie sie am Ufer saß und sich die langen blonden Haare kämmte. Sie soll der walisischen Landschaft Glamorgan ihren Namen gegeben haben. Die walisische Fee *Modron* soll ebenfalls in Beziehung zu »der« einen Morgane gestanden haben. Aus Irland ist eine Seejungfrau bezeugt, die *Muirgen* hieß, ein Name, der etymologisch mit Morgane zusammenhängen soll. Diese Wasserfee wohnte auf dem Grund des Lough Neagh und verwandelte sich gelegentlich in einen Lachs. Eine dritte Fee namens Morgane lebte auf der dänischen Insel Seeland und eine weitere Überlieferung stammt aus der Bretagne, von Fischern der Île Molène. Sie erzählten von einer Fee Morgane, die in einem prunkvollen Schloss unter dem Meer wohnte und die Königin zahlreicher anderer Feen war. Sie blieb immer jung und schön und hatte es ganz besonders auf sterbliche Männer abgesehen. Des Nachts pflegte sie sich den Fischern nackt zu zeigen, während sie sich ihre langen blonden Haare mit einem goldenen Kamm kämmte und klagende Lieder dazu sang. Auf einer anderen bretonischen Insel, der Île d'Ouessant, sollen sogar sämtliche weibliche Feen den Namen Morgane tragen.

Manchen Überlieferungen zufolge war Morgane ursprünglich die düstere keltische Kriegsgöttin Morrigan, die sich nach Belieben in eine Schlange oder eine Krähe verwandeln konnte, und wieder andere behaupten, sie sei eine ehemalige Muttergöttin gewesen; oder aber es heißt, Morrigan und Modron seien ursprünglich keltische Wassergöttinnen gewesen und es bestünde eine wesenhafte und namentliche Verwandtschaft mit der römischen Göttin Matrona bzw. den Matronen, die in manchen ihrer Funktionen den Fata entsprochen zu haben scheinen.

All das dürfte zur Genüge zeigen, dass Morgane es gründlich schafft, ihre Ursprünge und Beziehungen zu vernebeln oder zu verschleiern. Weniger poetisch formuliert es ein Forscher, der sie als wahre »multiple Persönlichkeit«, als Miniaturpantheon bezeichnet, weil sie so viele verschiedene Gottheiten und Attribute in sich vereint.

Vielleicht sind die vielfältigen »Verkörperungen« aber auch damit zu begründen, dass bei zahlreichen Völkern die Feen als sehr langlebig gelten. Wie sonst wäre es wohl zu erklären, dass uns die Fee Morgane auch in der Lebensgeschichte des Ogier Danois, der von den Dänen später als Nationalheld Holger Danske übernommen wurde, begegnet?

Bei der Geburt von Ogier erscheinen drei Feen, unter ihnen Morgane, die ihm weissagt, dass sie einstmals seine Geliebte werden wird. Als der Held hundert Jahre alt geworden ist, beschließt Morgane, dass es nun an der Zeit sei, ihn zu sich nach Avalon zu holen. Dies gelingt allerdings erst, nachdem der Däne, dessen Schiff im Sturm gestrandet ist, eine Reihe von Schwierigkeiten überwunden hat. Die Fee steckt ihm einen Ring an den Finger, der ihn wieder in einen starken und schönen Dreißigjährigen verwandelt, und in der idyllischen Umgebung der Insel erholt er sich schnell von allen Strapazen.

Auf Avalon leben unter anderem König Artus und Oberon, und alle lassen es sich mit Hilfe der Feen nach Kräften gut gehen. Auf diese Weise vergehen einige hundert glückliche Jahre, doch als ein Krieg in Frankreich und Italien ausbricht, muss Morgane ihren Helden ziehen lassen, damit er die Ungläubigen besiegen kann. Sie schenkt ihm das Pferd Papillon und verabschiedet sich unter Tränen von ihm. Als er den Krieg erfolgreich beendet hat, vereitelt sie seine Absicht, die Königin der Heiden zu heiraten, und holt ihn heim nach Avalon.

Die literarische Ausgestaltung dieser Sage wird Raimbert de Paris zugeschrieben, der Ende des 12. Jahrhunderts lebte. In späteren dänischen

Versionen wird Ogier von Morgane immer dann nach Dänemark geschickt, wenn dort Not am Mann ist und sein Volk seine Hilfe und seinen Beistand benötigt.

Die Fee am walisischen See Llyn Fawr ist sicherlich längst verschwunden, und kein Augenzeuge kann uns mehr von ihr erzählen. Auch die Fischer der bretonischen Île Molène werden vermutlich nicht mehr von einer verführerischen Fee in ihr Verderben gelockt, und die Feeninsel Avalon ist hinter undurchdringlichen Nebeln verborgen. Und so bleibt nur die Feststellung, dass alles, was wir von Morgane wissen, uns bei genauerer Analyse zwischen den Fingern zerrinnt.

Eines allerdings blieb uns von ihr bis zum heutigen Tag erhalten, doch auch das ist, wie wir alle wissen, trügerisch: die Fata Morgana.

Inspirierende englische Feen

Ich dien der Elfenkönigin
Und tau ihr Ring' aufs Grüne hin.
Die Primeln sind ihr Hofgeleit;
Ihr seht die Fleck' am goldnen Kleid,
Das sind Rubinen, Feengaben,
Wodurch sie süß mit Düften laben.

Shakespeare,
Ein Sommernachtstraum

Titania

Vermutlich die berühmteste und sicher die am häufigsten porträtierte Fee ist Titania – Königin der Feen in William Shakespeares *Sommernachtstraum*. Den Namen entlieh der Barde wohl Ovids *Metamorphosen*, wo er ein Beiname der Diana ist. Von diesem majestätischen Namen einmal abgesehen, haben die starke, unabhängige, stolze Göttin und die Feenkönigin aber nicht eben viel gemeinsam. Ja, eigentlich traut man es sich kaum zu sagen, womit sie und ihr Gemahl Oberon sich im Stück einführen – oder besser durch Puck, den Kobold, eingeführt werden. Mag Puck also auch uns erzählen, was er seinerzeit den Elfen sagte:

Der König will sein Wesen nachts hier treiben.
Warnt nur die Königin, entfernt zu bleiben,
Weil Oberon vor wildem Grimme schnaubt,
Dass sie ein indisch Fürstenkind geraubt,
Als Edelknabe künftig ihr zu dienen;
Kein schönres Bübchen hat der Tag beschienen,

Und eifersüchtig fordert Obron ihn,
Den rauen Forst als Knappe zu durchziehn;
Doch sie versagt durchaus den holden Knaben,
Bekränzt ihn, will an ihm sich einzig laben.
Nun treffen sie sich nie in Wies' und Hain,
Am klaren Quell, bei lustgem Sternenschein;
So zanken sie zu aller Elfen Schrecken,
Die sich geduckt in Eichelnäpfe stecken. (II.1)

So ist das also: Beide sind verrückt nach einem Inder-Bübchen, und Titania will ihn nicht an ihren Mann abtreten. Beim nächsten Treffen bettelt Oberon noch ein wenig um das »kleine Wechselkind«, aber Titania bleibt hart. Dafür folgt die Rache auf dem Fuß. Oberon beschwatzt Puck, eine bestimmte Blume zu besorgen, denn:

Ihr Saft, geträufelt auf entschlafne Wimpern,
Macht Mann und Weib in jede Kreatur,
Die sie zunächst erblicken, toll vergafft.

Opfer dieses Zaubertranks ist natürlich die liebe Titania, die, von ihren Elfen in den Schlaf gesungen, von Oberon beträufelt wird, der dazu als rechter liebender Ehemann spricht:

Was du wirst erwachend sehn,
Wähle es dir zum Liebsten schön;
Seinetwegen schmacht und stöhn,
Sei es Brummbär, Kater, Luchs,
Borst'ger Eber oder Fuchs;
Was sich zeigt an diesem Platz,
Wenn du aufwachst, ist dein Schatz,
Sähst du gleich die ärgste Fratz.

Nun, ganz so arg kommt es für die Feenkönigin nicht, denn sie sieht als Ersten den selbstgefälligen Schwätzer Bottom (oder Zettel, wie er in der Schlegelschen Übersetzung heißt), der zusammen mit anderen Handwerkern gerade im Wald für ein »Rüpelstück« probt. Allerdings hat Puck ihn kurz zuvor mit Eselsohren ausgestattet, was aber die verzauberte Fee nicht im Geringsten stört: Sie ist hin und weg von ihrem neuen Liebsten und von seinem »zarten Ohrenpaar«, das sie ihm küsst, während sie ihm den »glatten Kopf« mit Rosen besteckt.

Während Titania mit dem langohrigen neuen Objekt ihrer Begierde beschäftigt ist, hat Oberon endlich Gelegenheit, sich den kleinen Inder anzueignen. Zufrieden mit seinem Sieg, beschließt er daraufhin, den Zauber wieder rückgängig zu machen und sich mit seiner Frau auszusöhnen. Gesagt getan, er berührt ihre Augen mit einem Kraut, Titania (die gerade mir ihrem Liebsten eingeschlafen war) erwacht und wundert sich über den seltsamen Traum. Und auch Zettel kann sich über seinen Traum nicht genug wundern: »Mir war, als wär ich … und mir war, als hätt ich … aber der Mensch ist nur ein geflickter Hanswurst, wenn er sich unterfängt zu sagen, was mir war, als hätt ich's!« (IV,1)

Beim großen Finale segnen die Elfen auf Weisung von Oberon das Haus des Herzogs von Athen, in dem sich nach etlichem Hin und Her drei Brautpaare zusammengefunden haben.

Elfen, sprengt durchs ganze Haus
Tropfen heil'gen Wiesentaus!
Jedes Zimmer, jeden Saal
Weiht und segnet allzumal!
Friede sei in diesem Schloss,
Und sein Herr ein Glücksgenoss!
Nun genung!
Fort im Sprung!
Trefft mich in der Dämmerung! (V, 1)

Nackt mit Blumenhut – viktorianische Feenbilder

Es ist, bei Licht betrachtet, schon unglaublich, welche Wirkung *Ein Sommernachtstraum* bis auf den heutigen Tag ausübt – wie viele Dichter und Denker und Maler und Theaterregisseure und Choreographen sich damit beschäftigt und Inspirationen daraus gezogen haben. Davon abgesehen beeinflusste Shakespeare mit seinen niedlichen winzigen Elfen den gesamten europäischen Feenglauben. Zumindest wird ihm das – man erinnere sich an die patzige Aussage Tolkiens – immer wieder und nicht unbedingt in freundlicher Absicht unterstellt. In einer Untersuchung zu den Feen der Elisabethanischen Zeit heißt es, der Dichter habe mit diesen witzigen, winzigen, niedlichen, eng mit Blumen verbundenen Feen des *Sommernachtstraums* eine »vollkommen neue Gattung von Geistern« erschaffen, und wenn er es darauf angelegt hätte, einen alten Glauben zu zerstören, hätte er es nicht besser machen können.

Der Dichter selbst würde sich vermutlich ziemlich darüber wundern, wenn er wüsste, welchen Wirbel er mit seinen Elfchen verursachte – und sich darüber wohl auch ein wenig ins Fäustchen lachen.

Sehr erfreulich fände er sicherlich die vielen nackten oder so gut wie nackten Titanias und Elfen, die sich auf zahllosen Gemälden und Abbildungen hauptsächlich der Viktorianischen Zeit tummeln! Nackt sind sie nicht ohne Grund: Man umging oder entwaffnete schlicht und einfach die Prüderie jener Zeit, indem man nicht die tatsächliche Welt und richtige Menschen abbildete (die unbekleidet darzustellen anstößig gewesen wäre), sondern sich in ein märchenhaftes Traumreich flüchtete, dessen Bewohnerinnen ohne Angst vor der Zensur im Evaskostüm – und zum Teil in recht lasziven Posen – vorgeführt werden konnten.

Bei vielen dieser Gemälde – so bei Henry Fuseli, Joseph Noël Paton und Robert Huskisson – fällt auf, dass Titania in Menschengröße dargestellt ist, ihre Elfen dagegen vergleichsweise winzig sind. Schon hier ist also der Unterschied zu sehen, den wir heute noch zwischen Feen und Elfen landläufig machen: Feen sind groß und majestätisch, Elfen klein, niedlich und flatterhaft. Angemerkt sei allerdings, dass bei manchen deutschen Malern der Spätromantik, wie vor allem Moritz von Schwind, die Elfen nicht nur menschengroß sind, sondern sich auch wegen ihrer nicht eben elfenmäßigen (um nicht zu sagen plumpen) Figur von Putten oder Amoretten kaum unterscheiden lassen.

Apropos flatterhaft: Viele der auf viktorianischen Gemälden abgebildeten Elfen haben zarte Schmetterlingsflügel! Im früheren Volksglauben dagegen waren Elfen oder Feen nicht geflügelt, was auch Lewis Carroll in seiner Feengeschichte *Bruno's Revenge* ausdrücklich betont, um dann in Klammern hinzuzufügen: »Ich glaube nicht an Feen mit Flügeln.« Die Feenforscherin Katherine Briggs hält es für möglich, dass Feen dann Flügel bekamen, als die Engel in der Kunst ein zunehmend weiblicheres Aussehen annahmen und das einfache Volk begann, sie eher für Ahnengeister als für Wesen »einer anderen Gattung« zu halten. Eine andere Autorin erklärt, geflügelte Elfen kämen in der Literatur zum ersten Mal bei Alexander Pope vor, der 1714 in seinem berühmten Spottgedicht »Der Raub der Locke« schreibt:

Manche spreizen zur Sonne ihre Kerfenflügel,
Flirren im Lufthauch, sinken in goldnem Dunst …
Lose im Wind ihre Gewänder fließen,
Dünne Gespinste aus glitzernd hellem Tau,
Getaucht in alle Abendpracht des Himmels,
Wo Licht sich bricht in ständig neuer Buntheit
Und jeder Strahl verstreut flüchtigste Farben,
Farben, die wechseln mit jedem Flügelschlag.

Die Landschaft, in der sich Titania, Puck und die Elfen aufhalten, ist malerisch und idyllisch. Oft ist der Hintergrund bewaldet, fast immer aber sind – zur Illustrierung der Naturverbundenheit der Feen und Elfen – Blumen, Schmetterlinge und/oder Vögel, oft in großer Zahl, in die jeweilige Szene integriert. Bemerkenswert ist dabei die überwiegend sehr naturalistische Darstellung dieser Zutaten: Da sieht und erkennt man Winden und Wicken, Fuchsien und Verbenen, Mohn, Weißdorn und natürlich Glockenblumen bzw. die berühmten *bluebells* (Hasenglöckchen, s. Abb. rechts). Zumindest die letztgenannten beiden Pflanzen werden, wie wir später noch sehen werden, im Volksglauben mit den Elfen in Verbindung gebracht. Dass sich die Maler auch bei einigen anderen Blumen etwas dachten, ist unumstritten. Winden und Geißblatt beispielsweise symbolisieren das Umschlingen und die Verstrickungen der Liebe.

Die Schmetterlinge sind ebenfalls oft vollkommen naturgetreu wiedergegeben, wobei in einem Gemälde John G. Naishs vor allem ein Totenkopfschwärmer und ein Ordensbändchen, beides Nachtschmetterlinge, als Reittiere für Elfen auffallen. Auch sind die Flügel einer Titania von John Simmons originalgetreu dem großen Nachtpfauenauge nachempfunden.

Nicht ohne Grund wählten die Künstler für diese Zwecke häufig Nachtschmetterlinge, denn die Feenszene spielt sich ja auch bei Shakespeare in der Nacht ab. Der Mond leuchtet, die Elfchen halten mitunter Laternen in Händen. Fledermäuse sind zu sehen oder rahmen gar, wie bei einem Bild von Richard Dadd, die obere Hälfte des Gemäldes ein.

Dadd ist – nebenbei gesagt – keineswegs nur für seine Feenbilder berühmt; er machte auch dadurch von sich reden, dass er seinen eigenen

Vater in einem Anfall von Wahnsinn tötete und später, als er auf dem Weg nach Österreich war, um den Kaiser zu ermorden, seinen Reisegefährten verwundete. Bemerkenswert ist, dass einer der Auslöser für diese Verrücktheiten – ohne Witz – der zu lang geratene Schwanz eines von ihm gemalten Drachen war! Eine Jury lehnte die Arbeit aus diesem Grund ab.

Um aber auf die Feenbilder zurückzukommen, ist schließlich auffallend, wie viele Elfen sich oft auf einem einzigen Bild tummeln. Sie tanzen – das vor allem –, baden, musizieren, umarmen und verrenken sich auf jede nur mögliche Weise. Diesen Gemälden nach zu schließen, muss die Elfenwelt in früherer Zeit schlicht übervölkert gewesen sein – kein Wunder, dass die Geistwesen auswanderten!

Titania von vorn und hinten und der Seite, zusammen mit ihrem eselsohrigen Zettel, mit Oberon und umringt von ihrer Elfenschar ist ein Lieblingssujet dieser Maler. Doch auch andere Feenwesen aus Shakespeares Stücken, wie beispielsweise Puck, Queen Mab aus *Romeo und Julia* oder Ariel aus dem *Sturm* fehlen nicht.

Ein um 1840 entstandenes Gemälde von Theodore von Holst zeigt ein seltsam modern anmutendes, flott dahinmarschierendes, eng umschlungendes Feenpärchen. Er trägt eine Glockenblume als Hütchen und drückt ihr gerade einen Schmatz auf die Backe. Hier war das Vorbild ausnahmsweise nicht Shakespeare sondern Goethe, genauer gesagt dessen *Faust* und darin die Zeilen eines Pärchens aus der »Walpurgisnacht«:

Kleiner Schritt und hoher Sprung
Durch Honigtau und Düfte;
Zwar du trippelst mir genung,
Doch geht's nicht in die Lüfte.

Neben der Walpurgisnacht ist die Johannisnacht, wie auch im *Sommernachtstraum*, die Nacht der Feen, und so gibt es etliche Bilder mit dem Titel »Midsummereve«, wobei unterschiedliche Szenen dargestellt sind: Auf einem der schönsten Bilder (s. Farbtafel), von Edward Robert Hughes, sieht man ein blumenbekränztes Mädchen, das eine Flöte an der Seite trägt, sich zu vielen winzigen nackten Elfchen hinabbeugen, die kleine Laternchen tragen. Auf einem anderen wird ein Feenzug gezeigt, während sich im Hintergrund Menhire erheben. Der Maler dieses Bildes, Joseph Noël Paton, war von den Feengeschichten der schottischen Highlands inspiriert, andere dieser Maler waren Iren oder hatten irische Vorfahren und kannten sich daher mit dem Feenglauben bestens aus.

Aber nicht alle Feenmaler hielten sich an literarische Vorlagen und zeichneten naturgetreue Blumen und Tiere oder niedlich-süße Elfchen. Da wimmelt es bei manchen, vor allem bei Richard Doyle, von Vögeln und Schmetterlingen, die deutlich erfunden sind. Auf weiteren Bildern haben die Elfen groteske Fratzen als Gesichter, aufgeblähte Bäuche und lange Schwänze. Auf einem anderen ist ein von Elfen umgebener Faun zu sehen, dessen Ohren wunderbar lang gezogen sind, gerade so wie heutzutage in der Fantasy die Elfenohren beschrieben werden.

Da gibt es Feenfeste und Feenbarken, Elfen, die ein armes Rotkehlchen gefesselt haben, und solche, die eine weiße Maus jagen. Einige dieser Bilder, die oft Märchenmotiven nachempfunden sind und auf manche Betrachter schon recht kitschig wirken (siehe Farbtafeln), stammen von John Anster Fitzgerald, der nicht umsonst »Fairy Fitzgerald« genannt wurde. Die vielen intensiven Farben auf seinen Bildern sollen teilweise auf Opiumgenuss zurückzuführen sein. Fitzgeralds Elfen sehen oft wie Blüten aus, wäre da nicht das Elfenköpfchen – wir kennen derartige Darstellungsweisen der Elfen von alten Oblaten (siehe Abb. S. 187). Die Flügel bei manchen von ihnen sind übrigens nicht den Schmetterlingen, sondern den Libellen abgeschaut.

Doch zurück zu Richard Doyle, einem der bekanntesten und anerkanntesten Feenmaler des Viktorianischen Zeitalters (siehe Abb. S. 103). Er, der unter anderem Bücher von Ruskin und Thackeray illustrierte, ließ seiner Fantasie bei der Arbeit freien Lauf und malte Elfen, Trolle und Kobolde, Waldgeister, Vögel und Schmetterlinge sämtlich mit der gleichen

Begeisterung und dem gleichen Know-how. Sein Meisterstück, was Feen und Elfen angeht, sind die Illustrationen zu dem Band *In Fairyland*, der Verse von Richard Allingham enthielt und im Jahr 1870 erschien. Doyles Bilder haben etwas Erfrischendes an sich, beispielsweise wenn eine Feenkönigin von einem Schmetterlingsschwarm durch die Luft gezogen wird, die Zweige eines Feenbaumes voller herumtollender Elfchen sind oder ein Elfchen jungen Vögeln das Singen beibringt. Dass ihm das Ganze einen Mordsspaß machte, zeigt die Überschrift zu einer Elfenzeichnung, die da lautet »Mehr Unsinn von Dick« – d. h. Richard (Doyle).

Gegen Ende des 19. Jahrhunderts ebbte die Flut der Feengemälde schließlich ab. Dafür setzte nun die Kinderbuchära und mit ihnen die große Zeit der Feenillustratoren ein – etwa des Arthur Rackham oder der Helen Jacobs. Auch tauchten nun die ersten Feenfotografien auf, allen voran die berühmten Cottingleyschen Feenbilder, die Arthur Conan Doyle in seinem Roman *The Coming of the Fairies* reproduzierte. Sie wurden in den Jahren 1917 bis 1920 von zwei Schulmädchen angefertigt und durch den Theosophen E. C. Gardner sowie Doyle (der übrigens ein Neffe des gleichnamigen Feenmalers war) publik gemacht. Viele Jahrzehnte lang wurden sie für echt gehalten, bis die beiden Urheberinnen irgendwann zugaben, dass es sich um Fälschungen handelte.

Wir können dieses bildende Kapitel natürlich nicht abschließen, ohne wenigstens kurz auf die neue Welle der Feenbilder einzugehen. Ja, man könnte regelrecht von einer Renaissance der Feenmalerei sprechen. Sehr viele Websites, die sich mit den Feen befassen, haben eine Galerie, die sowohl alte als auch neue Bilder enthält. Andere Sites listen überhaupt nur Feenbilder und ihre Künstler mit dazugehörigen Infos auf. Einige dieser KünstlerInnen, darunter Jessica Galbreth (siehe Abb. unten, »Autumn Fae«), Amy Brown und Mary Baxter St. Clair, erfreuen sich bei den Feenfans auf der ganzen Welt größter Beliebtheit, so dass bei vielen von deren Bildern zu lesen steht: *Entire edition sold out* (»ganze Auflage vergriffen«). Allerdings bekommt man die meisten Gemälde als Postkarten oder in einer anderen handlichen Form als Nachdruck.

Eine Sammeladresse, www.fairyartist.com, stellt knapp 30 der bekanntesten FeenkünstlerInnen vor und zeigt einige ihrer Bilder mit Links zu deren eigenen Webseiten. Zu bemerken ist zunächst, dass lediglich ein Viertel davon Männer sind. Immerhin sind auf einer anderen Liste (www.elfenportal.de) etwa gleich viel Männer wie Frauen vertreten. Überraschend finden wir, dass die Bilder der männlichen Künstler sich, was die Niedlichkeit der dargestellten Feen und Elfen angeht, nicht wesentlich von denen der Frauen unterscheiden. Nix mit erotisch nackten Brüsten oder Comicstrip-Superfeen! Das ist überhaupt ein Kennzeichen der meisten modernen Feen- und Elfenbilder: Die offen gezeigte Nacktheit der Viktorianischen Zeit, in der das »Fee-Sein« oft mehr ein vorgeschobenes Motiv war, ist vollkommen passé. Beispielsweise bei David Delamare oder bei Hazel Brown sieht man zwar auch unbekleidete Elfen, aber deren Nacktheit ist vollkommen unaufdringlich. Es geht wirklich um die Fee, das Feenhafte und um nichts an-

deres. Alle Zutaten dienen lediglich dazu, einen passenden Rahmen zu liefern.

Die Elfchen und Feen sind ohnehin zumeist eher züchtig in lange, wallende, allenfalls (aber wohl nur der märchenhaften Wirkung wegen) durchscheinende Gewänder gekleidet – besonders schön bei Mary Baxter St. Clair. Die Farben sind eher in zarten Pastelltönen gehalten (besonders auffallend bei Ryu Takeuchi). Zuweilen sind die Farben aber auch »traumhaft« verfremdet, wie bei Maria J. William, um den Eindruck des Feenhaften zu verstärken. Blumen sind viel seltener als bei viktorianischen Bildern zu sehen und oft sind es (wie z. B. bei Pauline Frances Stuckey) Phantasieblumen. Das für viele viktorianische Feenbilder typische pompöse Drumherum – Pflanzen, unzählige Elfchen, Tiere, Menhire und Insekten – ist die Ausnahme. Es überwiegen die Bilder, auf denen eine einzige Fee oder Elfe – oder höchstens einige wenige davon – abgebildet sind.

Umso wichtiger sind dafür die Flügel, die fast ausnahmslos der Phantasie entspringen und oft kunstvoll ausgefranst oder gezackt sind (wie beispielsweise bei Jessica Galbreth, Linda Ravenscroft (siehe Farbtafel) oder Victoria Griffin). Zuweilen sind neben der Fee Phantasieschmetterlinge abgebildet, und eine recht häufige Zutat sind – teilweise naturgetreu dargestellte – Pilze.

Oft, weil sich das natürlich optisch sehr gut macht und das Traumhafte des Sujets betont, werden die Feen oder Elfen mit dem Mond in Zusammenhang gebracht, bevorzugt vor dem tiefblauen Nachthimmel oder, wie bei David Delamare, gar in der Mondsichel selbst sitzend.

Die Haare der Feen sind fast immer lang (teilweise schon, um die Nacktheit zu verdecken), oft leicht gewellt, wobei die Farben stark variieren, und alle Feen sind durch die Bank hübsch, viele puppenhaft süß, andere, wie die von Jessica Galbreth und Amy Brown, eher amazonenhaft und edel. Auf den kitschigeren Bildern sieht man oft ein – selbstredend unendlich süßes – Feenkindchen in einer Blüte sitzen, wie etwa bei Mary Baxter St. Clair in (naturgetreu gezeichneten!) Hibiskus- oder Rosenblüten.

Ach ja, und eh wir es vergessen: Dargestellt sind fast durchgehend *weibliche* Feen, was doch angesichts der vielen männlichen Elfen in der heutigen Fantasy einigermaßen erstaunlich ist!

Romantische Seifenblasen – Queen Mab und Pixies

Die Pixies sind ein kleines Volk,
Das Garten pflegt und Hag;
Alles lässt's wachsen und gedeihn,
Wie's kaum ein Mensch vermag.

Noemi Gilbert

In längst vergangener Zeit, als König Artus regierte, war das ganze Land voll Feenzauber. Auf den grünen Wiesen tanzte die Feenkönigin mit ihrer lustigen Schar – so las ich's wenigstens in alten Büchern. Doch das ist viele Jahre her und heute sieht man keine Feen mehr.

Mit diesen Worten beginnt eine der berühmten *Canterbury-Erzählungen* von Geoffrey Chaucer. Diese Zeilen werden oft zitiert, wenn es um die Feen und Elfen geht und vor allem darum, dass sie bereits im 14. Jahrhundert, also zu Chaucers Lebzeiten, aus den Herzen und dem Bewusstsein der Menschen verschwunden gewesen sein sollen. Schuld daran waren nach Ansicht Chaucers die Mönche mit ihrer Frömmigkeit und ihrer Beterei – das aber nur am Rande. Shakespeare war es, der sie zurückholte, wenn auch auf umstrittene Weise. Bei aller Kritik muss man ihm doch zugestehen, dass er sich zumindest teilweise an volkstümliche Vorgaben hielt, wie etwa in seiner Beschreibung des Puck, der ganz nach Art eines traditionellen Kobolds Milch stiehlt und Mägde ärgert; und auch der Einfluss, den die Stimmungen des Feenpaares Titania und Oberon auf das Wetter ausüben, entspricht durchaus volkstümlichen Vorstellungen.

Die Shakespeare mit am meisten angekreidete Niedlichkeit der Elfen, ebenso wie deren Winzigkeit, wird nicht nur im *Sommernachtstraum* mehrfach betont, sondern auch in *Romeo und Julia*, wo Mercutio die andere bekannte Feenkönigin beschreibt: Queen Mab.

Sie kommt nicht größer als ein Edelstein
Am Zeigefinger eines Aldermans,
Und fährt mit ihrm Gespann von Sonnenstäubchen
Den Schlafenden quer auf der Nase hin.

Die Speichen sind gemacht aus Spinnenbeinen,
Des Wagens Deck aus eines Heupferd Flügeln,
Aus feinem Spinngewebe das Geschirr,
Die Zügel aus des Mondes feuchtem Strahl;
Aus Heimchenknochen ist der Peitsche Griff,
Die Schnur aus Fasern; eine kleine Mücke
Im grauen Mantel sitzt als Fuhrmann vorn,
Nicht halb so groß als wie ein kleines Würmchen,
Das in des Mädchens müß'gem Finger nistet.
Die Kutsch ist eine hohle Haselnuss … (I.4)

Leicht vorstellbar, dass diese plastische Schilderung manch einen Maler anregte. Auch scheint verständlich, dass etliche ernsthafte Feenforscher sich darüber empörten. Queen Mab ist nämlich trotz ihrer königlichen Bezeichnung nichts weniger als eine Feenkönigin, sondern das, was unsere Ahnen als Alp bezeichnet hätten. Wie die weitere Beschreibung von Mab deutlich macht, schenkt sie den Menschen die Träume, die sie jeweils verdienen. So weit, so gut – und immer noch mit dem niedlichen Bild eines Sonnenstäubchen-Mondenstrahl-Spinnwebgefährtes einigermaßen vereinbar. Sehr stark an unseren und wohl auch alten englischen Volksglauben aber erinnern die letzten Verse von Mercutios Ausführungen: Hier verwirrt Queen Mab den Pferden ihre Mähnen und flicht struppiges Haar zu Weichsel- oder Wichtelzöpfen.

Heutzutage weiß kein Mensch mehr, was damit gemeint war. Früher allerdings wurde diese Erscheinung, die in einer »widernatürlichen fetten Verfilzung des Haupt- und Barthaares« bestand, sehr gefürchtet. Man glaubte, sie werde durch übernatürliche Wesen, Wichtel eben (später dann von den Hexen), bewirkt. Schnitt man diesen Zopf ohne fachkundige Mithilfe ab, war, so der Glaube, Verbluten oder Auszehrung die Folge.

Das niedliche Bild, das Shakespeare von Queen Mab zeichnet, ist also irgendwie nicht recht angebracht, oder?

Shakespeare war aber nicht der Einzige seiner Zeit, der die Elfen verniedlichte. Im selben Jahr, als sein *Sommernachtstraum* erschien (1600), schrieb ein anonymer Autor:

's war ich, der dich durch bunte Auen führte,
Wo Lichter-Elfen auf den Blumen tanzten
Und jedes Blatt mit Perlen klar behängten,
Die von der offnen Mäntel seidig Wind berührt
Wie silbern Glockenspiel zusammenklangen.

In dieser Passage begegnet uns ein weiteres Attribut der Elfen, das uns später, vor allem bei *Peter Pan* von James M. Barrie, wieder begegnen wird, der seine Elfe nicht umsonst Tinkerbell (auf deutsch: Kling-Klang oder Glöckchen) nannte: Die Elfen produzieren klingelnde, melodische Geräusche.

Im Jahr 1627 erschien ein Feengedicht, das große Berühmtheit erlangte. Es stammt von Michael Drayton und handelt von der verbotenen Liebe eines Feenritters zu Oberons Queen Mab. Und wieder wird die niedliche Kleinheit der Wesen zum Ausdruck gebracht, als es darum geht, wie sich dieser Elfenritter für den Kampf mit Oberon wappnet:

Als Schild dient eine Muschelschal' ...
Ein Schuppenpanzer ihn umschmieget,
Aus eitel Sprottenhaut geschmiedet ...
Ein Wespenstachel war sein Schwert,
Gar spitzig und erschröckenswert ...
Käfergeweih war seine Zier,
Aus Käfers Kopf sah er herfür ...

1648 spricht ein weiteres Gedicht, »Oberon's Feast« von Robert Herrick, der mehrfach die Feen zum Thema seiner Poesie machte, von der Kleinheit der Elfen. Hier wird ein Pilztisch aufgestellt, und nach einem kurzen Gebet(!) setzen sich die Elfen und essen.

Als von Frankreich her die von Tausend-und-einer-Nacht beeinflussten Edelfeen ins Land kamen, wurden auch in England nach und nach Volksmärchen populär. Wer Märchen schrieb, traute sich aber damit im Gegensatz etwa zu Ludwig Tieck zunächst nicht immer frei heraus, John Ruskin beispielsweise veröffentlichte eines anonym, während etwa W. M. Thackerey ein Pseudonym dafür benutzte.

Die englischen literarischen Feen bezeichnete W.B. Yeats verächtlich als schön maskierte Menschen, als romantische Seifenblasen. Doch gibt es auch Geschichten von echten englischen elbischen Wesen, den sich von gerösteten Fröschen ernährenden zwerghaften *Portunes* etwa, oder den besser bekannten *Pixies* und den *Brownies*. Letztere sind allerdings weniger den Feen als den Zwergen zuzurechnen, und auch bei den Pixies ist die Sachlage nicht ganz eindeutig. Sie sind im Westen Englands beheimatet, in Somerset, Devon und Cornwall. Wie sie aussehen sollen, beschrieb eine Augenzeugin im Jahr 1897. »Ihr« Pixie glich einem kleinen verhutzelten Mann, war ungefähr einen halben Meter groß und trug eine gepunktete Mütze, die sich leicht nach vorn wölbte, ein Wams und Kniebundhosen. Die Kleidung der Pixies ist nach übereinstimmender Aussage aller Augenzeugen grün, und diese Wesen finden ihr Hauptvergnügen darin, unschuldige Wanderer in die Irre zu leiten. Davon wusste manch einer ein Lied zu singen. Noch aus dem Jahr 1961 ist ein entsprechender Bericht überliefert; er stammt von der Präsidentin des »Nettlecombe Women's Institute«, also einer sicher sehr respektablen Frau. Sie wollte an einem nebligen Wintertag in Cornwall zu einem bestimmten Herrenhaus, wo sie Sekretariatsarbeiten erledigen sollte. Sie erreichte den dazugehörigen Bauernhof und erkundigte sich dort bei den herumsitzenden und essenden Farmarbeitern, ob sie auf dem richtigen Weg sei. Die Leute sahen sie nur merkwürdig an, die Bauersfrau aber erklärte ihr, wie sie gehen müsse. Sie solle das und das Feld überqueren, dann einen bestimmten Pfad entlanglaufen, bis sie zu zwei Gattern käme (sie betonte die Zahl zwei). Da müsse sie unbedingt das weiße nehmen. (»Ich hatte Visionen von einem Stier oder bissigen Wachhunden auf dem anderen Feld«). Die Arbeiter nickten bedächtig zu ihren Worten.

Gesagt, getan. Die Frau hielt sich genau an die Anweisungen und gelangte schließlich zu einem Gatter, das in eine Weißdornhecke eingebettet war. Sie sah sich um, es gab nur dieses eine Gatter und es war eindeutig nicht weiß. Sie ging die Weißdornhecke nach beiden Seiten ab – nichts, kein weißes Gatter weit und breit. Die Frau fühlte sich allmählich sehr unwohl, da hörte sie lautes Pfeifen und sah einen der Arbeiter auf sich zukommen, der weiterhin laut vor sich hin pfiff. Als er bei ihr war, klarte die Luft auf, der Nebel verschwand und von einer Weißdornhecke war nichts mehr zu sehen. Stattdessen waren jetzt zwei Gatter da, eines davon weiß. Der Arbeiter zeigte ihr das Herrenhaus und verschwand pfeifend. Die Frau war perplex und hätte ihn später gern gefragt, ob er genagelte Schuhe trug, Salz in der Tasche habe, oder ob er beauftragt worden war, laut zu pfeifen.

Für die nicht in Feenabwehr Bewanderten sollte man hier vielleicht erläutern, dass alle drei Dinge nach landläufiger Ansicht bewirken, dass die Feen einem nicht zu nahe kommen. Bei den genagelten Schuhen liegt die Betonung auf dem »genagelt«, denn es ist das Eisen, das sie ebenso wenig wie andere Geister (und übrigens auch die Drachen) leiden mögen.

Falls die Pixies zufällig mal Menschengröße angenommen haben sollten, sind sie doch recht leicht von uns Sterblichen zu unterscheiden: Wem also in den angegebenen Regionen jemand begegnet, der grün angezogen ist, einen roten Kopf mit spitzen Ohren und Himmelfahrtsnase hat und obendrein schielt – dann aufgepasst und Pferd festgehalten! Eine weitere Lieblingsbeschäftigung dieser elbischen Wesen besteht nämlich darin, Pferde zu stehlen und sie fortwährend im Kreis laufen zu lassen und dadurch Feenringe zu produzieren. Wer einen solchen Kreis mit beiden Beinen betritt, ist Gefangener der Pixies.

Wer nur *einen* Fuß hineinsetzt, hat nicht nur das Vergnügen, die Pixies leibhaftig sehen zu können, er kann sich auch ohne Probleme wieder zurückziehen. Besser ist es aber allemal, die Kleinen in Ruhe ihre Tänze ausführen zu lassen.

Stört man sie nämlich nicht, können sie auch sehr nett sein. Von einer alten Frau wird berichtet, dass sie wunderschöne Tulpen in ihrem Garten zog, die von den Pixies sehr geliebt wurden und daher noch schöner wuchsen als zuvor. Die alte Frau pflückte nie eine davon, und so lebte sie in großer Eintracht mit den Pixies, bis sie starb. Anschließend pflegten die Feen ihr Grab, jäteten das Unkraut und ließen im Frühling die schönsten Blumen darauf blühen.

Bringt man ihnen Opfer dar, erweisen sie sich ebenfalls als hilfreich. Einem Engländer, dessen Brunnen fast versiegt war, rieten einmal die Nachbarn, die Pixies um Hilfe zu bitten, indem er in einer Neumondnacht eine bestimmte Pastete (die unbedingt aus Cornwall stammen musste!) auf dem Brunnenrand auslegte. Er tat wie geheißen, und am anderen Morgen war die Pastete verschwunden und das Wasser im Brunnen, das zuvor nur noch 20 Zentimeter hoch gestanden hatte, war auf über drei Meter gestiegen. Er war allerdings dazu verdammt, weiterhin die gute Pastete aus Cornwall zu opfern, und als ein anderer Pächter in das Haus einzog (der von dem Brauch nichts wusste), versiegte der Brunnen.

Und nun mag kein Geringerer als der große Dichter Samuel Taylor Coleridge dieses überwiegend literarische Kapitel mit seinem »Song of the Pixies« beenden:

Heb dich hinweg, o Licht!
Der Abend trauert in die Nacht.
Mutter des wilden Traumgewogs! Die Schau
Bewundern wir der finstren Stunden,
Die, ihren Blick gesenkt, um dich ehrfürcht'ge Runden
In dunklen Kleidern ziehn, durchtränkt von Tau.
Zaubrin vom düstren Thron!
Dir huldigen die Pixies schon,
Wenn um dein Rabenhaar
Der Himmel windet Rosen klar,
Und Wolkendunst, wässerig gewandet,
Leicht über deinen Zobelmantel brandet,
Dess' sinnend sanfter Strahl den Wald erweicht:
Denn hier im Zwielicht drehn wir uns im Tanz
Zum Lied des Baches und des Mondes Glanz.

Holde und weniger holde walisische Feen

Und munter glänzt das Elfenland –
Doch alles verglitzert geschwind
Wie der Funkelblick, den Dezember schickt,
Auf Eis und Schnee und Wind.

Sir Walter Scott

Vor langer, ja wirklich sehr langer Zeit kam Patrick, der Schutzheilige Irlands, einmal herüber nach Wales, um den dortigen Schutzheiligen David zu besuchen und einfach nur »Hallo« zu sagen. Als nun die beiden Heiligen zusammen an einem See spazieren gingen, begegneten sie einigen Einheimischen, die es Sankt Patrick übel genommen hatten, dass er seinerzeit von Wales nach Irland ausgewandert war. Sie schmähten ihn also heftig und mit bösen Worten. Eine solche Beleidigung konnte natürlich nicht ungestraft hingenommen werden, und der Heilige verwandelte die Männer prompt in Fische, die Frauen aber in Feen. Die Sonne steuerte das Ihre zur Strafe bei, indem sie mit Ausnahme von einer einzigen Woche im Jahr nie mit ihren Strahlen diesen See berührt, in dem die Bestraften nun hausen müssen.

Nicht alle walisischen Feen wohnen im Wasser, es gibt jede Menge, die offenbar den heiligen Patrick nicht beleidigten und daher nicht verwandelte Menschen sind, sondern das, was sie schon immer waren. Sie alle werden als *Tylwyth Teg* bezeichnet, was so viel wie das »Holde Volk« oder die »Schönen Leute« bedeutet. Sie sind in fließende Gewänder – grün, blau, weiß oder scharlachrot – gekleidet und tanzen des Nachts auf dem samtweichen Gras. So jedenfalls weiß es Wirt Sikes, der ihnen ein ganzes Buch widmete.

Auch er sah sich mit dem Problem aller Feenforscher konfrontiert, irgendeine Art von Ordnung oder Klassifikation einzuführen. Sikes unterscheidet zwischen den *Ellylon*, die er als Elfen definiert; den Feen, die mit Bergbau zu tun haben; solchen, die wir als Heinzelmännchen bezeichnen würden; den in Seen und Flüssen lebenden Feen; und schließlich den auf Bergen hausenden Feenwesen.

Die Bergbau treibenden Feen würden wir zu den Zwergen rechnen, weshalb sie erst in unserem nächsten Buch auftreten dürfen. Gleiches gilt für die Heinzelmännchen.

Die Ellylon aber sind hier durchaus von Interesse, denn sie sollen den englischen Elfen (wie immer man sie sich nun vorstellen will) aufs Haar gleichen. Und auch das Wort leitet Sikes von derselben Wurzel ab. Dafydd ab Gwilym, der bedeutendste walisische Dichter des Spätmittelalters, schrieb über sie um die Mitte des 14. Jahrhunderts:

In jeder Senke saßen
Hundert schiefmäul'ge Elfen.

Dort wohnten sie bis vor kurzem noch, in Tälern und Schluchten und Hainen, und ernährten sich in der Hauptsache von »Feenbutter« – wie der Zitterling *(Tremella)*, ein gallertartiger Pilz, in Wales genannt wurde – und ähnlichen Feennahrungsmitteln. (Nebenbei sei erwähnt, dass ein anderer Pilz, *Exidia glandulosa*, bei uns zulande noch heute als Hexenbutter bezeichnet wird.) Ihre Königin aber ist Queen Mab, die Shakespeare also – wenigstens laut Sikes – von dort für seine Zwecke entlehnte.

Wie die englischen Pixies machten sich auch die Ellylon ein Vergnügen daraus, Wanderer in die Irre und obendrein am liebsten in einen richtig schön sumpfigen Sumpf zu führen. Diese Freude aber ist ihnen, falls es sie heute überhaupt noch gibt, inzwischen gründlich verdorben, weil Bauern die meisten Moore trockengelegt und in Ackerland verwandelt haben.

Die Ellylon sollen auch mit manchen Menschen auf sehr gutem Fuß gestanden und ihnen dann zu jeder sich bietenden Gelegenheit geholfen haben. Dafür wurden sie gern mit regelmäßigen Gaben von ein wenig Milch und Weißbrot belohnt. So war es auch bei einer gewissen Viehmagd. Sie legte der Elfe, die ihr zur Hand ging, stets auf einen bestimmten Platz besagte Gaben, und alles war gut. Eines Tages aber packte sie der Übermut, und sie trank selbst die Milch aus und aß fast das ganze Brot. Für die Elfe blieb nur Wasser und die Brotkruste. Am anderen Morgen sah das Mädchen, dass nichts davon angerührt war, und einige Tage später wurde sie an derselben Stelle von unsichtbaren Händen gepackt und auf eine »äußerst beschämende Art und Weise« bestraft. Gleichzeitig hörte sie eine Stimme, die ihr zu verstehen gab, sie möge diese Beleidigung ja nie wiederholen, sonst würde es ihr noch viel schlechter ergehen.

Unnötig zu sagen, dass sich das Mädchen von nun an hütete, ihrer Elfe etwas wegzuessen.

Eine andere Sorte walisischer Feen sind die *Gwyllion*. Sie sind weiblichen Geschlechts und nicht unbedingt liebenswert. Sie hausen in den walisischen Bergen in der Nähe einsamer Straßen. Einer, der sich mit den einheimischen Feen und Elfen gut auskannte und obendrein felsenfest an ihre Existenz glaubte, war der so genannte Prophet Jones. Seines Zeichens Geistlicher, trug er diesen Namen, weil er, wie zahlreiche Beispiele belegen, in die Zukunft sehen konnte. Er berichtete in einem Buch über diese Wesen und erzählte, eine Gwyllion zeige sich zumeist als alte Frau mit einem viereckigen Hut auf dem Kopf, in aschfarbenen Kleidern und mit einem Topf oder einer hölzernen Kanne in der Hand, wie sie arme Leute zum Milchholen haben. In dieser Aufmachung schreitet diese Fee ihrem auserkorenen Opfer, das nichts Böses ahnend seiner Wege geht, voran. Untrüglich ist sie zum einen daran zu erkennen, dass man sie partout nicht überholen kann, und zum anderen daran, dass sie von Zeit zu Zeit einen charakteristischen Schrei ausstößt: »Wow up!«

Zuweilen hört man diesen Ruf auch, ohne eine der Gwyllion zu sehen, und zwar mal nah und im nächsten Augenblick ganz fern. Wer das typische »Wow up!« hört, kann sicher sein, sich anschließend gehörig zu verirren, wie gut er den Weg auch kennen mag. John ap John, »ein ehrenhafter, friedliebender, kluger Mann«, war ein solches Opfer der Fee. Er wanderte eines Morgens noch vor Sonnenaufgang durch die Berge und hörte einen Schrei erst hinter, dann links neben sich und bekam es, als er niemanden sah, mit der Angst zu tun. Als er dann den Schrei direkt vor sich vernahm, wusste er, dass es sich nur um die alte Frau vom Berge handeln konnte, und er überlegte noch, was er tun könnte, als er laut und deutlich das Geräusch einer nahenden Kutsche und gleichzeitig das »Wow up!« der Feenfrau hörte.

Jetzt war es mit seiner Contenance vorbei, und er warf sich bäuchlings in die Heide, das Gesicht in den Pflanzen versteckt, und hoffte, das Was-auch-immer möchte bald vorübergehen. Schließlich, als wieder alles ruhig war, stand er auf. Der Tag war angebrochen und die Vögel sangen – von einer Feenfrau und einer Kutsche war weit und breit nichts mehr zu sehen.

Der respektable John ap John hätte sich übrigens mit einer einfachen Maßnahme die Alte vom Berg vom Leib halten können: indem er einfach ein Messer hervorgezogen hätte. Allein diese für sich genommen harmlose Handlung reichte meist schon aus, die übel wollenden Wesen zum Verschwinden zu bewegen.

Die dritte Gruppe der walisischen Feen sind diejenigen, die im oder unter dem Wasser wohnen und mit dem scheinbar unaussprechlichen Namen *Gwragedd Annwn* bezeichnet werden, was so viel wie »Frauen der Unterwelt« bedeutet. Gerne wohnen sie in den hoch und einsam gelegenen Bergseen. Anders als die meisten Nixen haben sie keinen Fischschwanz oder sonstige tierische Merkmale, lassen sich aber ebenso gern wie diese mit Menschenmännern ein. Die Kinder, die aus einer solchen Verbindung hervorgehen, sind oft etwas Besonderes – und so rankt sich um drei angesehene walisische Ärzte des Mittelalters die Sage einer solchen Feenabstammung:

Ein Bauer trieb einst seine frisch entwöhnten Lämmer am Ufer eines Sees zum Grasen, und wann immer er nach ihnen schaute, sah er drei wunderschöne Mädchen aus dem See auftauchen und ans Ufer kommen. Sie gingen am Strand spazieren, und zuweilen versuchte der Bauer ihnen hinterherzulaufen und sie zu fangen – allerdings immer vergeblich. Sie neckten ihn dann mit den Worten:
Sterblicher, der Menschenbrot verzehrt,
Dein Bett ist keiner Feenmaid wert!
Das hielt den wackeren Bauern allerdings nicht davon ab, jedesmal wieder sein Glück zu versuchen, und eines Tages sah er ein frisches Brot auf dem Wasser auf sich zuschwimmen. Er fischte es heraus und aß es und schaffte es anschließend mühelos, die drei Damen einzuholen und zu fangen. Er unterhielt sich ausführlich mit ihnen und schlug dann einer von ihnen vor, ihn zu heiraten. Die willigte auch unter der Bedingung ein, dass er imstande sei, sie anderntags von den beiden anderen zu unterscheiden. Das schlaue Bäuerlein merkte sich nun, dass die Sandale

seiner Liebsten ein ganz klein wenig anders geschnürt war als die ihrer ansonsten völlig identisch aussehenden Schwestern, und so war die Fee sein. Sie erklärte ihm jedoch warnend, er dürfe sie nie und unter keinen Umständen drei Mal schlagen.

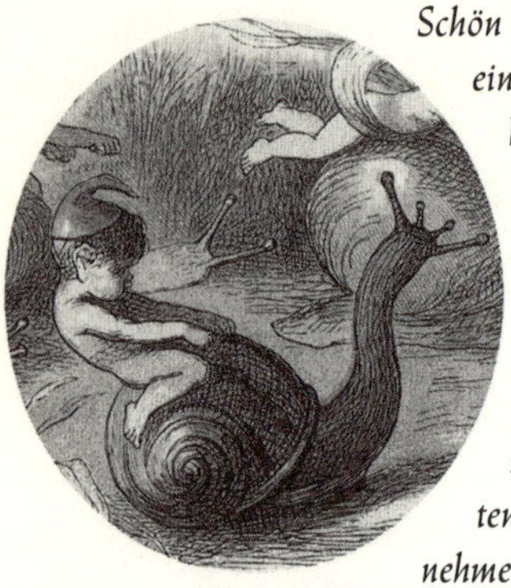

Schön und gut – sie lebten viele Jahre glücklich miteinander und hatten drei gut geratene Söhne, da klappte der Bauer seiner Frau einmal in durchaus wohlwollender Absicht drei Mal auf den Arm, weil sie etwas erledigen sollte und es ihm nicht schnell genug ging.

Diese Klapse nun genügten schon, dass die Fee auf Nimmerwiedersehen in ihrem See verschwand, nicht ohne ihre mit in die Ehe gebrachten sieben Kühe, zwei Ochsen und den Stier mitzunehmen. Ein einziges Mal erschien sie noch ihren drei Söhnen und drückte ihnen eine magische Schachtel in die Hand, die Arzneien von wunderbarer Kraft enthielt. So wurden alle drei in der Folge berühmte Ärzte. Und falls es jemanden interessiert: Die drei Söhne hießen Cadogan, Gruffydd und Emion.

Rachsüchtige skandinavische Huldren

»O weh, o weh!«, sprach die Elritze,
Eine Elfe fiel plumps in eine Pfütze,
Ganz voll von Schlamm und schleimigen Dingen,
Und kommt nicht mehr raus, mit verletzten Schwingen.

Die Lichtalfen, heißt es in der jüngeren Edda, sind schöner als die Sonne von Angesicht; die Schwarzalfen aber schwärzer als Pech. Während die Lichtalfen in Alfheim wohnen dürfen, hausen die Schwarzalfen unten in der Erde.

Diese Unterscheidung ist heute noch bekannt und wurde in Skandinavien in gewisser Weise beibehalten. Die Lichtelfen werden auch als die guten Elfen bezeichnet, sie sind hell und freundlich, schweben gern in der Luft oder vergnügen sich mit Tanzen. Die anderen dagegen sind eher böse und daher passenderweise dunkle Erdbewohner. Sie schicken den Menschen Krankheiten, die nur von bestimmten Ärzten, den *Kloka*, kuriert werden können.

Auch bei den so genannten bösen Elfen ist es aber zumeist so, dass sie nicht ohne Grund ausfällig werden. Da sie unter der Erde, dabei aber oft in der Nähe der Menschen wohnen, passiert es zuweilen, dass sie sich über dies oder jenes aufregen, was ihnen nicht in den Kram passt.

Aus dem dänischen Odense ist beispielsweise folgende sehr charakteristische Geschichte überliefert:

Eine Elfenkolonie hatte sich unter dem Kuhstalle niedergelassen oder war schon da gewesen, ehe das Gebäude zu einem Kuhstalle eingerichtet worden. Der Schmutz und Unrat, den das Vieh machte, ärgerte sie sehr, und sie gaben dem Milchmädchen zu verstehen, dass sie es sehr bereuen würde, wenn sie das Vieh nicht fort-

brächte. – Sie achtete nicht darauf; doch über kurz saß sie oben auf der Spitze des Heuschobers und alle Kühe waren erschlagen. – Man behauptet, die Elfen in derselben Nacht gesehen zu haben, wie sie in großer Eile aus dem Kuhstalle nach der Wiese zogen; sie fuhren in kleinen Kutschen, ihr König voran, in einem schöneren und stattlicheren Wagen als die Übrigen. Seitdem sind sie immer auf der Wiese geblieben.

Nach allem, was andere Geschichten so erzählen, hatte diese Milchmagd noch großes Glück, dass sie so glimpflich davonkam! Einem Mann, der bei einer Hochzeit zu Gast gewesen war und dort recht viel getrunken hatte, erging es, als er eine Elfin beleidigte, erheblich schlechter. Als er nämlich von dem Fest mitten in der Nacht aufbrechen wollte, erschien aus dem nahebei gelegenen Moor ein Mädchen. Es war grün gekleidet und trug geflochtene Binsen als Hut auf dem Kopf. Es ging schnurstracks auf den Mann zu, der gerade dabei war, lauthals vor anderen Gästen mit seinem tollen Hochzeitsgeschenk zu prahlen, und fragte ihn ruhig: »Was willst du der Jungfrau Vae geben?« Der Mann schwieg einen Augenblick, dann lachte er laut, hob seine Peitsche und rief: »Zehn Peitschenhiebe!« Im selben Augenblick fiel er tot zu Boden.

So rachsüchtig die Elfen sein können, so dankbar erweisen sie sich für erwiesene Wohltaten und Gefälligkeiten. Etwas, das man den elbischen Wesen immer wieder nachsagt, ist, dass sie Menschen aufsuchen, wenn sie eine Hebamme benötigen. Auch auf den Färöer-Inseln erzählte man sich eine entsprechende Geschichte. Hier wohnten *Huldren*, so heißen die dortigen Elben, in einem Hügel.

Einmal sitzt eine Frau namens Elseba vor ihrem Haus und rührt Milch, als plötzlich ein Hund neben ihr steht und unbedingt von der Milch schlecken möchte. Sie wehrt ihn ab, und als er sich nicht vertreiben lässt, geht sie ins Haus. Bevor sie aber noch durch die Tür ist, taucht ein Huldrenmann neben ihr auf und bittet sie herzlich, mit ihm zu kommen und bei seiner Frau die Dienste einer Hebamme zu verrichten. Die Frau stellt sofort ihre Milch weg, lässt sich die Augen verbinden und geht mit dem Feenmann in den Hügel und steht seiner Frau bei, bis das Elfenkindchen gesund auf der Welt ist.

Als der Huldrenmann sie anderntags zurückbringt, schenkt er ihr zum Dank Glück bis in die zehnte Generation. (»Hani von Burstova«, schiebt der Erzähler hier zufrieden ein, »ist der sechste Mann nach ihr.«) Elseba freut sich und antwortet auf

die neugierigen Fragen von Nachbarn, wo sie denn gewesen sei nur: »Schön war das Kind mit dem großen Kopf, das heute Nacht geboren wurde.«
Ein wenig später geht Elsebas Mann mit anderen zusammen in den Wald, um dort Widder zum Schlachten zusammenzutreiben. Da trifft er, als er einem ausgebrochenen Widder hinterherläuft, auf den Huldrenmann, der zornig zu ihm sagt: »Übel müsste es dir ergehen, weil du auf unser Dach getreten bist. Weil du aber mit Elseba schläfst, soll dir nichts geschehen.«

Übrigens sollen viele Elfen in Staaten leben, die den unsrigen fast aufs Haar gleichen – nur eben Miniaturgröße haben. Ihre Adligen feiern ebenso pompöse Hochzeiten wie die menschlichen, und ihre Könige bewachen regelrecht das Land. Wenn ein Krieg oder anderes Unheil droht, stehen sie, so geht die Sage in Dänemark, mit ihren unzähligen Soldaten auf den Vorgebirgen, bereit, ihr Land bis aufs Äußerste zu verteidigen.

Fährt ein Elfenkönig in seinem Wagen übers Meer, wird das Wasser ganz schwarz, es ist aufgewühlt und man kann deutlich das Wiehern der Pferde hören. Überhaupt sind die Elfenkönige so eine Sache für sich, denn sie hüten ihre Region eifersüchtig und machen den sterblichen Königen oft das Leben schwer. Eine ganze Zeit lang durfte, so glaubte man, kein dänischer König die Insel Steves betreten, weil der Elfenkönig das nicht leiden mochte. Ein anderer Elfenkönig, der von Seeland, namens Tolf (»Zwölf«), wollte keinen Menschenfürsten über die Brücke von Kjelskör gehen lassen. Auch durfte kein Nachtwächter die Uhrzeit »zwölf« ausrufen, ohne Gefahr zu laufen, von dem ergrimmten Elfenherrscher an einen anderen Platz versetzt zu werden.

»Alte Leute«, so besagt ein Bericht, »die Augen für solche Dinge haben, erzählen, wie sie oft König Tolf sich auf dem Grase im Sonnenschein haben wälzen sehen. In der Neujahrsnacht holt er sich aus der einen oder andern Schmiede neun neue Hufeisen für seine Pferde; sie müssen immer nebst den nötigen Nägeln für ihn bereit liegen.«

Der Elfenkönig von Bornholm wiederum gewährt irdischen Fürsten nicht länger als drei Tage Gastrecht auf seiner Insel. Ab und an, wenn ihn der Rappel packt oder ein Krieg droht, hört man sein Heer laut pfeifen und trommeln.

Es ist nicht ganz klar, über welches Elfenvolk die jeweiligen Könige nun genau regieren, denn in Skandinavien gibt es, wie man schon an den

Huldren sehen kann – nicht nur die Unterteilung in »dunkle« und »helle« Elfen.

Die Huldren sollen groß sein, graue Kleider tragen und schwarze Haare haben. Ihre Rückseite ziert ein langer Schwanz. Sie wohnen in Hügeln und leben ansonsten ganz wie die Bauern der Umgebung. Wie diese rudern sie auf den Seen herum, halten Vieh, das mit den Menschentieren zusammen auf einer Weide grast, und treiben sich, unsichtbar, auch in den Häusern ihrer menschlichen Nachbarn herum. Die wussten früher von den heimlichen Besuchern und machten sie dafür verantwortlich, wenn irgendein Gegenstand verschwand.

Kommt ein Durstiger in die Nähe ihrer Wohnungen, zeigen sich die Huldrenfrauen äußerst gastfreundlich. Dann tut sich der Hügel auf, eine Huldra kommt heraus und bietet dem Wanderer Milch oder Bier an. Eine solche Gabe muss aber mit Vorsicht genossen werden, und man muss vor dem Trinken unbedingt den Schaum wegpusten, weil man sich sonst das Vergessen antrinkt und mit der Fee in den Hügel verschwindet.

Eine andere Bezeichnung für nordische Elfen ist *Högfolk*, also »Hügelvolk«, weil sie in den Hügeln leben. Außerdem gibt es in Schweden noch die Waldjungfern *(Skogsrå)*, die in etwa unseren Waldweiblein entsprechen. Sie treiben Schabernack mit den Menschen, die sich in ihren Revieren aufhalten, sind aber im Allgemeinen den Sterblichen, die ihren Beruf dort ausüben, wie Köhlern und Jägern, wohl gesinnt. Ja, den Jägern bescheren sie, wenn sie sich respektvoll verhalten, Glück bei der Jagd.

Die Dänen nennen ihre Elfen einfach *Ellefolk* (Elfenvolk) und wussten früher wenigstens allerhand über sie zu berichten. Das Bemerkenswerteste dabei scheint uns zu sein, dass diese Elfen von vorn ganz normal ausschauen und obendrein sehr hübsch sein sollen, von hinten betrachtet aber – wie Frau Holle – einen hohlen Rücken haben oder genauer gesagt »hohl wie ein Backtrog« sind. Dieser körperliche Makel tut ihrer Anziehungskraft jedoch keinen Abbruch, denn die weiblichen Elfen ziehen alle sterblichen Männer, die nicht arg aufpassen, in ihren Bann.

Vor den Elfenmännern allerdings sollte man sich noch mehr in Acht nehmen, denn die können einen, wenn man ihnen zu nahe kommt, anhauchen und damit eine Krankheit oder gar den Tod anhexen. Besser also, man geht dem sinnenfrohen, tanzliebenden Völkchen aus dem Weg

und hält das Vieh von seinen Tanzplätzen fern, denn die Elfen nehmen es ziemlich krumm, wenn eine Kuh oder ein Schaf über ihren schönen Rasen trampelt oder gar ihren Dung dort hinterlässt. Und was sie dann in ihrer Rachsucht tun können, wurde ja bereits gesagt.

Doch nicht nur ihr Zorn kann sich auf die Menschen höchst unerfreulich auswirken, auch ihre Zuneigung hat schon manch einen Erdenmann schier zur Verzweiflung getrieben. Zu Beginn des Buches hörten wir von einem Iren, der einer beharrlichen Fee wegen nach Amerika auswanderte – ohne sie durch diesen Ortswechsel loswerden zu können. Auch von den Färöerinseln ist eine solche Geschichte überliefert, allerdings mit anderem Ausgang:

Ein Mann namens Frattis wohnte in der Nähe von Velbastadur und pflegte in einem Tal sein Vieh zu hüten. Eines Tages nun erschien ihm dort eine schön gekleidete Frau und behauptete, sie sei die Witwe Maria Michels und wolle sich jetzt wieder verheiraten, und zwar mit ihm!
Frattis erschrak nicht schlecht, denn er wusste sofort, dass die Frau keine Irdische und schon gleich gar nicht jene Maria Michels war, sondern eine Huldrenfrau. Er ließ Kühe Kühe sein und rannte Hals über Kopf nach Hause, wo er vor lauter Angst kaum erzählen konnte, was ihm passiert war. Seit diesem Tag traute er sich kaum noch vor die Tür, und wenn er sonntags zur Kirche ging, dann stets nur in Begleitung. Wo er aber auch ging oder fuhr – immer war auch die Huldrenfrau da, in weitem Abstand zwar, nichtsdestotrotz konnte er sie permanent sehen. Frattis begann

unter der Erscheinung so zu leiden, dass er krank wurde und nicht mehr essen konnte, und er wäre sicher gestorben, wenn seine Familie und die Nachbarn sich nicht an einen besonders weisen Pfarrer erinnert hätten, der auf einer anderen Insel lebte.

Sie bemannten also anderntags ein Boot mit acht Männern und Frattis und fuhren los. Sobald sie auf dem Meer waren, erblickten sie neben sich einen anderen Achtruderer und hinten im Heck die Huldrenfrau. So gelangten sie schließlich zu dem Pfarrer, der meinte, er könne die Feenfrau wohl beschwören. Er wies Frattis an, nachts bei ihm zu schlafen und sich nicht aus dem Bett zu rühren, egal, welche Geräusche er auch hören würde.

Um Mitternacht merkte Frattis, wie der Pfarrer aufstand und nach draußen ging. Er hörte, wie er laut fragte: »Wer bist du?«, und wie eine Frauenstimme entgegnete: »Ich bin die Maria Michels aus Jütland!«

Da brüllte der Pfarrer sie an, das sei eine Lüge, denn er habe die richtige Maria Michels selbst gekannt. Sie aber solle sich gefälligst schämen. So schimpfte er sie eine ganze Weile gründlich aus, dann hörte Frattis lautes Gepolter, Geschrei und Gewimmer. Irgendwann herrschte wieder Ruhe, und der Pfarrer kam schweißnass und erschöpft zurück ins Haus. »So«, meinte er zu Frattis, »nun wird dich keine Huldrenfrau und auch kein Troll mehr belästigen!«

Und der Pfarrer behielt Recht. Frattis wurde wieder ganz und gar gesund und so robust, »dass er, wenn es sein musste, mitten in der Nacht durch Täler und über Berge gehen konnte. Hier endet die Geschichte von Frattis auf Velbastadur.«

Ein kleines Land mit vielen Feen

Die Käppchen rot, die Mäntel grün
Funkeln von Silberschellen,
Und wenn der Wind im Flug sie rührt,
Da tun sie munter gellen;
Auf Purpurfaltern reiten sie
Mit schwarz gefleckten Flügeln
Die veilchenblaue Luft herab
Mit goldnem Zaum und Zügeln.

Robert M. Bird

Es gibt viele Länder in Europa, die sind vielleicht groß, haben aber mit Feen nicht mehr viel am Hut. So beispielsweise Italien und Spanien. Schön, hier und da begegnet man der ein oder anderen Feengeschichte, und in entlegeneren Regionen – vor allem in den Bergen, etwa in den waldensischen Tälern Piemonts und Savoyens – findet man auch Reste eines Feenglaubens, aber von einer reichen Feen- oder Elfentradition wie etwa in Irland kann keine Rede sein. Die vergleichsweise wenigen Märchenfeen sind überwiegend vom Schlage der französischen Salonfeen oder der alten schicksalskündenden Fata oder Moiren. Sie haben wenig Ähnlichkeit mit den Elfen und Elben, die wir in Irland, Schottland oder Island trafen oder mit unseren Moosweiblein und Seligen Fräulein.

Ganz anders die Feen Litauens, die *Laumes* oder *Laima* und die *Deives.*

Früher gab es Laumes. Eine arme Frau musste auf das Feld zur Arbeit gehen, und ihr Kleinkind mit der Wiege nahm sie auch mit, weil sie es nicht allein lassen konnte. Den ganzen Tag hat sie gearbeitet. Als sie abends nach Hause ging, vergaß sie, das schlafende Kind mitzunehmen. Es war bereits Nacht, als sie es merkte, und sie hatte Angst, auf das Feld zu gehen. Sie ging nach draußen und lauschte: Von dieser Seite hörte sie, wie die Wiege knirschte, also wurde gewiegt und ein Lied gesungen: »Das vergessliche Mütterchen hat das Töchterlein auf dem Feld gelassen.« Frühmorgens lief sie dorthin und hat ihr Töchterlein heil gefunden: in eine schöne Wiege gelegt, prächtig in Seide gekleidet. Die Laumes haben also das vergessene Kind betreut und prächtig bekleidet. Davon hörten auch die anderen Frauen. Eine wollte auch schöne Kleider für ihr Kind bekommen. Sie hat absichtlich das Kind über Nacht auf dem Feld an derselben Stelle gelassen. Als sie am Morgen ging, ihr Kind abzuholen, da sieht sie – nur noch die Knochen.

An dieser sehr beliebten Geschichte zeigt sich der Charakter der litauischen Feen sehr gut: Sie sind einerseits durchaus hilfsbereit und andererseits gefährlich. Das besonders Gefährliche an ihrem Gefährlichsein ist, dass man sich nicht leicht in sie eindenken kann. Darum war es den Menschen nicht immer lieb, wenn sie mit den Laumes in zu enge Berührung kamen. Da diese Wesen andererseits bei vielen Arbeiten halfen, und zwar auf die rasche und äußerst effektive Feenart, dachte manch einer und vor allem manch *eine* dennoch nicht an die möglichen Folgen und rief sie wider besseres Wissen herbei. Es ging dabei fast immer um typisch weibliche Tätigkeiten, wie vor allem das Spinnen, denn darin waren die litauischen Feen – ebenso wie die unseren – Expertinnen.

Eine Frau, die vor Arbeit nicht mehr aus noch ein wusste, rief also eines Abends, als sie die Deives vor dem Fenster herumlaufen hörte: »Kommen Sie, liebe Deives, zu mir Flachs spinnen!« Prompt war die Stube voller Feen, die gleich ihre Spinnräder mitgebracht hatten und nun wie der Teufel drauflosspannen. Binnen kürzester Zeit war der ganze riesige Flachsvorrat versponnen und auch derjenige sämtlicher Nachbarinnen war schon verbraucht. Da merkte die Frau, dass sie sich nichts Gutes damit eingehandelt hatte: Wenn das Material alle war, würden die Laumes, wie sie wusste, auch ihre Haare verspinnen. Wegschicken aber konnte sie sie auch nicht, weil sie ihnen zuvor nicht gesagt hatte, bis wann sie arbeiten sollten.
Da warf sie in ihrer Verzweiflung rasch ein wenig Garn ins Feuer, dass es aufsprühte. Dazu rief sie: »Aje, liebe Deives, die Stube brennt, laufen wir!« Die Feen rissen ihre Spinnräder an sich und rannten aus dem Haus. Die Frau aber schlüpfte sofort wieder hinein und verrammelte die Tür. Die erzürnten Deives schauten durch die Fenster und schrien: »Umsonst haben wir gesponnen! Wir hätten dir sowohl Haare als Därme zusammengesponnen!«

Die Laumes sind außerordentlich schöne Frauen von Menschengröße mit blonden Haaren und blauen Augen – wie das Sprichwort bestätigt: »Blau wie die Augen einer Laume.« Zuweilen sollen sie eine kleine Deformation haben, nämlich einen Hennen- oder Hahnenfuß. Ihre Kleidung sind ihre Haare, die den Körper mehr schlecht als recht einhüllen. Das alles klingt sehr anziehend, wären da nicht die extrem langen Brüste, die sie über die Schultern nach hinten werfen, damit sie ihnen nicht im Weg sind. Die Litauer, die einen schier unerschöpflichen Vorrat an geflügelten Worten zu besitzen scheinen, haben auch hierzu passende auf Lager: »Das Euter einer Kuh ist angeschwollen wie die Brüste einer Laume!«, oder: »Die Zitzen prangen wie bei einer Laume.«

Für diese Details gibt es Augenzeugenberichte, wie den folgenden: »Das geschah mir in Kalubischkes. Am Heiligen Abend, gerade um Mitternacht, ging ich in die Scheune, um für das Vieh Heu zu holen. Sehe ich – in der Scheune steht eine Frau. Die Haare sind ihr bis zum Knie gewachsen, sehr lange Brüste hingen herab. Ich bekam Angst, ein gutes Wesen wird das nicht sein. Ich ergriff die Heugabel und stand bereit. Ich werde mich verteidigen – dachte ich.« Das aber war zum Glück dann doch nicht nötig.

Während alles dies an unsere anderen europäischen Feen erinnert, fehlt den litauischen Laumes ein für Feen sonst so typisches Charakteristikum: Sie bezeigen keine besondere Neigung zu Musik und Tanz. Dafür haben sie andere Vorlieben, wie beispielsweise junge Männer, die sie vor allem des Nachts heimsuchen und verführen, bis sie von ihnen geheiratet werden. Eine weitere Spezialität der Laumes ist auch das Weben, und es heißt, nach ihren Stoffen würde sich jeder Sterbliche die Finger lecken, weil sie nie ausgehen.

Einst wuschen die Deives die Wäsche. Eine Frau ging vorbei und sagte: »Hilf Gott!« Die Deives antworteten: »Danke«, und fügten hinzu: »Für deine schöne Anrede findest du unter jenem Baum eine Rolle Leinen; nimm dieses Gewebe für dich, und du wirst es nie zu Ende schneiden können, es wird dir und deinen Kindern genügen.« Und wie die Deives versprochen hatten, so war es auch.

Die Laumes halten ihre aus solchem magischen Leinen geschneiderte Wäsche sehr reinlich, und so konnte man sie früher oft beim Waschen und Leinenklopfen am Wasser sehen.

Obwohl – oder vielleicht gerade weil – die Feen Flachs so sehr lieben, dürfen sie damit bepflanzte Felder nicht betreten, wie mehr als eine Geschichte erzählt. Beispielsweise wird eine Laume, die ein Säcklein voll wunderbarem Kuchen mit sich trägt, von einem gewitzten Mann gefragt, welche Felder ihnen verboten seien, und die Laume antwortet: »Flachs.« Der Mann geht ein Weilchen neben ihr her und lässt sich angelegentlich ihr Säckchen reichen, um es ihr zu tragen. Beim nächsten Flachsfeld macht er einen Satz und springt hinein. Dort setzt er sich in aller Ruhe hin, isst den leckeren Kuchen auf, derweil die Laume am Rand des Feldes hin- und herhüpft und Zeter und Mordio schreit. Schließlich sagt sie ergeben: »Friss, friss, aber wenigstens das Säckchen gib mir zurück!«

Eigentlich sollten wir einen solchen Satz nicht zitieren, denn sagt eine anständige Fee vielleicht »friss, friss«? Immerhin aber zeigen diese und ähnliche Geschichten: Den Feen ist mit List und Gewitztheit so beizukommen, dass man auch ihre Rache nicht unbedingt zu fürchten braucht. Es ist offenbar nicht so, dass die Laumes wie die anderen Feen gern Sterbliche mit sich in ihr Reich nehmen würden. Das Feenreich und das Leben dort kennen zu lernen ist also angeblich »keinem Litauer vergönnt gewesen«.

Seltsamerweise ist auch nicht viel darüber bekannt, wo sich die Laumes mit Vorliebe aufhalten. Was man nur weiß, ist, dass sie oft am Wasser ihr Leinen klopften oder badeten. Ob sie auch dort wohnen, oder eher im Wald, wo man sie häufig antraf, ist dagegen nicht klar. *Dass* es sie aber gibt, stand für die meisten Litauer bis vor kurzem ganz außer Zweifel.

Die Laumes leben wirklich, nur nicht alle Menschen können sie mit ihren eigenen Augen sehen. Einmal ging meine Großmutter – Gott gebe ihr das Himmelreich! – spätabends mit ihrem Bruder das Ufer des Flusses Virinta entlang und sie sah genau, wie dort zwei Laumes badeten. Aber ihr Bruder Genys sah sie gar nicht; er hörte nicht einmal, wie sie im Wasser spielten und plätscherten. Diese Laumes sahen sehr jung und besonders schön aus, sie hatten lange Haare. Die Großmutter wurde gescholten, dass sie Unsinn schwätze, aber sie hat bestimmt nicht gelogen.

Im Auge der Vila und balkanische Feendoktoren

Komm hinweg, o Menschenkind!
In die Wälder, in den Wind,
Hand in Hand mit einer Fee,
Denn die Welt ist, ahnst du's auch nicht,
Voller Tränen, voller Weh.

William Butler Yeats

Praktisch weltweit werden Wirbelwinde und Wirbelstürme zu unheimlichen Wesen in Beziehung gesetzt. Nicht umsonst spricht man sogar heute noch vom »Auge« des Orkans. In sehr vielen Gegenden der Welt glaubte man früher, dass sich in Wirbelwinden Feen, Geister oder Dschinns verkörperten oder dass die einen oder anderen diese Wirbel als Fahrzeug benutzten. In Italien waren es die *Folletti*, die darin reisten, und selbst bei uns hieß es, wenn man einen Wirbelwind sah: »Da fliegen die Buschjungfern.«

Dass diese Ansicht auch heutzutage noch durchaus lebendig ist, erfuhr eine Islamkundlerin, als sie vor etwa 30 Jahren in Marokko mit dem Auto und zwei einheimischen Begleitern auf Reisen war. Als auf einer Wüstenpiste eine Windhose auf das Auto zukam, baten die beiden Marokkaner sie inständig, doch bitte anhalten zu dürfen. Auf ihr verwundertes: »Warum?«, antworteten die beiden, in diesem Wirbelwind reise ein Dschinn, und man dürfe ihm nicht in die Quere kommen, schon gar nicht mit einem eisernen Auto. Ein Freund, der sie wegen dieses vermeintlichen Aberglaubens ausgelacht habe, habe einmal sein Messer in eine Windhose hineingeworfen, da sei Blut geflossen und der Freund blutend zu Boden gefallen.

Die Schotten glaubten, die Feen würden im Wirbelwind reisen und, wenn ihnen danach war, Sterbliche mitnehmen. Wer bei einer solchen Entführung zugegen war, warf – übrigens auch in Deutschland, Estland und bei den Slawen, um vom Orient gar nicht zu reden – Erde von einem Maulwurfshügel, einen Schuh, einen Hut oder eben ein Messer mitten in den Wirbelwind hinein, um die Feen dazu zu bringen, ihr Opfer wieder freizugeben.

Und so wurde überall empfohlen, den Wirbelwinden möglichst weit aus dem Weg zu gehen, denn allein schon das Einatmen des aufgewirbelten Staubs sollte schlimme Krankheiten bewirken. Nur die Einwohner der Shetland-Inseln machten sich, einem Bericht zufolge, dies zunutze. Sie trafen mit den Feen ein Übereinkommen und durften von Zeit zu Zeit, wenn sie zu einer anderen Insel hinübermussten, gewissermaßen per Anhalter mitreisen.

Bei den Serben, den Kroaten und den Ostslawen heißen diese Wirbelwinde *Vila* und das ist gleichzeitig die Bezeichnung für die dortigen Feen. Allerdings hütete man sich, diesen Namen auszusprechen, aus Angst, ihr Erscheinen zu bewirken und damit irgendein Unheil heraufzubeschwören. Denn, obgleich sie wie bei den Litauern als bildhübsche Frauen beschrieben werden, ist mit ihnen nicht immer gut Kirschen essen.

Daher nannte man sie lieber »die Hübschen«, »Stolzen« oder »Schönen«, oder vermied es überhaupt, von ihnen zu sprechen. Gleiches gilt für die benachbarten *Samovila* oder *Samodiva* (Bulgarien), den *Szépasszony* (Ungarn) und den *Rusalki* (Rumänien).

Sie alle treten zumeist in Gruppen auf und lieben es, zu baden und sich ihre langen blonden Haare zu kämmen und zu tanzen. Noch 1972 berichtete ein Ungar einer Feldforscherin von einer Frau, die in den Bergen in einer Mulde Feen tanzen sah. Es waren alles Frauen.

Hin und wieder nehmen sie aus Lust und Laune die Gestalt von Wildgänsen an, fliegen über Berg und Tal und rufen laut: »Lila lulu, i i.«

Die Rusalki lauern zuweilen im Wasser Badenden auf und heiraten, zerreißen oder ertränken sie – je nachdem, wonach ihnen gerade der Sinn steht! Auch die anderen, sonst eher freundlichen Feen können sich rasch in äußerst ungnädige Furien verwandeln. Sie hassen es nämlich, bei ihren Aktivitäten gestört zu werden. Sie finden allerdings nichts dabei, sich zuweilen einen Musikanten bei den Menschen auszuleihen. Oft genug trifft es einen Schäfer, der nichts Böses ahnend seinen Schafen auf seiner Flöte etwas vordudelt. In dieser bukolischen Tätigkeit wird er von den Feen unterbrochen, die ihn einfach zu ihrer jeweiligen Festitivität mitnehmen. »Sie tanzten«, erzählte ein kroatischer Pfeifer, »es gab Wein, harte Getränke, einfach alles. Alles gab es dort im Überfluss. Ich musste ihnen vorspielen.«

Ein solch unfreiwilliger Besuch bei den Feen brachte für den Musikanten sowohl Vor- als auch Nachteile mit sich. Der Nachteil war, dass er diesen Aufenthalt oft genug mit seiner Gesundheit bezahlte und dass ihm, wenn er Pech hatte, ein Finger oder anderer Körperteil von den Feen geraubt wurde. Dafür konnte er sich anschließend brüsten, ein unübertroffener Meister seines Faches geworden zu sein, so dass ihm nicht mehr nur die Schafe, sondern auch die Menschen mit Begeisterung zuhörten und er von nun an sein gutes Auskommen hatte.

Besser war es allemal, nicht von den Feen als Musikant auserwählt zu werden, denn es war furchtbar leicht, in ihrer Gegenwart in das ein oder andere Fettnäpfchen zu treten und sich damit ihren Unmut zuzuziehen. Selbst harmlose Spaziergänger konnten jederzeit ungewollt »ins Auge der Vila« geraten, und dann Gnade ihnen Gott! Gründe für die Feenrache waren in der Hauptsache: sie bei irgendetwas zu stören, in einen Wirbelwind zu kommen, ihnen in der Mittagsstunde über den Weg zu laufen, auf einem Feldrain oder in einem Graben einzuschlafen. Letzteres verdient vielleicht eine Erklärung: Feen (und andere Geister) sollen dem Vernehmen nach am liebsten in bereits vorhandenen »Bahnen« reisen und obendrein in solchen, die in irgendeiner Weise als Grenzlinien bezeichnet werden können. Dazu gehören Berggrate, Feldraine und Pfade, die Gemarkungen trennen. Auch die so genannten »Leylinien«, die besondere Orte, wie Heiligtümer, heidnische Kultstätten oder alte Kirchen, miteinander verbinden, sollen von den Feen als Straße benutzt werden.

Wer die Vilen oder die Szépasszony also beleidigte, indem er zufällig in der Mittagszeit oder an einem der besonderen Feentage auf einem ihrer Pfade ein Nickerchen hielt oder (auch sehr ungehörig!) laut pfeifend durch Feld und Wald stapfte – Frauen womöglich gar mit bloßem Kopf –, der musste um sein Leben bangen oder doch wenigstens mit einer der gefürchteten »Feenkrankheiten« rechnen: Hitzschlag, Schlaganfall, anhaltender Kraftlosigkeit, Stummheit, Krämpfen, Taubheit, Blindheit, Epilepsie, Rheumatismus, Irrsinn und plötzlichen Lähmungen. Feenkrankheiten haben es an sich, dass sie nicht einfach nach einer gewissen Zeit wieder verschwinden oder durch schlichte Hausmittelchen oder Arztbehandlungen kuriert werden können. Dazu bedarf es, wenigstens nach volkstümlicher Ansicht, besonderer Heiler, die man getrost als Schamanen bezeichnen kann.

Früher waren solche Feenheiler auf dem Balkan nichts Ungewöhnliches. Sie mussten, so der Glaube, bei den Feen in die Lehre gehen und eine Initiation durchmachen, von der sie niemandem jemals erzählen durften. Ansonsten verloren sie ihre heilerischen Fähigkeiten und mussten mit einem Racheakt der Feen rechnen. Im Anschluss an ein symbolisches Sterben und Wiederauferstehen als Heiler hielten sie den Kontakt zu ihren hübschen Lehrmeisterinnen ihr Leben lang aufrecht. (Schließlich gehen ja auch unsere Ärzte immer wieder auf Fortbildungslehrgänge.) In einem Bericht aus Dalmatien heißt es: »Von manchen Leuten weiß man, dass sie über lange Zeit bei den Feen ein und aus gingen, nicht durchgehend, sondern mehrere Male pro Jahr. Wenn sie wiederkamen, wussten die Leute, dass sie bei den Feen gewesen waren. Solche Personen kannten dann alle Kräuter und wurden als ›Mann‹ oder ›Frau vom Feenland‹ bezeichnet.«

Andere sagen, ein Heiler oder eine Heilerin hätte den Feen vier Jahre lang dienen müssen, um alles über Kräuter von ihnen zu erfahren. Später hätten sie sie von Zeit zu Zeit immer wieder besuchen müssen, um ihnen zu berichten, wie es den armen Leuten denn so gehe.

Um einen von den Feen mit einer Krankheit Bestraften wieder gesund zu machen, bedarf es aber nicht nur der richtigen, nur dem Heiler (und den Feen) bekannten Medizin. Kranker und Heiler müssen sich nach Möglichkeit an einem Feentag dorthin begeben, wo das schlimme Ereignis (das Vergehen) stattfand. Da der Patient damit vermutlich meist überfordert gewesen sein dürfte, nahm ihn die Heilerin oder der Heiler mit zu einem Platz, der gern von Feen frequentiert wurde: zu einem Kreuzweg, Feenhügel oder Feenbaum. Auch konnten sie, wie von den Albanern überliefert, selbst zu einem magischen Zeitpunkt (etwa Mitternacht der Johannisnacht) gegen den Uhrzeigersinn einen Kreis auf einer abgelegenen Stelle im Wald zeichnen und damit einen Feenort schaffen.

Wenn Arzt und Patient sich dann in diesen Kreis stellten, befanden sie sich symbolisch in der Feenwelt, und nun konnte der Heiler den Kontakt zu den Feen aufnehmen. Der weiß gekleidete Kranke musste sich hinknien, und der Schamane begrüßte die Feen höflich und fragte sie, warum sie den XY mit einer Krankheit geschlagen hätten. Dann bat er sie, ihre Rache zurückzunehmen. Anschließend warteten beide schweigend auf irgendein Zeichen und verließen im Uhrzeigersinn den magischen Kreis.

Andere wurden dadurch geheilt, dass sie der Schamane anwies, genau eine Woche, einen Monat oder ein Jahr nach ihrem Vergehen an der Stelle zu schlafen, wo sie krank gemacht worden waren. Auch brachte man den Feen Opfer dar, um ihren Zorn zu beschwichtigen und den Fluch aufzuheben. Typische Gaben waren Brot und Milch, Mehl, Eier, Salz und Honig, also weiße, »saubere« Nahrungsmittel. Diese Dinge legte man an Feenplätze, Kreuzwege, an Brunnen, Quellen oder unter Bäume. Auch konnte man sie im Haus des Kranken selbst ablegen, allerdings musste dies durch neun Frauen geschehen, die zuvor an einem Mittwoch oder Freitag neunmal das Haus umrundet und neunmal einen Zauber über den Kranken gemurmelt hatten.

Elfenpfeile

Da wir gerade über Krankheiten gesprochen haben, die angeblich durch Feen verursacht werden, sollten wir hier ein paar Worte über den »Elfenschuss« verlieren, zumal auch in der Fantasy die Elfen als ausgezeichnete Bogenschützen charakterisiert werden. Der Elfen- oder Feenschuss ist laut dem Feenkundler Lewis Spence klar vom »Feenschlag« zu unterscheiden, der sich in den oben beschriebenen Leiden äußert und durch eine mehr oder weniger starke Berührung durch eine Fee bewirkt wird.

Der Elfenschuss dagegen wird durch einen der berühmten Elfenpfeile, auch Elfenkeil oder Elfbolt genannt, hervorgerufen, und das Resultat ist äußerst unangenehm für Mensch oder Tier. Das Opfer siecht dahin oder stirbt sogar auf der Stelle. Ein Elfenpfeil trifft stets sein Ziel und hinterlässt für profane Augen keine sichtbare Wunde. Kirk, der Pfarrer aus Aberfoyle, dessen Geschichte wir schon erzählt haben, untersuchte nach eigenen Angaben zahlreiche solche Feen-»Wunden« und sah auch die dazugehörigen Pfeile. Sie sollen gelbe Feuersteinspitzen gehabt haben. Lady Wilde (Oscars Mutter) erklärt dagegen, die Elfen zielten zumeist auf die Finger des jeweiligen Opfers, die sich anschließend rot entzündeten und anschwollen. Nur ein Feendoktor konnte solche Wunden heilen, indem er die betroffene Stelle mit einer magischen Salbe einrieb und anschließend den Pfeil herauszog, der oft genug wie ein Stückchen Flachs aussah. Es empfahl sich übrigens, einen solchen Feenpfeil gut aufzuheben, weil man dann gegen weitere solche Anschläge buchstäblich »gefeit« war.

In Schottland sagte man, die Bogen der Feen seien aus der Rippe eines Mannes gefertigt, der dort begraben liege, wo drei Güter aneinander grenzen, und sie seien mit Goldspitzen versehen. Die Köcher bestünden aus Schlangenhaut, die Pfeilschäfte aus Rohr, und die Feuersteinspitzen seien in Schierlingstau getaucht. Die Elfen bekämen diese Pfeile von älteren Feen, die sie ihrerseits von den Nixen erhielten.

Die Pfeilspitzen – von prosaischen Gemütern als steinzeitliche Artefakte entlarvt – werden vor allem in nördlichen Ländern oft gefunden und in Silber gefasst um den Hals getragen. Ein solches Amulett schützt den Träger vor der Rachsucht der Feen und darf nie verschenkt oder verschusselt werden. Beim Tod des Trägers muss es mit ins Grab gelegt werden. Auf den Orkney-Inseln glaubte man sogar, dass Glück und Vermögen der Familie vom Besitz eines solchen Elfenpfeils abhingen.

Nicht immer weiß das jeweilige Opfer, warum es die Rache der Feen traf. Oft aber hätte man sich einfach an die althergebrachten Vorschriften im Umgang mit diesen heiklen Wesen halten müssen. Beispielsweise mögen es die Feen überhaupt nicht, wenn zur Erntezeit die Menschen in hellen Mondnächten auf den Feldern arbeiten. Auf der schottischen Insel Skye traf also der Elfenpfeil einen Mann, der zusammen mit seiner Frau in einer solchen Nacht Ähren gesichelt hatte.

Aber, wie schon angedeutet, sind es nicht immer nur die Menschen, die beschossen werden. Vor allem Kühe und Schafe sind beliebte Opfer. Die Gründe dafür sind unterschiedlich. Zum einen kann das Tier selbst daran schuld sein, weil es zufällig auf einem Elfenpfad oder einer Elfenwohnung grast oder seinen Unrat ablädt. Zum anderen kann eine solche Rache dem Besitzer der Kuh gelten, der sich irgendetwas hat zuschulden kommen lassen. Ein vom Elfenpfeil getroffenes Tier atmet schwer und verweigert jegliche Nahrung. Mit Salzwasser, in das ein wenig Silber oder am besten ein Elfenpfeil getaucht wurde, lässt sich eine solche Wunde heilen. Es gibt allerdings auch weit kompliziertere Methoden, bei denen man sich fragt, wie sie eigentlich durchgeführt werden konnten. Bei einer davon musste die betroffene Kuh lebendige »Feenkrabben« fressen! Man stelle sich das kranke Tier vor, das ohnehin nichts fressen will, außerdem Grasfresser ist, und nun soll es lebendige Krabben schlucken!

Bei einer anderen Kur spielt Frauenmantel *(Alchemilla vulgaris)* eine Rolle, dessen Saft mit bestimmten Münzen und Wasser versetzt wird. Das Wasser muss gegen die Fließrichtung an einer Stelle geschöpft sein, wo drei Gebiete aneinander grenzen. Anschließend muss die Kuh drei Schlucke von der Mixtur trinken. Dann wird ihr davon über das Rückgrat gegossen und ein wenig Schmutz von einem Vorderbein hineingerieben. Die letzten Tropfen gießt man ihr schließlich ausgerechnet in die Ohren!

Die Fülle weiterer Maßnahmen gegen Elfenschuss bei Mensch und Tier zeigt, wie weit verbreitet dieser Glaube vor allem in nördlichen Gefilden war.

Ich hab sie gesehen – Augenzeugenberichte

Ich kannt' ein seltsam Feenkind,
Es war so klein und zart,
Und wechselte wie Luft und Wind
Gestalt und Sinnesart.

A. W. Schlegel

Die Überschrift dieses Kapitels stammt von einem *ziemlich* seltsamen, durchdringenden Lied, das der selbst ernannte Elfenkenner Wolfgang Müller, von dem wir schon berichteten, selbst auf einer CD singt und in dem es heißt:

»Rotdrosseln singen unverdrossen
aus ihren Schnäbeln unverschlossen:
El-el-el-el-el-el Elfen und Zweher-her-her-her-herge
und Fe-e-e-e-e-n – ich hab sie gesehn!«

Von ihm stammt auch die Schöneberger Elfenkarte, die in Analogie zur isländischen aufzeigt, wo in Berlin welche Elfenarten leben. Netterweise wurde uns unverlangt eine Kopie davon vom isländischen Fremdenverkehrsverein zugesandt. Da sollen etwa im Biergarten (Monumentenstraße 13) die Wandmurellis leben, eine stämmige behaarte Elbenart, die im Herbst verlassene Biergärten mit Kastanienbäumen aufsucht. Die Kieselelfen dagegen wohnen im Hinterhof der Hochkirchstraße 1, zählen zu den Steinelben, tragen dunkelgrüne Hosenanzüge und sind sehr scheu. In Findlingen sollen sie immerhin die Größe von 45 cm erreichen.

So weit, so gut, aber bei allem Respekt, lieber Wolfgang Müller, die grafische Darstellung dieser und anderer Elben lässt doch ein wenig zu wünschen übrig! Wir würden uns bedanken, wenn wir eine Rabensteinelfe wären und zwei Fühler, drei armselige Spirälchen und vier Zacken angedichtet bekämen, und das war's. Oder haben wir da vielleicht irgendetwas falsch verstanden?

Aber Spaß beiseite, denn eigentlich glauben wir nicht, dass Wolfgang Müller, der Elfenkenner, ernsthaft der Ansicht ist, in der Hochkirchstraße Nr. 1 wohnten Steinelben in dunkelgrünen Hosenanzügen! Sicher sind wir uns da allerdings nicht, schließlich werden für ein paar Euro pro Person regelmäßig »Schöneberger Elfenrundgänge« als Touristenattraktion angeboten.

Und schließlich gibt es auch andernorts genügend Leute, die Ähnliches behaupten. Die meisten von diesen heutigen Augenzeugen aus Industrieländern gehen jedoch nicht so weit, die Feen, die sie sahen, in bestimmte Arten zu unterteilen. So etwas bleibt im Allgemeinen der Fantasy vorbehalten. Manche Berichte klingen aber selbst ohne eine solch genaue Klassifizierung, um es vorsichtig auszudrücken, sehr selbstsicher. Nehmen wir zum Beispiel Roger de Lafforest, der in seinem Buch klar macht, dass es selbstverständlich Elfen gibt, und sie aus eigener Anschauung (er traf eine solche in einem Wald bei Paris) beschreibt.

»Was vor allem überrascht, ist die schmale Taille. Darüber hinaus hat sie Libellenflügel, und sie fliegt sehr graziös um Blumen herum. Ihr Miniaturkörper ist der einen sehr schlanken jungen Frau. Wenn sie sich niederlässt, auf einem Grashalm oder auf deinem Finger, nimmt sie stets eine niedlich erotische Haltung ein. Auch ihre Kleidung hat etwas Seltsames: hautenges Sportkleid, sich an die langen Beine anschmiegende schwarze Strumpfhosen. Die Frisur ist einwandfrei, ohne den geringsten Firlefanz. An dieser ganzen Erscheinung ist nichts Mysteriöses, nichts Magisches. Vielmehr erinnert sie an den Stil des Fin de Siècle, sehr konventionell.«

Merkt man nicht irgendwie, dass diese Beschreibung von einem Franzosen stammt? ... Wespentaille ... erotisch ... hm! Wie dem auch sei, jedenfalls weiß Roger de Lafforest genau, wie man Feen erkennt, die sich in Menschen verwandelt haben – denn das gibt es natürlich auch.

Es sind, wie er sagt, fast immer Frauen, die sich die Elfen oder Feen zu diesem Zweck aussuchen, weil sie ihren Ansprüchen am ehesten genügen. Charakteristikum Nummer 1 einer solchen Feen-Frau ist: Sie hat

eine abgrundtiefe Abscheu davor, ihren Vornamen auszusprechen. Ihren Feennamen sagt sie sowieso niemals!

2. Eine Fee sucht sich immer eine Frau mit äußerst grazilem Körperbau aus, dünn, sehr leicht und graziös.

3. Die betreffende Frau besitzt eine unglaubliche Intuition. Man könnte geradezu behaupten, sie könne in die Zukunft schauen.

4. Daher weiß diese Frau Dinge, die sie eigentlich nicht wissen *kann* und von denen sie nicht sagen kann, woher sie sie weiß.

5. Trotz ihres ansprechenden und liebenswürdigen Äußeren ist eine Feenfrau unglaublich rachsüchtig: Sie vergisst nie und verzeiht nie eine Beleidigung, und selbst wenn es sich nur um eine Lappalie handelt.

6. Sie liebt die Geschwindigkeit über alles.

7. Sie leidet sehr häufig unter Schlaflosigkeit.

Nun denn: Augen auf in der Fußgängerzone!

Viele Menschen »naturbelassenerer« Gegenden dieser Welt würden vermutlich über die Libellenflügel-Strumpfhosen-Miniaturfee lächeln oder aber einfach nur den Kopf schütteln. Sie, die heute noch felsenfest an die Existenz von Feen glauben, würden sie sicher nicht mit derart »niedlichen« Attributen belegen. Denn wenn jemand weiß, wie wenig niedlich sich diese Wesen gebärden können, wenn ihnen danach ist, dann sie!

Im Norden Pakistans, in den Bergen des Oberen Indus, wohnen die Feen nach einhelliger Überzeugung der Landesbewohner hoch oben auf den Berggipfeln – dort also, wo normale Menschen sehr selten, Frauen aber praktisch nie hinkommen, schon deshalb, weil es ihnen strikt verboten ist. Mädchen, die über das Menstruationsalter hinaus sind und Frauen bis zur Menopause dürfen diese reinen Gefilde nicht betreten.

Begegnen Jäger oder Hirten dort oben einer schönen blonden Frau, kann es also nur eine Fee sein. Wenn auch in den letzten Jahren der Glaube an Feen ein wenig nachgelassen hat, ist er noch keineswegs verschwunden: Ich (Ditte B.) hielt mich selbst mehrfach in der Region auf, weil ich mich im Rahmen meiner Arbeit an der Heidelberger Akademie der Wissenschaften mit etlichen tausend Felsbildern beschäftige, die entlang des Indus auf Felsblöcken angebracht sind. Die Einwohner glauben großteils bis auf den heutigen Tag, dass die oft mit für sie unverständlichen Beischriften versehenen fremdartigen Bilder von den Feen angefertigt wurden. Zweck der Übung war, in Geheimschrift festzuhalten, wo sie ihre Reichtümer versteckt hatten.

Als ich nun vor einigen Jahren mit einem französischen Professor im Feld arbeitete, standen plötzlich hinter ihm drei Männer mit gezückten Kalaschnikows und forderten ihn barsch auf, zu sagen, was die Feen auf den Felsen geschrieben hätten! Sie waren davon überzeugt, dass wir Europäer uns nur deshalb so intensiv mit den Felsbildern beschäftigten, weil wir es selbst auf die Schätze der Feen abgesehen hatten. Schließlich würde sonst niemand, der seine sieben Sinne noch beieinander hat, Stunden um Stunden bei 50 Grad im Schatten vor den Felsen stehen und die Inschriften abmalen und fotografieren! Unnötig zu sagen, dass der Professor große Mühe hatte, die Wogen zu glätten und sich mit heiler Haut aus der Affäre zu ziehen. Zuweilen werden Felsen mit solchen Inschriften einfach gesprengt oder zerschlagen in der Hoffnung, so an die darin verborgenen Schätze zu kommen.

Auch bei der Jagd spielten die Feen am oberen Indus bis vor kurzem eine wichtige Rolle. Bevor ein Jäger sich in die Berge aufmachte, pflegte er die Feen um Erlaubnis zu fragen, ob er eines ihrer Tiere erlegen dürfe. Alle Tiere der höheren Bergregion galten nämlich als deren Besitz – ein Glaube, den wir in ähnlicher Form auch bei den Bewohnern der Alpen beobachteten. Wurde die Bitte bewilligt, ritzte der Jäger entweder vor oder nach der Jagd das Bild des Steinbocks oder der Schraubenziege auf einem Felsen ein, um das Tier auf diese Weise den Feen symbolisch rückzuerstatten oder wieder lebendig zu machen. Den Feen wurden außerdem Dankesopfer dargebracht, vor allem Kleidungsstücke und Lebensmittel.

Die Schlösser der Feen im Himalaya befinden sich nach allgemeinem Glauben hoch oben auf den schneebedeckten Berggipfeln, in Schwindel erregenden Höhen, wo sich nur Steinböcke, Gämsen, Adler und ein paar das Schicksal herausfordernde Menschen herumtreiben. Zu ihnen zählt sicher Reinhold Messner, der sich am genau in der Felsbildregion erhebenden Nanga Parbat mehrfach versuchte. Sein Bruder ließ dabei sein

Leben, er selbst bezwang den Achttausender schließlich noch einmal im Alleingang.

Hoch oben auf dem Berg hatte Messner ein seltsames Erlebnis. Als er eines Nachmittags erschöpft im Schnee liegt, hat er plötzlich das Gefühl, dass ein Mädchen neben ihm sitzt. Sie könnte ihm ja wirklich dabei helfen, sein Zelt aufzubauen, denkt er nur und rappelt sich auf, um zunächst den Schnee niederzutrampeln. Sie sieht ihm ruhig dabei zu.

Als das Zelt endlich steht, bemerkt er Kinder, Männer und Frauen um sich herum und fängt, ohne etwas dabei zu finden, eine längere Unterhaltung mit ihnen an. Später spricht er auch mit dem Mädchen, das als Erste aufgetaucht war, und sie versichert ihm, er werde am nächsten Tag den Gipfel erreichen, und auf seine Einwände entgegnet sie, das Wetter werde sich schon halten. Das Mädchen hat eine so schöne Stimme, erinnert sich Messner später, dass er sie lange nicht vergisst.

Manchmal kann er das Mädchen fast berühren, doch wenn er genau hinsieht, ist niemand da. Also denkt er zunächst, es müsse sich um eine Halluzination handeln, aber er weiß aus langjähriger Erfahrung, wie sich Halluzinationen »anfühlen« – und das hier ist anders. Messner ist in dem Moment überzeugt und glaubt es auch später noch, dass er oben auf dem Nanga Parbat nicht allein war und dass diese anderen Wesen seine Freunde waren.

Wir erklärten zu Anfang des Buches, wir würden Augenzeugenberichte ohne Wertung wiedergeben. Wir möchten mit ihnen weder beweisen, dass es Feenwesen gibt, noch alle diese Augenzeugen als Lügner oder Spinner entlarven. Wir möchten uns aus dieser Diskussion, die ohnehin zu nichts führen würde, völlig heraushalten. Es mag uns allerdings gestattet sein, auf die Unterschiedlichkeit solcher Augenzeugenberichte hinzuweisen. Vielleicht sollte man, um den Kontrast zu verdeutlichen, den Bericht einer Engländerin aus Somerset anschließen, die 1977, ein wenig zusammengefasst, Folgendes erzählte:

Ich war mit meiner Mutter im Garten, um Rosenstöcke zu beschneiden, da legte meine Mutter sich plötzlich einen Finger auf die Lippen und zeigte auf eine der Rosenblüten. Erstaunt sah ich dort ein kleines, etwa fünfzehn Zentimeter großes weibliches Wesen mit wunderbarer Gestalt und funkelnden hauchdünnen Libellenflügeln. Es hielt einen winzigen Zauberstab in der Hand und deutete damit auf das

Herz der Blüte. An der Spitze des Stabes funkelte ein Licht, das aussah wie ein Stern. Wie man durch die Kleider hindurchsehen konnte, war die Haut des Wesens zartrosa, die Haare waren lang und silbern und wie von einer Aura umgeben. Sie umschwebte die Blüte zwei Minuten lang, schwirrte mit den Flügeln wie ein Kolibri, und dann verschwand sie.

Zwei unterschiedlichere Feen- oder Elfensichtungen als diese beiden lassen sich kaum denken! Die englische Dame erklärte selbst, die Elfe habe haargenau so ausgesehen, wie sie sie aus Bilderbüchern kannte. Später begegnete ihr auch noch ein waschechter Zwerg.

Wir wissen über die Frau nicht mehr als das – und ebenso wenig über die vielen anderen Augenzeugen, deren Schilderungen Marjorie Johnson und vor allem Janet Bord in ihren Büchern wiedergeben, wobei die Möglichkeiten von Lüge, Phantasie und Irrtum wenigstens von Bord eingeräumt werden. Die Beispiele, die sie anführt, entstammen vielfach dem *Reader's Digest*, dem *Fate Magazine* oder UFO-Zeitschriften wie dem *Flying Saucer Review*.

Eine Kalifornierin etwa bemerkte bei einem Campingausflug im Jahr 1993 auf dem Mount Shasta elf winzige blaue, wie durchsichtig wirkende Feen mit großen filigranen Flügeln. Sie waren etwa 40 Zentimeter klein, und als sie, aufgestört, verschwanden, ließen sie elf Häufchen blauen Feenstaub zurück. Mit diesem magischen Staub, den sie einsammelte, bestäubte die Frau später Menschen, denen sie helfen wollte.

Vielleicht nicht ganz, aber doch fast in diese Kategorie gehört die 1934 in einer wissenschaftlichen Zeitschrift veröffentlichte Notiz über Feen in den Bergen um Simla, Nordindien. Diese Wesen ähneln so sehr den englischen Shakespeare-Elfen, dass man versucht ist, einen hier stationierten phantasiebegabten Engländer für die Einbürgerung dieser Species an dieser Stelle verantwortlich zu machen: Sie sollen etwa 15 Zentimeter groß sein und im Winter in den Stämmen der Pinien wohnen. Im Sommer dagegen verlustieren sie sich mit Tanzen auf den vielen Blumen. Die Ranken der Kletterpflanzen benutzen sie als Brücken und Laufstege. Die einheimischen Gärtner behaupteten, sie sehen zu können. Sie seien immer glücklich und gutmütig und ganz verrückt nach Süßigkeiten.

Von Reinhold Messner wird man, auch ohne ihn persönlich zu kennen, angesichts seiner Leistungen doch sagen können, dass er mit beiden Beinen auf der Erde steht – sonst wäre er längst tot. Er vermeidet es, das Wort »Fee« zu verwenden, und wusste damals offenbar auch nichts vom tief verwurzelten Feenglauben der Einheimischen dieser Region, sonst hätte er dies vermutlich erwähnt. Sein Bericht ist sehr vorsichtig, und ein von ihm erwähntes Detail kehrt in ähnlich vorsichtigen Schilderungen immer wieder: *Feen sieht man aus den Augenwinkeln heraus*. Wenn man direkt hinschaut oder blinzelt, sind sie verschwunden. In Messners Schilderung ist nichts zu spüren vom Glanzbildchen-Glitzerstaub, den viele der anderen Elfenberichte vermitteln.

Zur Ergänzung mag ein Einheimischer aus Hunza zu Wort kommen, der bei einer (missglückten) Besteigung des K2 als Träger dabei war und völlig selbstverständlich von den Feen erzählt:

»Ich ging mit den Amerikanern zum K2, Houston, Hataulah, Bob, Pete, unter der Leitung von Tony, wir alle gingen. Und als wir ins dritte Lager kamen, kamen zu einem Sahib die Feen. Ich sagte: Warum seid ihr gekommen, Mütter? Seid ihr wegen uns gekommen, wegen der Hunza-Leute oder vielmehr wegen der Sahibs? Sie sagten: Unter den sieben Sahibs und den vier Hunza-Leuten holen wir einen. Und als ich fragte: Was für einen Sahib holt ihr denn, sagten sie: den Pete. Der Pete wird die Welt verlassen.

Wir gingen und brachen vom dritten Lager nach oben auf. Als wir zum vierten Lager gelangten, schickten sie uns Hunza-Leute zurück. Sie sagten, übernachtet unten im Hauptlager, bleibt dort, wir werden dann zu euch kommen, und gingen selbst nach oben weiter. Schließlich, als wir dort vier, fünf Nächte verbracht hatten, fiel eine Lawine, und man konnte überhaupt nichts mehr sehen, es kam keine Kunde von ihnen.«

Schließlich wurden die Hunzas ins fünfte Lager gerufen, wo sie einen Gletscher nach Pete absuchen sollten. Sie fanden allerdings lediglich seine Tasche. Er selbst blieb verschwunden.

Die Authentizität eines weiteren seltsamen Berichtes steht für uns außer Frage, denn er stammt von Helga Venzlaff, unserer Mutter bzw. Schwiegermutter. Sie ist Professorin für Islamwissenschaft und nicht im Entferntesten abergläubisch. Das folgende Erlebnis beeindruckte sie aber so sehr, dass sie sogar einen wissenschaftlichen Vortrag darüber hielt.

Edward Robert Hughes, Midsummereve

John Anster Fitzgerald, Feen am Vogelnest

Atkinson Grimshaw, Iris

John William Waterhouse, Hylas und die Nymphen

John William Waterhouse, Meerjungfrau

Fritz Zuber-Bühler, Die Morgenelfe

Sir Noel Paton, Der Streit zwischen Oberon und Titania (Ausschnitt)

Leopold von Bode, Die Alpenbraut

Eduard Jakob von Steinle, Loreley

John Anster Fitzgerald, Elfen aus dem Sommernachtstraum

Hazel Brown, In the Shadows of Twilight (Im Schatten des Zwielichts)

James Browne, Fairy Circle (Feenreigen)

Cicely Mary Barker, The Gorse Fairies (Ginsterelfen)

David Delamare, Catch a Falling Star

Marja Lee Kruyt, Dream Harp (Traumharfe)

Linda Ravenscroft, The Marked One (Die Gezeichnete)

Sie war also im Rahmen einer Feldforschung in der marokkanischen Sahara mit Einheimischen unterwegs, als sie am Rand der Wüstenpiste eine Frau stehen sah, die die Hand hob, um mitgenommen zu werden. Nicht nur das war in einem moslemischen Land sehr ungewöhnlich, ebenso auffallend (und ungehörig!) waren die langen offenen hennagefärbten Haare, die ihr über die weiße Dschellaba fielen. Helga Venzlaff bedeutete natürlich dem Fahrer anzuhalten. Die beiden Marokkaner aber wehrten erschrocken ab und sagten erregt, das da sei Lalla Aischa! »Weiter, weiter!«, und der Fahrer gab Gas. Unsere Mutter drehte sich sofort nach der Frau um – doch die war wie vom Erdboden verschluckt.

Lalla Aischa ist ein schönes Feenwesen, das nach dem Glauben der Einheimischen vor allem junge unverheiratete Männer besessen macht, was zur Folge hat, dass sie krank werden und dahinsiechen. Sie soll einst selbst sterblich gewesen sein und einen Liebhaber gehabt haben, der aber vor der Heirat starb, woraufhin sie sich in einen Fluss stürzte und aus Mitleid von Allah in eine *Dschinnija*, eine – wie wir sagen würden – Fee, verwandelt wurde.

Völlig glaubwürdig ist weiterhin der Bericht unseres Freundes Claus Peter Zoller, der gleichfalls habilitierter Wissenschaftler ist und lange Jahre im nordindischen Bangan Feldforschung betrieb. Er, dessen Angaben über die Feen der Region wir mehrfach zitiert haben, erblickte zusammen mit seinem einheimischen Begleiter einmal in den Bergen oben auf einem Felsabhang mehrere junge Mädchen, die winkten, riefen und herumhüpften und nicht nach Art der dortigen Einheimischen gekleidet waren. Ihr Verhalten war mehr als ungehörig und vollkommen untypisch für die einheimischen Frauen. Die beiden Männer machten sich also sofort auf den Weg dorthin, wo die Mädchen gestanden hatten, und erreichten die Stelle nach etwa einer Minute. Die Mädchen aber waren verschwunden und im – völlig übersichtlichen – Gelände nirgendwo zu sehen. Im nächsten Dorf berichteten die beiden von ihrem Erlebnis. Die Bewohner kannten allerdings keine Mädchen, auf die eine solche Beschreibung gepasst hätte, und erklärten, es müsse sich um Feen gehandelt haben.

Sowohl für die Frau in der Wüste als auch für die winkenden Mädchen mag es in der Tat eine rationale Erklärung geben: Vielleicht handelte es sich wirklich um eine ganz normale sterbliche Frau, und eine vom Auto aus nicht sichtbare Bodensenke könnte ihr plötzliches Verschwinden begründet haben. Die angeblichen Feen, die sich in den Bergen Nordindiens so untypisch verhielten, könnten sich unziemlich aufführende Mädchen gewesen sein, die sich, als die Männer kamen, gut versteckten. Vielleicht dauerte der Aufstieg auf den Felsen auch länger als eine Minute, und sie hatten Zeit genug zu verschwinden. Und vielleicht hatte Reinhold Messner wirklich nur durch die große Höhe und die Erschöpfung erzeugte Halluzinationen. Wer weiß!

Wenigstens was die Frau in der Wüste angeht, schwört unsere Mutter Stein und Bein, das Gelände sei völlig eben gewesen, kein Graben, keine Senke weit und breit. Das Erlebnis prägte sich ihr so sehr ein, dass sie noch heute, dreißig Jahre später, davon berichtet, als ob es sich gestern zugetragen hätte.

Abschließend möchten wir noch einmal den irischen Dichter William Butler Yeats zu Wort kommen lassen. Er verbrachte viel Zeit damit, die Bauern seiner Heimat nach den Feen zu befragen und sich nach Möglichkeit auch selbst von deren Existenz zu überzeugen. In seinem Buch *Celtic Twilight* erzählt er folgendes Erlebnis: Einmal ging er zusammen mit einem Mann und dessen junger Verwandter, die als Seherin galt, an einem Strand spazieren. Er unterhielt sich mit den beiden über die »vergesslichen Leutchen« (d.h., die Feen), bis sie zu einer Höhle inmitten von Felsen kamen, wo sich – wie man glaubte – etliche von ihnen aufhalten sollten. Yeats erkundigte sich bei dem Mädchen, ob sie etwas sehen könne, weil er die Feen gern einiges fragen wolle.

Das Mädchen stand ruhig da und fiel dann in eine Art Trance. Yeats sprach einige Namen bekannter Feen aus, und kurz darauf erklärte sie, sie könne tief im Felsen Musik hören und Reden und Fußgestampfe und Lachen. Dann sah sie ein helles Licht aus der Höhle herausströmen und mehrere kleine Leute in verschiedenfarbigen Kleidern, hauptsächlich aber in Rot, die zu einer Musik tanzten, die sie nicht kannte.

Yeats bat sie, die Königin der Feen herauszurufen, damit sie mit ihnen spräche. Aber auf diese Bitte kam keine Reaktion. Daraufhin wiederholte Yeats selbst sein Anliegen, und in diesem Augenblick erklärte das seherisch begabte Mädchen, eine schöne große Frau sei aus der Höhle getreten.

Yeats schreibt, er sei nun auch in eine Art Trance gefallen und habe die Vision von Goldschmuck und dunklen Haaren gehabt. Auf eine weitere Bitte hin marschierten in vier Gruppen die Gefolgsleute der Fürstin auf. Einige trugen Eschenzweige in Händen, andere um den Hals Ketten aus Schlangenschuppen. Damit die Seherin die Worte der Königin verstand, musste sie ihr die Hände auf die Brust legen. Dann beantwortete sie Yeats' Fragen. Er wollte beispielsweise wissen, ob es stimme, dass Feen Menschen in ihr Reich entführten. Sie »tauschten die Körper nur aus«, hieß es. Ob sie auch als Sterbliche geboren werden könnten, wollte er weiter wissen, und die Königin bejahte dies.

Yeats fragte, ob sie und die Ihren nicht lediglich Vergegenständlichungen unserer Phantasien seien. »Das versteht sie nicht«, sagte die Seherin, »doch sie sagt, dass ihre Leute ganz wie die Menschen seien und das meiste von dem täten, was auch die Menschen tun.« Schließlich aber wurden der Feenkönigin die Fragen zu viel und sie schrieb in den Sand: »Sei vorsichtig und suche nicht zu viel über uns zu wissen.«

Als Yeats merkte, dass er sie beleidigt hatte, dankte er ihr, und sie verschwand wieder in der Höhle. Die Seherin, das junge Mädchen, aber erwachte aus ihrer Trance und zitterte im kühlen Wind, der vom Meer heranwehte.

Sie haben nämlich Entenfüße – Aussehen und Charakter

Seidenweich sind meine Haare
Glänzend, blond und strahlend schön.
Extra süß sind meine Brüste,
Voll und fest wie Elfenbeen.
Ich bin ausgesprochen niedlich,
Lieblicher als jede Frau.
Drollig, goldig, lieb und reizend:
Ei, das weiß ich ganz genau!

Sima

An einem schönen sonnigen, schwülen Tag ist der Himmel mit niedlichen winzigen weißen luftigen Wölklein übersät, eine Stunde später sind sie dick und schwarz und regenschwer, und wieder eine Stunde später haben sie sich in durchsichtige Schleier verwandelt. Wie also sehen Wolken aus?

Ähnlich, nur noch viel komplizierter, verhält es sich mit dem Aussehen von Feen und Elfen. Sind sie nun groß oder klein, dick, dünn, hübsch oder hässlich? Und wie sind sie angezogen? Haben sie Mützchen auf dem Kopf oder Flügelchen am Rücken? Blonde oder schwarze Haare?

Die vorangegangenen Kapitel dürften gezeigt haben, dass es auf keine dieser Fragen eine eindeutige Antwort gibt.

Die einen beschreiben Feen als menschengroß, die anderen als Winzlinge, die auf einer Fingerkuppe Platz haben, die Dritten behaupten, sie hätten die Größe von Kindern. Die Theosophen sind der Ansicht, die Feen besäßen »keine klar umrissene Gestalt« und ihr Körper erscheine allenfalls als bunte Wolken, »irgendwie verschwommen, leuchtend, mit einem hellen elektrisch zuckenden Kern«. Ähnlich äußerte sich auch der schon mehrfach erwähnte Robert Kirk: »Helle wandelbare Leiber« sollen sie haben, »von der Beschaffenheit einer kondensierten Wolke«. Lewis Spence sagt in einem seiner Feenbücher sehr richtig: »Vielleicht in keiner Hinsicht unterscheiden sich die verschiedenen Feenarten so sehr voneinander wie in der Größe.« Im Anschluss folgen Seiten über Seiten mit Angaben über die Größe der Feen in Irland, England, Schottland und Wales, und Ähnliches findet sich in vielen anderen Büchern.

Immerhin fällt auf, dass in modernen westeuropäischen und amerikanischen Augenzeugenberichten überwiegend von der geringen Größe der Feen die Rede ist, was oft durch winzige »Feenfundstücke« wie Schühchen oder allerlei Gerätlein untermauert wird. Janet Bord erklärt, am häufigsten werde eine Körpergröße von 90–100 cm genannt.

Was dagegen viele nachweislich volkstümliche Feen, wie etwa die Saligen, die Moos- und die Waldweiblein anbelangt, so werden sie überwiegend als menschengroß bezeichnet. Oft merkten Leute nur an ihrem ungewöhnlichen Verhalten, dass diese oder jene Magd keine Sterbliche war. Vielleicht sind sie auch ein wenig kleiner als gewöhnliche Frauen, aber von »winzig« ist (außer bei den oft zu den Zwergen gerechneten Fänggen oder den Nörglein) höchst selten zu hören.

Etwa menschengroß sollen die Feen auch im Himalaya sein. Claus Peter Zoller traf bei seinen Feldforschungen dort oben in den letzten Jahren immer wieder Einheimische, die vollkommen selbstverständlich erzählten, sie hätten da und dort eine Fee getroffen. Sie erkennen diese Wesen immer auf den ersten Blick, vielleicht an den (dort zulande eher seltenen) blauen Augen und blonden Haaren – von einer auffälligen Kleinwüchsigkeit ist aber nicht die Rede.

In Ländern wie Irland und Schottland oder Island, wo von den Feen auch als dem »Kleinen Volk« gesprochen wird, hört man dagegen des

Öfteren, sie seien klein. Doch selbst hier fällt auf, dass in Geschichten, wo die Feen oder Elfen mit Menschen Umgang pflegen, die geringe Größe eher selten erwähnt wird. Bei den unzähligen Berichten über sterbliche Männer, die mit weiblichen Feen fortgingen oder von diesen geraubt wurden, ist ebenfalls vorauszusetzen, dass die beiden größenmäßig zusammenpassten: Denn was bitte schön sollte eine Fee von zehn oder fünfzehn Zentimetern Größe mit einem Menschenmann von einem Meter achtzig anfangen – und umgekehrt?

Groß sind schließlich auch die Wesen, die man als »Literatur-« und »Märchenfeen« bezeichnen könnte: die »Fee« par excellence also, die mit dem Zauberstab und den drei Wünschen.

Yeats erklärt dazu: »Die guten Leute und Feen in Irland sind manchmal so groß wie wir, manchmal sogar größer und manchmal nur ungefähr drei Fuß groß. Eine alte Frau aus Mayo denkt, dass es irgendetwas in unseren Augen ist, was sie mal groß, mal klein erscheinen lässt.« Auch anderswo findet sich dieses Argument, und zu sehen ist es in Feenfilmen wie zum Beispiel *Dazzle – Verliebt in eine Elfe*. Man könnte es auch so sagen: Handelt es sich bei Feen und Elfen um Geistwesen, dürfte es bei ihren magischen Fähigkeiten ein Klacks für sie sein, ihre Größe nach Belieben zu verändern – oder sich überhaupt unsichtbar zu machen.

Zunächst nicht ganz so uneinig wie in puncto Größe ist man sich im Hinblick auf die Frage: hübsch oder hässlich? Denn die Antwort lautet: Viele Märchen- und Literaturfeen sowie die Elfen sind hübsch, ja sogar ausgesprochen schön! Gleiches gilt für die Feen im Himalaya, im Herzen Afrikas, in Neuseeland, Island oder Irland, Griechenland, bei den Ottawa-Indianern, den Maori, in Serbien oder Ungarn, Litauen oder Estland: Feen und Elfen sehen mit ihren oft blauen Augen und blonden langen Haaren für unsere Begriffe »gut« aus.

Aber: Wer jetzt etwa glaubt, dass die Menschen einfach das in ihre Feen hineininterpretieren, was sie selbst eben besonders schön finden, der irrt! Den meisten Einwohnern der erwähnten außereuropäischen Regionen jagen blonde (»weiße«) Haare und blaue (»helle«) Augen nämlich eher Angst als Bewunderung ein, und beide Merkmale entsprechen nicht im Geringsten ihren Schönheitsidealen. Kinder, die so etwas nicht kennen, fangen beim Anblick einer Blondine an zu weinen und laufen fort.

Man denke außerdem an unsere eigenen volkstümlichen Feen. Wir hörten schon vom moosigen Gesicht der Moosweiblein, von alten hässlichen Feen mit »schiefem Maul« und breiten Zehen. Auch die Saligen werden keineswegs immer als wunderschöne Frauen beschrieben. Die Nähe zur Natur und zu den Bäumen, die alle diese Feenwesen kennzeichnet, drückt sich dem Volksglauben nach auch in ihrem Aussehen aus – nicht umsonst sollen die Elben im Alter mit den Bäumen regelrecht verschmelzen und zu Astlöchern werden. Durch ein solches Loch sollte man – nebenbei bemerkt – daher nicht schauen, sonst streuen die erzürnten Bewohner den Menschen bösen Staub in die Augen, woraus sich Gerstenkörner entwickeln, wenn nicht gar Schlimmeres.

Dementsprechend finden sich in den Märchen neben den majestätisch schönen Wunschfeen eben auch solche wie die Grimmschen drei Spinnerinnen, die so abgrundtief hässlich sind, dass man sich geniert, sie auf eine Hochzeit einzuladen. Und doch sind es Feen!

Die Diskrepanz zwischen den guten schönen und den hässlichen alten Feen wurde schon früher thematisiert, zu der Zeit nämlich, als in Frankreich die Salonfeen »entstanden«. Bei Comtesse de Murat (1670–1716), einer Feenmärchen-Autorin, heißt es, die früheren Feen seien fast immer alt, hässlich, schlecht gekleidet gewesen und hätten erbärmlich gewohnt. »Sie alle«, sagt sie an die modernen Feen gewandt weiter, »Sie sind schön, jung, wohlerzogen, gewandt und reich gekleidet und wohl behaust, und Sie wohnen nur an Königshöfen oder in verzauberten Schlössern.«

Auch die Haarfarbe der Feen wird sehr unterschiedlich beschrieben, wobei blond vielleicht doch überwiegt. Viele Feen Islands sollen nach Aussage der dortigen Elfenbeauftragten, Erla Stefansdóttir, rote Haare haben. Und in der Fantasy ist diesbezüglich ohnehin alles erlaubt. In einem einschlägigen Internet-Forum schrieb dazu passend ein »Gast«: »Meiner Auffassung nach können Elfen eine ganze Reihe von Haarfarben haben, von blauschwarz bis schneeweiß!« Zu erwähnen ist vielleicht noch, dass die Haare eigentlich fast immer – ob in Märchen, Berichten, Sagen, in der alten und neuen Literatur ebenso wie auf Bildern – lang sind.

Die Augenfarbe der Feen wird im Allgemeinen nur dort erwähnt, wo sie etwas Besonderes darstellt. In Regionen, wo die Menschen schwarz- oder jedenfalls dunkeläugig sind, werden die blauen Augen der Feen also besonders hervorgehoben; in Nordeuropa, wo dies kaum auffällt, dagegen nicht.

Spitze Ohren, verdrehte Füße und Libellenflügel

Wenn es in Augenzeugenberichten, Geschichten, Bildern, in der Fantasy ebenso wie im Märchen eine äußerliche Gemeinsamkeit zwischen den Feen und den Elfen gibt, dann ist es der körperliche Makel. Jede Fee, jede Elfe, die etwas auf sich hält, hat einen physischen Defekt – einen kleinen »Baufehler«, wie der im Orient absichtlich in jeden Teppich eingeknüpfte Fehler im Muster, der den bösen Blick ablenken soll. Worin dieser Defekt besteht, ist nach Region oder »Feenart« unterschiedlich. Heutzutage durch die Fantasy am meisten bekannt sind die spitzen Ohren der Elfen oder Elben, die natürlich weder in Comics noch in der Verfilmung von Tolkiens *Herr der Ringe* fehlen dürfen. Damit man sie gut sehen kann, erhielten die Elben eine ohrfreie Frisur. Diese Ohren, die bei *Harry Potter* als »fledermausähnlich« beschrieben werden, gelten dem Fantasyfreund als *das* Elfenmerkmal schlechthin. Auch die Ohren von Holly, der Elfe in Eoin Colfers *Artemis Fowl* sind »natürlich spitz«. Tolkien kannte dieses Merkmal vermutlich von viktorianischen Bildern, auf denen beispielsweise Puck mit solchen Ohren abgebildet ist. Allerdings wollte er die Ohren seiner Elben ausdrücklich nur ein »klein wenig spitz« haben, denn wie in einer Internetseite (»Tolkien FAQ«) zu lesen steht, kamen Verwechslungen zwischen Menschen und Elben durchaus vor, was bei den Comic-Elfen-Spitzohren wohl kaum möglich gewesen wäre. Darüber, welche Probleme die Spitzohrigkeit der Elfen in der heutigen Zeit der Rollenspiele mit sich bringen kann, hätte Tolkien vielleicht den Kopf geschüttelt. In einer Internet-Elfen-FAQ zu *LARP* (*Live Action Roleplay*) wird auf mehreren Seiten erklärt, wie man die Latex-Elfenohren am besten an den eigenen Ohren befestigt, was sie kosten, wo man sie bekommt, wie man sie pflegt, und wie man sie der eigenen Hautfarbe anpassen kann.

Woher dieses Merkmal aber eigentlich ursprünglich stammt, also wer zuerst davon sprach, wissen wir nicht und ist wahrscheinlich auch nicht bekannt. Immerhin soll in alten, vorchristlichen gälischen Texten bereits von den »kupierten« Ohren der Feen die Rede sein. Mancherorts in England sollen Elfen und andere Geistwesen an einem bestimmten Tag des Jahres mit Kuhohren erscheinen. – In den vielen vielen Sagen und Geschichten, die es über Feen und Elfen gibt, ist aber weder von dem einen noch dem anderen Merkmal die Rede.

Sehr wohl aber von anderen Makeln, von denen einige nach menschlichen Maßstäben schon weit entstellender sind als spitze Ohren. Zu den weniger auffälligen gehören die Schwimmhäute zwischen den Zehen und Fingern, die den Wasserfeen nachgesagt werden. Ebenfalls noch erträglich sind verschiedenfarbige Augen oder ein hervorstehender großer Zahn. Vielleicht schon ein wenig befremdlicher wirkt die Tatsache, dass manche Feen auf der schottischen Insel Mull angeblich nur ein Nasenloch besitzen. Nicht eben attraktiv ist auch der hohle Rücken, den viele nordische Feen ebenso wie unsere Frau Holle haben sollen – wobei nicht so ganz klar ist, wie man sich das vorzustellen hat.

Starke Abstriche an die Schönheit aber machen die ellenlangen Hängebrüste, von denen schon mehrfach die Rede war und die nach hinten über die Schultern geworfen werden müssen, damit die Feen überhaupt ihre Füße sehen und sich bewegen können, ohne zu stolpern.

Zahlreichen Feen, wie den *Dialen* oder der marokkanischen Lalla Aischa wird ein Esels-, Kamel- oder Ziegenfuß, anderen wieder Enten- oder Hühnerfüße nachgesagt – was Heinrich Heine mit den Worten bedichtete:

Sie haben nämlich Entenfüße
Und bilden sich ein, dass niemand es wisse,
Das ist eine tief geheime Wund'
Worüber ich nimmermehr spötteln kunnt'.

Manche Feen – und zwar ebenso im Himalaya wie in vielen Gegenden Afrikas – können ihre Füße nicht sehen, weil diese nach hinten weisen.

In einem Märchen aus dem Kongo wird ein Junge von einer Stimme in ein Baumloch gerufen. Von dort gelangt er in ein großes Dorf, in dem er lauter Verstorbene sieht, die mit kleinen Leuten zusammenleben, die nach hinten gedrehte Füße haben, »nämlich mit den Hacken nach vorn und mit den Zehen nach hinten«.

Zuweilen ist auch nur ein Bein verdreht, wie bei einer anderen Fee, von der eine weitere Geschichte aus dem Kongo berichtet. Als der Menschenmann, der sich in sie verliebt hat und sie heiraten will, diesen Makel bemerkt, ist er entsetzt.

Eine andere Art von »Baufehler« haben die Nixen mit ihren wohl bekannten Fischschwänzen. Der Tier schwanz ist allerdings nicht nur ihr Markenzeichen, denn wie wir schon sahen, wird auch den Huldren ein solches Anhängsel zugeschrieben. Interessant ist vielleicht, dass eine Schülerin der »Evangelischen Fachschule für Diakonie und Sozialpädagogik« Eisenach ihre gezeichnete Fee mit einem Schwanz versah, ohne von diesem nordischen Volksglauben zu wissen. Wie sie erklärte, wollte sie sie damit von den »goldlockigen süßen« Feen abgrenzen und ihre enge Verbindung mit dem Tierreich andeuten.

Diese Sonderbarkeiten sind, wie etwa auch die bekannte Geschichte von Melusine zeigt, manches Mal wohl erblich. Man erinnere sich, dass die Kinder dieser Fee entweder ebenfalls einen körperlichen oder aber einen seelischen Fehler besaßen.

Menschen, die blind sind oder verkrüppelt oder blödsinnig, die also einen vergleichbaren Defekt aufweisen – haben und hatten bei vielen Völkern buchstäblich Narrenfreiheit. Man scheute und achtete sie, weil man annahm, dass sie nicht ganz und gar von dieser Welt seien oder jedenfalls in Verbindung zur Anderswelt, zu Göttern oder Geistern stünden. Tut man solchen »Auserwählten« etwas an, rächen sich diese Geister oder Götter an dem Übeltäter. In den äußerst rabiaten Stammesgebieten am Oberen Indus wurde kürzlich eine lebensmüde Radfahrerin mehrfach vergewaltigt, weil sie in Shorts den Karakorum Highway entlangradelte. Eine offensichtlich geistesgestörte Japanerin aber, die tagelang ebendort unter freiem Himmel nächtigte, ließen die Einheimischen in Ruhe. Die Schotten hielten sich früher von Menschen »mit Defekt« fern, weil sie diesen Fehler als eine Art Feen-»Markierung« ansahen.

Was wir damit sagen wollen, ist, dass der körperliche Makel, der »Schönheitsfleck« der Feen – wie manche Forscher annehmen – ein Zeichen ihrer Übernatürlichkeit sein könnte, bzw. bedeutet, dass sie mit dem einen Fuß in der Welt des Übernatürlichen, mit dem anderen aber in der der Menschen stehen. Mit Jonas Balys könnte man also sagen: »Die Feen bilden eine Zwischenstufe: oben stehen die Götter, unten die Menschen, zwischen ihnen die Fee, gewissermaßen beiden Reichen zugehörig.«

Götter sind makellos, sie schweben über den Sphären und beschmutzen sich nicht mit dem Staub des Irdischen. Die Feen dagegen müssen da noch ein bisschen an sich arbeiten und sich einstweilen mit ihren kleinen oder größeren Baufehlern abfinden.

Ob zu diesen Defekten auch die Flügelchen zu zählen sind, mag dahingestellt sein. Fest steht aber, dass von ihnen in so gut wie keiner älteren Geschichte die Rede ist! Wir sprechen wohlgemerkt nicht von Belletristik, denn da erscheinen sie oft genug. Wir sprechen von den vielen vielen älteren Erzählungen und Märchen, in denen Feen, Buschweiblein, das »Gute Volk«, Salige, Holda und Perchta und wie sie alle heißen, vorkommen. Ein Buschweiblein mit Libellenflügeln wäre eine geradezu groteske Vorstellung. Die vornehmen Angehörigen der irischen Gentry würden sich bedanken, wenn sie mit luftig zarten Flügeln gesegnet wären und damit in ihre Behausungen auf dem Ben Bulben kriechen müssten, ohne sie dabei zu beschädigen.

Mit einem Wort: Die Flügel sind wohl ausschließlich ein Merkmal der Elfen, und zwar im Wesentlichen auf bildlichen und figürlichen Darstellungen und in der belletristischen Literatur seit Shakespeare. Eine Elfe ohne Libellenflügelchen ist nach heutigen Vorstellungen geradezu undenkbar – denn daran ist sie ja überhaupt erst als solche zu erkennen. Ein Figürchen mit Puppengesichtchen wäre ein Figürchen mit Puppengesichtchen. Kleben ihr aber glitzernde Flügelchen am Rücken – voilà eine Elfe! So ist es auch in den Kindermärchen, in Feenfilmen wie dem schon erwähnten *Verliebt in eine Elfe* und in vielen modernen Internetgeschichten: Elfen haben Flügel, und wenn sie keine haben, dann machen sie sich welche, wie in *Elfentraum* von Lady Eisi:

> *Es gab einmal eine kleine Elfe, die machte einen großen Fehler. Sie nahm sich Feenstaub und machte sich Elfenflügel. Alle Elfen und Feen im Feenreich waren über sie verärgert. Die kleine Elfe aber war sehr erschrocken, dass alle mit ihr böse waren. Sie weinte und überlegte, was denn nun so böse an ihrem Handeln war, sie hatte es doch nur gut gemeint und übersehen, dass manche Dinge, die man gutheißt, nicht immer gut sind und dass man sich Elbenflügel erst verdienen muss. Das sah die kleine Elfe dann auch ein und gab den Feenstaub schnell wieder zurück. Da waren die Feen und Elfen nicht mehr böse mit ihr, denn die kleine Elfe hatte etwas daraus gelernt: Verärgere keine Elfen und Feen, denn wenn du das tust, bekommst du niemals so schöne Flügelchen mit Feenstaub wie sie. Von nun an war die kleine Elfe fleißig und probierte selbst Feenstaub zu machen, und siehe da: Eines Tages hatte sie es geschafft und sie besaß ein paar wunderschöne zarte Flügelchen mit Feenstaub.*

Für viele Menschen scheinen die Flügel, wie auch dieses Internetmärchen anklingen lässt, einen Großteil der Magie der Elfen auszumachen. Wir Menschen hätten gern Flügel, und wenn sie obendrein in den Regenbogenfarben schimmern und so zart und filigran und gleichzeitig haltbar sind wie Libellenflügel, sind sie für sich genommen schon kleine Wunderwerke. Grund genug auch für heutige Menschen, sie sich zu Hochzeiten oder Partys maßgeschneidert im Internet zu bestellen (www.fairylove.com).

Die Flügelchen sind nett in Erzählung und Kunst, aber sie sind für Geistwesen in etwa so notwendig, als ob wir Menschen Räder an den Füßen bräuchten, um uns fortzubewegen.

Die Elben bei Tolkien und in vielen anderen Fantasywerken – wobei es allerdings durchaus auch Ausnahmen gibt (wie etwa bei R. A. Salvatore) – besitzen also, wie die meisten volkstümlichen Feenwesen, *keine* Flügel. Feen können sich, wie man liest und hört, klein und groß und unsichtbar machen, ganz wie sie gerade wollen. Sie können jede nur denkbare Gestalt annehmen, sei es nun die einer Fliege, eines Schwans oder eines Strohhalms. Und da sollen sie nicht imstande sein, ohne Flügel zu fliegen? Schwer vorstellbar und mit den magischen Fähigkeiten, die diese Wesen angeblich besitzen, eigentlich kaum zu vereinbaren – oder?

Manch eine walisische Fee trug einen blauen Petticoat, wohingegen dort in heutigen Zeiten angeblich eher weiße Kleider bevorzugt werden. Von anderen heißt es, sie hätten es lieber gestreift, wieder andere sind blau oder rot angezogen. Kurzum: Es erübrigt sich eigentlich, die unzähligen Variationen aufzulisten, die es in puncto Feenkleidung anzuführen gäbe, denn es lässt sich kein durchgängiges Muster erkennen. Immerhin scheint Grün eine von vielen Feen besonders geliebte Farbe zu sein. Englische Landbewohner und ebenso die Einheimischen des feengläubigen Bangan im indischen Himalaya vermieden es, selbst grüne Kleidung zu tragen, weil Grün als »Feenfarbe« galt und daher dem menschlichen Träger Unglück bringen konnte. Grün scheint auch bei unseren Feenwesen beliebt gewesen zu sein und tatsächlich legt ihre enge Verbindung mit der Natur diese Farbe nahe.

Bei aller Unterschiedlichkeit ist noch eine zweite Gemeinsamkeit in der Kleidung beobachtet worden. In der Regel (aber nicht immer, wie das Beispiel mit dem Petticoat zeigt) sind die Feen altmodisch angezogen. Das heißt meist so, wie die Menschen der jeweiligen Region fünfzig oder hundert Jahre früher gekleidet waren – so viel früher jedenfalls, dass oft das Wort »fremdartig« fällt, wenn von der Feenkleidung die Rede ist. Es gibt zwar auch Berichte, die von modischen Gewändern sprechen, doch sind sie verglichen mit den anderen eher selten. Häufig wird betont, dass vor allem die Kleider von Feenköniginnen »vornehm« seien, womit man beispielsweise den kostbaren Stoff oder die Goldverzierungen meinte. Dazu passend hat laut der Zeitschrift *P. M.* die Elfenkleidung auch in die Haute Couture Eingang gefunden, denn renommierte Häuser schicken ihre Models beispielsweise mit Blätter- und Libellen-Outfits, schimmernden Flügeln, schillernden Tüllröckchen und aufgestickten Tautropfen auf den Laufsteg.

Andererseits heißt es aber auch, die Elfen oder Feen seien von sich aus so schlicht gekleidet, dass man sie mit niedlichen Kleidchen oder Schühchen ködern könne. Immer wieder erwähnt werden Kopfbedeckungen, wie etwa rote Mützchen oder Tarnkappen. Dieses Motiv findet sich aber auch (und vor allem!) bei den Zwergen.

In einer pommerschen Geschichte versteckte sich ein Junge in der Johannisnacht, wo bekanntlich die Feen aus ihren Behausungen hervorkommen, im Gras in der Nähe eines Feenhügels. Pünktlich um Mitternacht erschienen denn auch die kleinen Leutchen, tanzten nach Herzenslust und warfen dabei ihre Mützchen in die Luft. Der Junge griff zu und hatte eine von ihnen in der Hand. In diesem Augenblick hatte er Macht über die Feen und folgte ihnen in ihren Berg.

Gut oder böse?

So unterschiedlich wie das Aussehen wird der Charakter von Elfen und Feen beschrieben. Für viele Fans und Liebhaber lautet die Hauptfrage: Gibt es auch böse Feen? Eine eindeutige Antwort darauf liefern die vielen Berichte, Märchen und Sagen – vermutlich aus gutem Grund – nicht, und die Wissenschaftler sind sich in diesem Punkt auch nicht unbedingt einig. Während M. W. Latham in seiner Untersuchung der elisabethanischen Feen klar und deutlich zu dem Schluss kommt: »Wer immer oder was immer sie waren, sie gehörten zu der Kategorie der bösen Geister«, äußern sich die meisten anderen Wissenschaftler sehr viel gemäßigter.

Die Essenz aus dem Material ergibt folgendes Bild: Schwarz-Weiß-Malerei, die Trennung in »gut« und »böse«, die uns Westlern im Blut liegt, ist bei Feen und Elfen – und übrigens auch bei den Drachen – vermutlich fehl am Platz. In der überwiegenden Mehrheit der erzählten Fälle sind Elfen oder Feen dann »böse«, wenn man ihnen einen Grund dafür liefert. Dieser Grund kann für uns Menschen vollkommen unverständlich sein. Wenn also jemand permanent vom Pech verfolgt wurde, ihm die Tiere eins nach dem anderen starben, die Frau erkrankte, der Gemüsegarten verdorrte und dergleichen Dinge mehr passierten, hatte er meist keine Ahnung, warum ihm all dies Unheil geschah.

Als ein Bauer aus Wales abends vor seiner Haustür saß, kam ein Fremder zu ihm und fragte ihn, ob er wüsste, wie sehr er ihn und seine Frau erzürnen würde. Der Bauer schüttelte erstaunt den Kopf, und der Fremde erklärte ihm, sein Haus stünde direkt unter dem des Bauern. Er bot ihm an, sich selbst davon zu überzeugen, indem er den einen Fuß auf seinen stellte und ihm über die Schulter schaute. Tatsächlich erblickte der Bauer da eine Straße und ein Haus unter seinem eigenen. Sein Schmutzwasser, so meinte der Feenmann weiter, flösse immer in seinen Kamin, darum bitte er ihn, die Haustür auf die andere Seite zu verlegen. Dann würde er auch merken, dass seine bis dahin stets kränkelnden Rinder wieder rund und gesund würden. Der Bauer war klug genug, den Rat zu befolgen – und er hatte es nicht zu bedauern. Niemand züchtete in weitem Umkreis fortan bessere Rinder als er!

Möglichkeiten, den Zorn der Feen und Elfen zu erregen, gibt es offenbar unzählige. Während Schmutzwasser im Kamin oder Kuhmist auf dem Herd auch jeden heutigen Menschen nicht wenig ärgern dürften, sind andere Dinge inzwischen weniger verständlich. Warum darf man beispielsweise im Wald nicht laut pfeifen, und schon gleich gar nicht um die Mittagsstunde? Warum darf man keinen Holunder umhacken oder auch nur Äste davon absägen? Warum muss der Weißdorn, der eigensinnigerweise mitten auf dem Acker wächst, stehen bleiben? Warum soll man am Johannistag nicht barfuß laufen? Warum soll man Brotkrümel oder andere vom Tisch gefallene Brocken nicht aufsammeln? Warum soll der letzte Apfel am Baum hängen bleiben? ... Wir könnten diese Liste fast ad infinitum fortführen. Mit den genannten und vielen weiteren Verhaltensweisen lassen sich die Feen prächtig erzürnen – so wussten es jedenfalls unsere Altvorderen.

Für jeden Punkt gibt es natürlich auch eine vernünftige Erklärung. Es sind keine willkürlichen Verbote, denn mit ein wenig Einfühlungsvermögen lassen sie sich durchaus nachvollziehen. Der Apfel und die heruntergefallenen Brocken beispielsweise sind ein Opfer an die Feen, die nicht viel verlangen, das wenige aber eifersüchtig und kleinlich als ihres betrachten und hüten. Hebt man also so ein Bröckchen wieder auf, beraubt man die Fee ihres Anteils, und schon hat sie einen wunderbaren Grund für einen kleinen Elfenpfeil.

Weißdorn und Holunder sind beliebte Aufenthaltsorte der Feen und damit absolut tabu. Das laute Pfeifen schließlich erzürnt die Geistwesen, weil sie Lärm ohnehin nicht leiden mögen – nicht umsonst heißen sie ja auch das »Stille Volk« – und weil die Mittagsstunde ebenso wie die Mitternacht »ihre« Zeit ist!

Eine schlesische Waldfee in einem grünen Kleid, die durch das Lärmen von Kindern aus dem Schlaf geweckt worden war, nahm einem von ihnen das Kopftuch weg. Der Pfarrer, der daraufhin zu Rate gezogen wurde, empfahl, am nächsten Tag um 12 mittags wieder in den Wald zu gehen. Richtig erschien auch die Waldfee und sagte streng: »Hier ist dein Tuch zurück; ein andermal aber schrei nicht im Walde, sonst kann es dich noch das Leben kosten!«

Mag es zwar einen Grund für den Zorn einer Fee oder Elfe geben, wird doch auch klar, dass Ursache und Wirkung, »Untat« und Strafe, oft in keinem Verhältnis zueinander stehen. Wird der Bauer auf dem Feld vom Pfeil getroffen und daraufhin ernsthaft krank, bloß weil er in einer Mondnacht arbeitete, scheint die Strafe nach unseren Maßstäben doch recht übertrieben. Ähnliches beobachtet man in sehr vielen Geschichten. So wirken Feen und Elfen ziemlich kleinlich und vor allem geradezu krankhaft rachsüchtig. Dieser Charakterzug zieht sich durch alle Märchen und Berichte. Man denke an »Dornröschen«, wo die dreizehnte Fee bloß wegen des fehlenden goldenen Tellerleins ein solches Theater macht und dem kleinen Kind, das überhaupt nichts dafür kann, den Tod wünscht!

Angesichts dessen wird verständlich, warum die Menschen eine ganze Reihe von Abwehrformeln kannten, Beschwörungen, mit denen man alles Böse – einschließlich der Feen – von seinem Haus fern zu halten hoffte.

Vor Elfen, Druden, Feenvolk,
Den Dieben unsrer Molk,
Vor Drache und Feuermücken.
Und was die Teufel schicken,
Behüt uns, lieber Gott!

Man sollte nicht verschweigen, dass es durchaus Berichte über Feen gibt, die aus reiner Lust und Laune Menschen den Abhang hinunterschubsen oder, wie von der seltsamen Bergfee aus Wales erzählt wurde, in die Irre leiten und Schlimmeres. Natürlich könnten Befürworter der »Gute-Feen-Theorie« hier einwenden, dass der Berg oder Wald eben ihr Territorium war, aus dem sie jeden unbefugten Eindringling verjagen durften. Auch werden Entschuldigungen geltend gemacht wie, dass die Feen eben zuweilen vergessen, dass wir sterblich und verletzlich sind.

Die Einwohner von Bangan im Himalaya wissen heute noch, dass Frauen von den Feen besessen werden können. Im Rahmen einer komplizierten Prozedur wird das Geistwesen dann durch einen Priester aufgefordert, ihr »Gefährt« wieder zu verlassen, und mit Opfergaben schließlich dazu bewegt, die Frau nicht mehr zu belästigen. Die marokkanische Fee Lalla Aischa macht Frauen besessen, wenn diese sie in irgendeiner Weise beleidigt haben. Interessant ist, dass sie genau das hasst, was die europäischen Feen zornig werden lässt: ohne Vorwarnung heißes Wasser ausgießen oder ihre Quellen verschmutzen.

Zur Verteidigung der Feenwesen muss gesagt werden, dass es auch sehr, sehr viele Aussagen über ihre grundsätzliche Gutmütigkeit, Freundlichkeit und Hilfsbereitschaft gibt. Dem, der ihnen mit Respekt begegnet, der ihre Regeln einhält und ihnen Opfer darbringt, stehen sie auf jede mögliche Art und Weise bei. Dem Kranken geben sie die richtige, stets wirkende Arznei, den Armen Nahrungsmittel oder Brennholz, Kinder retten sie aus der Not, Tiere lassen sie gedeihen, Pflanzen wachsen und blühen und die Bäume reichlich Früchte tragen. Aber: Wehe dem, der sich nicht an die versprochenen Bedingungen hält oder ihnen einen Streich spielt. Dann ist Schluss mit lustig, die ziemlich raue Kehrseite des Feencharakters wird hervorgekehrt, und das Glück des Hauses verschwindet.

Diese Ausführungen haben wohl gezeigt, dass man streng genommen ebenso wenig von »bösen« wie von richtig »guten« Feen sprechen kann. Richtig »gut« in dem Sinne, dass sie, auf die linke Backe geschlagen, freudig die rechte hinhalten würden – nein, das sind die Feen selbst in Märchen höchst selten. Dass die Feen in Wielands *Pervonte* eine derartige Langmut besaßen, war schließlich auch nur darauf zurückzuführen, dass sie nun einmal versprochen hatten, dem Titelhelden jeden Wunsch zu erfüllen.

Humor – nicht Fröhlichkeit! – ist ebenfalls eine Eigenschaft, die ihnen (so sehen das auch die Brüder Grimm) gänzlich abzugehen scheint: Neckisch sind vielleicht die Elfen bei Shakespeare und anderswo, aber wenn man sie selbst neckt, hört der Spaß auf. Dafür sind sie, wie gesagt, wenn's darauf ankommt, fleißig und verantwortungsbewusst und um das besorgt, was sie unter ihre Fittiche genommen haben – also im Wesentlichen um alles, was mit der Natur zusammenhängt. Ihre immer und immer wieder betonte Freude am Tanzen und an der Musik lässt zudem darauf schließen, dass sie grundsätzlich fröhlich sind und sich ihres Lebens freuen!

Zeug ein Zauberwurzel-Kind! – Das häusliche Leben der Feen

Geh, fang einen Meteor,
Zeug ein Zauberwurzel-Kind!
Sag mir, wo die Vergangenheit blieb,
Warum Teufelshufe gespalten sind!
Sag, was Seejungfrauen singen.

John Donne

Ich erging mich allein in meinem Garten, es war eine große Stille zwischen den Zweigen und Blumen und eine mehr denn gewöhnliche Süßigkeit in der Luft; da vernahm ich ein leises, angenehmes Tönen und wusste nicht, woher es kam. Endlich sah ich das breite Blatt einer Blume sich bewegen, und unter ihm sah ich eine Prozession von Wesen von der Größe und Farbe grüner und grauer Grashüpfer, die einen Leichnam auf einem Rosenblatt trugen, welchen sie unter Gesängen begruben, um alsbald zu verschwinden. Es war ein Elfenbegräbnis.

Diese Beschreibung stammt vom Dichter und Visionär William Blake (1757–1827), der Zeuge des geschilderten Ereignisses gewesen sein will. Auch andere wollen Ähnliches gesehen haben. Ein Fischer aus Cornwall etwa schaute einmal durch ein Kirchenfenster, weil er dort Licht gesehen hatte, und erblickte ein Feen-Leichenbegängnis. Die Trauernden trugen nicht Schwarz, sondern Rosenkränze auf dem Kopf und Myrtenzweige in den Händen. Die winzige weibliche Leiche war mit weißen Blumen bedeckt. Als sie im Boden versenkt wurde, weinten die Wesen: »Unsere Königin ist tot, unsere Königin ist tot!«

Manche Feenforscher, wie zum Beispiel J. G. Campbell, sind sogar der

Ansicht, Feen könnten wie die Menschen krank werden und natürlich auch an ihren Leiden zugrunde gehen. Yeats diskutiert ebenfalls die Frage, ob die Feen sterblich seien, und kommt zu dem Schluss: »In Irland aber sagen wir, dass sie unsterblich sind.«

Da jedoch unzählige Geschichten davon handeln, dass Feen menschliche Ammen zur Geburt ihres Kindes herbeirufen, kann daraus eigentlich nur gefolgert werden, dass diese Wesen, da sie geboren werden, auch sterben müssen. Kirk, der Feenkenner, erklärt dazu, Feen lebten viel länger als wir Menschen, irgendwann aber würden sie sterben – oder besser gesagt, einfach vergehen. Ähnliches wird in mehreren Märchen erwähnt, und auch in der Fantasy ist man manchmal dieser Ansicht. Im *Elfenschiff* von Blaylock heißt es, Lichtelfen alterten nicht, sondern lösten sich mit der Zeit allmählich auf. Nach Hunderten von Jahren sollen sie so aussehen, als bestünden sie aus einzelnen Streifen durchsichtiger Farben. Später dann hätten ihre Körper Ähnlichkeit mit funkelnden Kristallen, und schließlich verschwänden sie für die Augen von Normalsterblichen.

Ganz allein sollen die Feen übrigens nicht nur mit dem Kinderkriegen, sondern auch mit dem Aufziehen ihrer Sprösslinge nicht klarkommen. Kirk erklärt, die Feenbabys würden vom »Mark und Geist« der Milch von sterblichen Ammen ernährt. Auch in Irland herrschte dieser Glaube. Lady Gregory meint demgegenüber, die Feen selbst könnten überhaupt keine Kinder bekommen, sondern nur die von ihnen entführten Menschenfrauen. Eine weitere Ansicht lautet, nur die Verbindung von Feen und Menschenmännern würde zu Nachwuchs führen.

Diese angeblichen Probleme in der Feenwelt sind bis zu den Fantasy-Liebhabern vorgedrungen, in deren Literatur es ja zuweilen heißt, die Feen seien eine aussterbende Rasse. Da kommt es im Internet dann zu drolligen Zwiegesprächen, in denen beispielsweise jemand namens Witchhunter ausrechnet, wie viele Kinder die Feen im Laufe ihres etwa tausendjährigen Lebens durchschnittlich bekommen könnten, und kommt auf 9 bis 10 pro Nase, »und wenn sich jeder dran hält, dann ist das demographische Problem schon mal vom Tisch. Aber so läuft es dummerweise nicht«, denn »aus uns unbekannten Gründen werden alle Elfen unfruchtbar.«

Nichtsdestotrotz haben es die Feen und Elfen allem Vernehmen nach bis heute geschafft, irgendwie zu überleben. Ob aber tatsächlich, wie häufig behauptet wird, in einer Art von Staat mit einem Oberhaupt oder

einer Oberhäuptin, ist wieder eine der heiß diskutierten Fragen. Feen- oder Elfenköniginnen werden in der Literatur oft erwähnt, man denke nur an den großen Einfluss des Shakespeareschen *Sommernachtstraums* – aber auch in den Volksüberlieferungen von Deutschland bis Island, und vor allem in Märchen, ist immer wieder davon die Rede.

Volkstümliche Feenwesen wie Buschweiblein, Moosweiblein oder die Saligen treten allerdings oft – ja zumeist – allein auf, und von einer Gesellschaft, in die sie eingebettet wären, ist so gut wie nie die Rede. So fragt sich manch ein Feenforscher, wie beispielsweise Lewis Spence, ob diese ganze Königtümlerei nicht eine spätere Entwicklung sei. Doch sei es »extrem schwierig, wenn nicht gar unmöglich, festzustellen, was spät ist und was nicht zur *fairy tradition* gehört«, und so hilft uns diese Frage oder Vermutung keineswegs weiter.

Auch ob die Feen und Elfen eher in Gruppen als allein leben, lässt sich nicht pauschal beantworten, da ja keine Übereinstimmung darüber herrscht, wer eigentlich alles zum Feen- und Elfenvolk zu rechnen sei. Dass überwiegend von weiblichen Feen und Elfen gesprochen wird, sagten wir schon. Immer wieder werden Feenmänner erwähnt, doch sind sie eindeutig in der Minderzahl. Eine Ausnahme bilden hier lediglich die Nixen, deren »Nöck« durchaus präsent ist und die häufig in einem Familienverband zu leben scheinen. Von Feenkindern, wie auch immer die nun zustande gekommen seien, ist – außer im Zusammenhang mit Wechselbälgern – allgemein wenig zu hören.

Ansonsten sollen die Feen aber ein Leben führen, das in etwa dem der Menschen entspricht. Sie wohnen in Häusern wie wir, kochen, waschen, putzen, weben und spinnen wie wir oder besser: wie wir es in früheren Zeiten taten.

Wenn sie den Menschen bei dieser Arbeit halfen, sangen sie, wenigstens in England, zuweilen dazu:

Schafft, schafft, denn einer Hand Kraft
Nur wenig, wenig Arbeit schafft:
Manche hecheln, rupfen, spinnen,
Manche das Geweb beginnen,
Manche das Wasser zum Walken erhitzen,
Dass wir das fertige Tuch bald besitzen.
Schafft, schafft, denn einer Hand Kraft
Nur wenig, wenig Arbeit schafft.

Woraus sich ersehen lässt, dass sie ihr Geschäft verstanden!

Sie färbten das von ihnen hergestellte Tuch auch selbst ein. In der Nähe des schottischen Loch Lomond gibt es eine Senke mit einem kleinen See darin. Hier hatten die Feen eine Färberei und färbten nach ihren geheimen Rezepten ihre Stoffe. Die Farbe wurde hauptsächlich aus Flechten, aber auch aus Rinde, Wurzeln und Blättern hergestellt, woraus sie rote, gelbe und blaue Farben gewannen. Ihre Webstühle können aber nicht so umwerfend gewesen sein, denn man erzählte sich überall, dass die Elfen des Nachts in die Häuser der Menschen eindrangen und deren Webstühle benutzten. Ihr Garn bestand in der Hauptsache aus Wolle. Die Leute der Umgegend wurden natürlich, wie Menschen so sind, immer neugieriger und wären gern hinter die Geheimnisse der Feenfärberei gekommen. Doch als einmal drei Männer aus diesem Grund die heimlichen Wesen bei der Arbeit überraschten, ließen diese alles stehen und liegen und verschwanden aus der Gegend. Zuvor warfen sie all ihre Gerätschaften und Farben in den See, der seitdem eine ganz besondere grüne Farbe aufweist.

Die Feen und Elfen lieben es, wenn sie nicht gerade am Weben oder Färben sind, mit ihren kleinen milchweißen Feenpferdchen auf die Jagd zu reiten. Diese Pferde sind weit und breit für ihre Kraft, Schönheit und Schnelligkeit bekannt. In der Ballade von Tamlan (oder Tamlin) heißt es:

Das Ross, auf dem mein Liebster reitet,
Ist leichter als der Wind:
Silberbeschlagen ist es vorn,
Mit rotem Golde hint'.

Noch plastischer ist eine schottische Geschichte, der zufolge der mächtige Zauberer Michael Scot einst dringend ein Feenpferdchen benötigte. Er lieh sich also ein Fohlen, das so schnell wie der Wind war. Allerdings fand der Zauberer heraus, dass es nur so schnell wie ganz gewöhnlicher Wind lief, wohingegen es auch solche Pferdchen gab, die so schnell wie ganz besonders schneller Wind galoppierten. Also tauschte er es gegen ein solches aus, das so schnell war wie der »Gedanke eines Mädchens zwischen zwei Liebhabern«, und auf ihm ritt er dann aus irgendeinem Grund zum Papst. Als er in Rom ankam, betrachtete der Papst erstaunt die Schneeflocken auf dem Hütchen des Zauberers, die noch aus Schottland stammten.

Das Jagen soll eine große Leidenschaft der Feen und elbischen Wesen sein, daher können wir es nicht verschweigen, so wenig diese Tätigkeit auch zu ihnen zu passen scheint. Ob in Irland oder Schottland, Wales oder auch bei uns zulande – die Feen jagen. »Wie die wilde Jagd« ist ein heute noch geläufiger Ausdruck, und auf die wilde Jagd soll ja auch Frau Holle mit ihrem Gefolge gehen. Die Elfen dagegen halten sich eher an ihre Blumen, denen wir noch einen eigenen Abschnitt widmen werden.

Weit mehr als die Jagd passt zu den Feen, dass sie als Hüter der Wildtiere gelten. Wer sich zur Schonzeit oder an verbotenen Tagen oder Nächten an ihnen vergreift, wer ein trächtiges Muttertier tötet oder aus reiner Lust am Schießen jagt, wurde nach altem Glauben von ihnen bestraft.

Die Bergfeen sollen eigene Herden von Gämsen oder Steinböcken besitzen, die für Sterbliche ohnehin vollkommen tabu sind. Aus der Milch der Gämsen stellen sie Käslein her, die schwindelfrei machen. Die Bergfeen betrachten die Gämsen als ihre Kühe, wie auch aus einer Sage hervorgeht, in der eine Fee um ihre »Kuh« klagt, eine von einem Jäger geschossene Gämse. Den Jäger aber warnt sie: »Wehe dir, wenn du uns noch einmal eine Kuh schießt!« Forellen und Lachse stehen ebenfalls unter ihrem persönlichen Schutz, und es gibt diverse Geschichten, die von weißen Feenforellen erzählen und davon, was demjenigen passiert, der es wagt, sich an ihnen zu vergreifen.

Außer den windschnellen hübschen weißen Pferdchen und den Gämsen halten die Feen aber auch richtige Kühe und anderes Feenvieh, wie zum Beispiel Ziegen, denen sie, wie es in Wales heißt, jeden Donnerstag liebevoll den Bart zu kämmen pflegen.

Der walisische Prophet Jones will selbst einmal einen Feenschafpferch gesehen haben, als er eines Morgens nach Sonnenaufgang mit seiner Tante über ein Feld ging. Er sah viele Menschen hinein- und hinausgehen, darunter eine Frau mit einem hohen Hut und einer roten Jacke, der die anderen ihre Reverenz erwiesen. Sie hatte ein weißes Gesicht, und die Männer trugen Krawatten. Von den Schafen selbst sagt er nichts weiter, doch wollen auch andere Feenschafe gesehen haben, und zwar unter anderem dabei, wie sie seltsamerweise gerade in die Luft aufstiegen!

In einem italienischen Märchen sammelt ein Hirte für eine Fee ihre auf der Wiese ausgebreitete Wäsche ein. Als er dafür keinen Dank begehrt, erklärt sie ihm, er solle zu seinen Schafen sprechen: »Joina biala, joina ciarna.« Als er tut wie geheißen, kommen zu seinen eigenen Schafen von allen Seiten und sogar aus dem Meer jede Menge Schafe hinzu, und er ist mit einem Schlag reich.

Ihre Haustiere lassen die Feen oft zusammen mit denen der Menschen grasen, wobei diese Gesellschaft dem Menschenvieh nach Aussagen der einen sehr zugute kommt, weil es davon dick und rund wird. Wer gar das Glück hat, von den Feentieren ein paar abzubekommen, der ist ein gemachter Mann – falls er sich entsprechend ordentlich und ehrerbietig benimmt. Hin und wieder heißt es allerdings auch, dass das Vieh der Menschen durch das Zusammensein mit unirdischen Tieren Schaden leidet, und zwar, weil die Feen diese Gemeinschaft aus irgendeinem Grund nicht wünschen. Wer darum sichergehen wollte, stellte sich vor dem Austrieb vor den nächsten Feenhügel und rief: »Du, kleiner Troll, dürfen meine Kühe auf deinem Hügel grasen?« Wurde es einem dann nicht direkt verboten, bestand keine Gefahr mehr für die Tiere.

Erkennen kann man übrigens die Feenkühe, wenn sie nicht gerade unsichtbar sind, zum einen an der weiß-roten oder weißen oder blauen Farbe und zum anderen daran, dass sie sehr groß sind. Sie ernähren sich aber nicht etwa profan von Gras, sondern vom Tau, den sie davon ablecken.

Schafe und Kühe und Hühner benötigen die Feen natürlich, um Eier, Milch, Butter und Käse zu haben oder herzustellen. Sie lieben ja weiße Nahrungsmittel, weshalb auch Opfer an sie daraus bestehen sollen. Milch scheint das beliebteste Feennahrungsmittel zu sein, denn auf der ganzen Welt verlangten und erhielten sie von den Menschen am häufigsten genau diese Opfergabe. Weißbrot – selbst hergestelltes oder eben als Spende der Menschen – ist sehr beliebt, und Bier mögen sie, wie man glaubt, ebenfalls sehr gern. Auch sollen sie große Fans von Pilzen sein.

In der alten englischen Geschichte von Eliodorus, die Giraldus Cambrensis (ca. 1146–1223) erzählt, heißt es, die Feen würden weder Fisch noch Fleisch essen, sondern von einer mit Safran gewürzten Milch-Diät leben. Wenn ihre eigenen Tiere aus irgendeinem Grund nicht genug Milch geben oder sie einfach Lust auf die Milch von Menschenkühen haben, dann finden die Feen nichts dabei, eben mal ein paar Euter leer zu saugen oder leer zu zapfen oder sich die ein oder andere Schwarzbunte für ein Weilchen auszuleihen. Schutz dagegen boten nach weit verbreitetem Glauben an die Hörner der Tiere gebundene »von Natur aus« durchlöcherte Steine, so genannte »Hühnergötter«.

Andere meinten, die Feen würden die Nahrungsmittel nicht aufessen, sondern lediglich die ätherische Essenz daraus zu sich nehmen. »Mit anderen Worten«, sagt Lewis Spence, »ernährten sich die Feen gewöhnlich von Dingen, die für die Menschen bestimmt waren, wobei sie aber den ›Geist‹, die Essenz herauszogen und den ›saftlosen‹ Teil zurückließen.« Gleiches wird übrigens von den Feen in der bereits erwähnten nordindischen Region Bangan behauptet. Die Bangani glauben, diese Wesen würden allein mit ihrem Blick die geistige Essenz aus Milch, Butterfett und Fleisch heraussaugen. Gut unterrichtete Autoren von Fantasy-Romanen, wie Hope Mirrlees, lassen die Feen dementsprechend nur den Saft aus dem Obst saugen. Was übrig bleibt, sind leere kraftlose Hüllen ohne jeden Nährwert. (Wir dürfen also annehmen, dass holländische Tomatenproduzenten regelmäßig von Feen heimgesucht werden …)

Lassen wir einmal die ätherische Ernährungsvariante außer Acht, war im Grunde alles, was wir über das Leben der Feen und Elfen bisher sagten, eigentlich sehr menschlich. Ausgespart wurde, wenn man so möchte, das »Überirdische« an ihnen.

Hierzu gehört, woran man bei Geistern so ziemlich als Erstes denkt: Sie können sich unsichtbar machen. Dass sie dazu bestimmte Mützchen oder Gürtel oder andere Gegenstände benötigen, wird zuweilen behauptet, doch scheint das ähnlich zu sein wie mit den Flügeln: Ein echter Geist würde sich im Grab umdrehen, wenn man ihm unterstellen wollte, er bräuchte ein Hütchen, um sich unsichtbar zu machen, oder ein Stöckchen, um zu zaubern.

Sehen können manche Sterbliche nach früher weit verbreiteter Ansicht die Feen zum einen an bestimmten Tagen, die wir schon nannten: vor allem also in den Nächten auf den 1.5., den 24.6 und den 1.11. Unschuldige kleine Kinder, besonders aber Sonntagskinder oder solche, die zwischen den Jahren zur Welt kamen, sind, wie man glaubte, auch ganz allgemein dazu imstande. Für die weniger Begnadeten unter uns gibt es dann ja den Feenstaub, eine magische Substanz, die man sich auf die Augen reibt, und schon sieht man auf dem Marktplatz, wie viele Elfen bei der Eierfrau anstehen. So jedenfalls wollen es viele Geschichten wissen, die meist davon handeln, dass eine Sterbliche für Ammendienste ins Feenreich geholt wird. Dort erhält sie Anweisung, diesen Staub oder diese Paste dem Kleinkind auf die Augen zu reiben, aber zu vermeiden, das Gleiche bei sich selbst zu tun. Natürlich übertritt sie das Verbot – aus Versehen oder häufiger mit Absicht – und kann von nun an draußen in der Menschenwelt die Feen herumlaufen sehen. Irgendwann verrät sie sich, indem sie eine der Elfen wiedererkennt und sich höflich nach ihrem Ergehen und dem ihrer Familie erkundigt. Sobald das Geistwesen merkt, dass die Frau sich nicht an das Verbot gehalten hat, lässt es sie aus Rache auf einem oder gar auf beiden Augen erblinden.

In der Nähe von Blackpool gab es einen »Feenbrunnen«. Solche heutzutage oft der Jungfrau Maria geweihten Brunnen sind weit verbreitet. Von ihnen heißt es, sie würden Krankheiten heilen, und von nah und fern kommen daher die Leute, legen einen Stein daneben, umrunden die Quelle, legen vielleicht eine Gabe nieder oder binden einen Fetzen an einen daneben stehenden Baum. Wir sahen in Irland Quellen, die als solche nicht mehr zu erkennen waren, weil sie von buchstäblich Abertausenden von Steinen überdeckt waren, die inzwischen mehrere Meter lange und hohe Wälle bilden.

Zu einer solchen bei Blackpool gelegenen Quelle kam also eine Frau mit ihrem fast blinden Kind. Sie füllte sich ein Fläschchen mit dem heilenden Wasser und erhob sich, da stand plötzlich ein kleines grün gekleidetes Männlein neben ihr und gab ihr eine hübsche Schachtel. Sie solle, so sagte es, dem Kind den Inhalt nach und nach auf die Augen schmieren, dann würde es ganz gesunden. Die Frau merkte natürlich,

dass es sich um einen Feerich handelte, und dachte, es könne also nicht schaden, sich selbst ebenfalls von der magischen Substanz zu bedienen. Das Ende der Geschichte ist dasselbe wie das von den meisten anderen: Das Kind wird gesund, die Frau wird auf dem Auge, auf das sie die Paste rieb, blind.

In einem ähnlichen Fall ist es Wasser, das die Sterbliche nur für das Feenkind, nicht aber für sich benutzen darf, und natürlich doch verwendet. Sie wird nicht nur auf einem Auge blind, sondern auch krank und arm. Der Feenmann aber reimte, bevor er sie bestrafte:

Wasser für den Elf, nicht Wasser für dich selbst;
Verlorst dein Auge, dein Kind und dich selbst.

Das Lied der Freud – Das musikalische Leben der Feen

Singend singend, durch die Nacht
Tanzen wir mit unsrer Macht,
Wo auf dem Moor das Mondlicht wacht –
Immer glücklich wir.

Denk ich an Deutschland in der Nacht, dann bin ich um den Schlaf gebracht« – so beginnt ein bekanntes Gedicht von Heinrich Heine. Um den Schlaf gebracht sind in mondhellen Nächten auch die Feen und Elfen, weil sie dann nämlich das tun, was man mit ihnen am allermeisten verbindet, wenn man an sie denkt: Tanzen. Wenn ihnen in unseren Breiten und auch anderswo eine Lieblingsbeschäftigung nachgesagt wird, dann ist es diese. Und da es sich ohne Musik eher schlecht als recht herumhüpfen lässt, gehören das Musizieren und das Singen auch dazu. Feen- oder Elfenmusik wird stets als geradezu überirdisch schön beschrieben. Wie lieblich Feenlieder sein sollen, zeigt eine Strophe aus einem irischen Lied. Eine von den Feen gestohlene Braut lässt damit ihrem Ehemann, der sie mit einem Messer befreien soll, eine Nachricht zukommen.

Schlaf ein! Denn alle Bäume, Kind,
Gestreift vom lauen Sommerwind,
In dem süß Feenlieder klingen,
Rauschend um uns ihr Laub tun schwingen.

Immer wieder wollen Menschen Zeugen des ausgelassenen nächtlichen Treibens der Feen und Elfen gewesen sein, und zwar vor allem in der Johannisnacht, wenn sich die Feenbehausungen öffnen. Oft genug konn-

ten sie die Melodien, die sie dabei hörten, behalten und anschließend aufschreiben oder auf ihrem Instrument selbst nachspielen. Vor allem in Irland will manch ein Pfeifer oder Barde durch Feenlieder zu Ruhm gelangt sein – wenn er nicht gleich schon von den Feen in dieser ihrer Kunst unterrichtet wurde.

Nicht wenige Dudelsackspieler behaupteten, ihr Instrument von einer Fee erhalten zu haben. Die Macrimmons beispielsweise besaßen »den silbernen chanter [d. i. die Spielpfeife] der Fee«. Mit ihm gewann der junge John Macrimmon einen Wettbewerb in Dunvegan Castle. Seine Feenfreundin hatte ihn allerdings davor gewarnt, das Instrument respektlos zu behandeln, weil sich sonst die Gabe, so außerordentlich gut zu spielen, nicht in seiner Familie vererben würde. Einmal spielte er bei heftigem Seegang auf einem Schiff und vergriff sich deshalb ein paarmal. In seinem Zorn machte er den Dudelsack für die Missklänge verantwortlich, woraufhin das Instrument sofort im Meer verschwand und kein Macrimmon es jemals wieder zu einem guten Musiker brachte.

Marjorie Johnson, deren Buch aus Zuschriften und Berichten von Menschen besteht, die Elfen und Feen gesehen haben wollen, erhielt auch Aussagen über Feenklänge. Bemerkenswerterweise sah kaum einer der »Ohrenzeugen« die dazugehörigen Musikanten. Die meisten erklärten, die Musik erinnere an den »süßen Klang« sehr feiner Glöckchen. Andere hörten aber ganze Orchester oder »eine Kombination aus Blasinstrumenten und Orgelpfeifen«. Die Nachforschungen im letzteren Fall führten zu einem Zaun, der oben mit alten Regenrinnen abgegrenzt war (durch die der Wind heulte). Ähnlich im Nichts verlaufen viele andere entsprechende Berichte in Johnsons Buch. Eine siebzehnjährige Waliserin vernimmt an einem stürmischen Abend vor ihrem Fenster Geigenmusik, zwei Schwestern hören in einem Sommer immer wieder einen Musikton; dann wieder erwähnt jemand Harfenklänge, die aus einem unheimlichen Bach tönen, sowie eine traurige, lieblich lockende Stimme. Die Harfe ist – nebenbei bemerkt – das Lieblingsinstrument der walisischen Feen – und nicht nur dieser. Einem Waliser, der den Feen, die bei ihm anklopften, Brot und Käse zu essen anbot, erfüllten sie zum Dank seinen Herzenswunsch: eine gute Harfe. Wann immer er darauf spielte, konnten die Zuhörer nicht still sitzen bleiben. Sie mussten tanzen und tanzen, bis er wieder aufhörte. Er nutzte dieses Wissen aber schamlos aus, um sich auf Kosten der todmüden Tänzer zu amüsieren, und schließlich nahmen ihm die Feen die Harfe wieder fort. Daraufhin soff er sich zu Tode.

Nicht Harfenklänge, sondern orchestrale Musik wollen auf der Insel Lewis und auf Skye zahlreiche Einheimische in der Nähe eines Feenhügels vernommen haben. Häufiger als in neueren Berichten ist es in sehr vielen märchenhafteren und in älteren Geschichten so, dass die Ohrenzeugen auch Augenzeugen sind und die Feen oder Elfen sehen. Sogar auf den doch ziemlich weit von Irland oder Schottland entfernten Fidschi-Inseln wollen Eingeborene die Feen, die sie von Kindergröße beschrieben, tanzen gesehen und ihren Liedern gelauscht haben. Eine Strophe eines dortigen Feenliedes soll gelautet haben:

An einem Bach an den Gipfel des Berges gebunden;
An zwei Bächen an den Gipfel des Berges gebunden;
Seht, der Ozean hat wieder zu seiner Quelle gefunden!
Die Ebben, ye!

Vielleicht ein wenig eigenwillig, der Text, aber doch recht nett. Eine Feenstrophe der Maori dagegen ist eher konventionell und könnte ebenso gut von unseren einheimischen Feen stammen:

Ausgebreitet unten liegt der Rotorua-See;
Wie still und ruhig liegt er!
Das ist unser Tag für Tanz und Gesang.
Wie weit der Schall wird tragen!

Die Feen lieben die Musik so sehr, dass sie sich gelegentlich auch durch gutes Spielen erweichen, einen zu ihnen verschleppten Menschen wieder herauszurücken. König Orfeo suchte, einer Ballade von den Shetland-Inseln zufolge, seine Braut im Feenland und nahm zum Glück seinen Dudelsack mit.

Erst spielte er das Lied vom Leid,
Dann spielte er das Lied der Freud.
Und dann spielte er einen munteren reel,
Dass selbst noch ein Kröpel ins Tanzen verfiel.

Damit rührte er die Feen, und sie gaben seine Braut frei.

Komponisten inspirierten die Zauberwesen zu bedeutenden musikalischen Stücken: Ob nun Undinen, Nixen, Donauweibchen, Feen oder Elfen, Queen Mab oder natürlich die Feen im *Sommernachtstraum*, sie alle dienten als Vorlage für die unterschiedlichsten Musikwerke, und zwar vor allem Opern und Ballette. Carl Maria von Weber verdanken wir die Oper *Oberon* (1826), in der er, wie John Warrack es ausdrückt, noch kurz vor seinem Tod »mit die berückendste Feenmusik« hervorbrachte, »die je komponiert wurde«.

Vor ihm schuf Karl Friedrich Hensler *Das Donauweibchen* und kurz darauf *Die Nymphe der Donau*. Letzere wurde unzählige Male variiert und parodiert und gelangte schließlich nach Russland, wo sie erst Puschkin zu einem Gedicht inspirierte und später Alexander Sergejewitsch Dargomyschsky zu der Oper *Rusalka* (»Die Fee«, 1856). Felix Mendelssohn Bartholdy nahm sich des *Sommernachtstraums* und Hector Berlioz der *Queen Mab* an. In einer französischen Oper von Auber, *Le Lac des Fées* (»Der Feensee«, 1839), verliebt sich ein Student in eine Nixe, und das Nixenmotiv kehrt auch in Tschaikowskys *Schwanensee* (1877) wieder.

Wir könnten die Liste der Feenkompositionen noch ein gutes Weilchen fortsetzen, doch mögen die genannten und eine weitere genügen, um zu zeigen, wie außerordentlich beliebt dieses Thema gewesen ist. Die »eine weitere« ist die Oper *Die Feen*, die ihrem Schöpfer, Richard Wagner, allerdings nicht eben Glück brachte, denn sie wurde zu seinen Lebzeiten nie aufgeführt. Da half es ihm wenig, dass sie fünf Jahre nach seinem Tod, 1888, einen riesigen Erfolg hatte.

Die Handlung beinhaltet typische Feenmotive, verliebt sich doch ein irdischer Königssohn in eine Feenprinzessin, die seinetwegen sogar auf ihre Unsterblichkeit verzichten will, falls er die Probe besteht und sie acht Jahre lang nicht danach fragt, wer sie sei. Er tut es natürlich doch, und die Prinzessin, die leider den wenig feenhaften Namen Ada trägt, verschwindet samt Feenreich. Aber da ein Happy End nicht fehlen darf, kann der Held die in einen Stein gebannte Fee befreien. Zur Belohnung erhält er sein Liebchen zurück und obendrein die Unsterblichkeit.

Der abschließende Chor singt:

Ein hohes Los hat er errungen,
dem Erdenstaub ist er entrückt!
Drum sei's in Ewigkeit besungen,
wie hoch die Liebe ihn beglückt!

Dass sich nicht nur die Feen und Elfen an sich, sondern auch ihre Tänze ausgezeichnet dazu eignen, von luftig bekleideten schlanken Ballett-tänzerinnen vorgeführt zu werden, bedarf eigentlich keiner Erläuterung. Erstaunlich erscheint aber, dass dieser Reiz, Elfen im Ballett nachzuahmen und zu sehen, bis auf den heutigen Tag erhalten blieb. Wir denken dabei vor allem an die Reigentänze der Mädchen-Elfen in *dem* Tanzspektakel der letzten Jahre, *Lord of the Dance*.

Auf tief verborgnen Wegen – Im Reich der Feen

Das Feenland wartet, wenn der Sandmann ruft –
Nimmt dich der Sandmann bei den Händen,
Wartet ein Land des goldnen Wetters,
Wo deiner Träume Reisen enden.

Ihre Wohnsitze sind aus Juwelen, nun, was hatte ich gesagt? Aus Rubinen, rubinene Paläste sind sie, und ihre Türrahmen, woraus waren die? Sie waren aus Türkis.« Diese mehr als enthusiastische Beschreibung stammt von einem Einwohner Hunzas, im Norden Pakistans, und die Rede ist von den Wohnsitzen der Feen auf dem Rakaposhi, einem Siebentausender, der von Hunza aus wunderbar zu sehen ist.

Nicht überall auf der Welt sind die Feenpaläste aus Rubinen gefertigt, und nicht überall haben sie türkisfarbene Türrahmen. Von Juwelen verschiedenster Art wird aber zumeist gesprochen, auch wenn das Schloss der Feen oft nicht auf einem hohen Berg liegt. In einem englischen Märchen findet sich ein junger Mann, der auf der Suche nach seiner Liebsten ins Feenreich geht, nach einer Wanderung durch einen dunklen Gang in einem Saal wieder.

Das Dach wurde von schönen Pfeilern getragen, die so hoch ragten, dass die Pfeiler eines Domes nichts dagegen waren: ganz aus Gold und Silber, mit Schnitzwerk verziert und zwischendurch Blumenkränze. Und woraus glaubt ihr wohl, waren sie gewunden? Nun, aus Diamanten und Smaragden und manch einem Juwel. Und selbst die Schlusssteine der Bogen hatten Behänge von Diamanten und Rubinen und Perlen und anderen Köstlichkeiten zur Zierde. Alle Bögen trafen sich in der Mitte des Daches, und gerade da hing an einer goldenen Kette eine mächtige Lampe, und die war geschaffen aus einer einzigen großen, durchsichtigen Perle.

In sehr vielen Geschichten, in denen das Feenreich ausführlicher beschrieben wird, ist von Prunk und Reichtum die Rede. Oft heißt es, es sei dort paradiesisch schön. Immer scheint die Sonne, alles blüht und duftet. Die Bäume hängen voller Früchte, die Bienchen summen, und die Schmetterlinge flattern nach Herzenslust. Und überall singen Vögel – das wird oft ausdrücklich betont. Natürlich handelt es sich um besonders schöne Vögel, nicht etwa ordinäre Spatzen! Alles ist eitel Harmonie und Freude, niemand zankt oder streitet sich. Die Feen spielen Fangen oder singen oder tanzen, und fast immer feiern sie schöne Feste mit einer Unmenge an wunderbaren Speisen und erlesenen Weinen und anderen Köstlichkeiten. (Es ist, nebenbei bemerkt, interessant zu erfahren, dass für die einfachen, armen isländischen Landleute das Nonplusultra eines köstlichen Feengerichts eine »recht fette Hammelseite« war.)

Überall sprudeln Quellen oder Bächlein aus klarem Wasser oder aus Honig oder Milch. Aus Milch sollen auch die Feenteiche oben auf dem Rakaposhi bestehen, in denen die Feen so gern baden. Baden ist neben tanzen, singen und sich vergnügen eine der Lieblingsbeschäftigungen der Feen, und da sie (sehen wir einmal von den zum Teil etwas absonderlichen Makeln ab) wunderbar gewachsen sind, brauchen sie sich dabei ihrer Nacktheit nicht zu schämen.

Überhaupt ist im Feenreich alles hübsch. Nichts Hässliches stört das Auge, niemand ist jemals krank, niemand alt, niemand schlecht gelaunt. Alle haben rosige Gesichter vor Gesundheit und Lebensfreude. Das irische *Book of the Dun Cow*, das Ende des 11. Jahrhunderts niedergeschrieben wurde, erzählt von einer Fee, die den Königssohn Connla zu sich in ihr Reich, das »Land der Lebenden«, locken möchte und ihm davon vorschwärmt. Es gebe dort fruchtbare Täler und klare Ströme, kein Alter, keine Krankheit, keine Sünde und keine Zwietracht, außerdem sei da immer Sommer.

Bleibt eigentlich nur die Überlegung, wie lange man solch himmlische Harmonie aushält! Wer als gewöhnlicher Sterblicher einmal versucht hat, auch nur vier Wochen lang – selbst unter besten Urlaubsbedingungen – konstant selig zu sein, der hegt an solchen Beschreibungen vielleicht Zweifel.

So ganz und gar scheint derart viel Freud und Sonnenschein auch nicht zum geschilderten Charakter der Feen und Elfen zu passen! Wer eitel und kleinlich ist, wer nachtragend und überaus rachsüchtig jeden bestraft, der rein zufällig seine Pfade kreuzt oder ihm in den Schornstein pinkelt, der soll in seinem eigenen Reich mit einem Mal engelsgleich gut und stets heiter sein? Erinnern wir uns vielleicht auch an die irischen Feen, die sich ja laut Aussage von William Butler Yeats die Zeit unter anderem mit gegenseitigem Bekriegen vertreiben …

Und was die Schönheit des Feenlandes angeht, so könnte man Hope Mirrlees zustimmen, die in ihrem Fantasyroman *Flucht ins Feenland* Neugier, Unwissenheit und ungezügelte Vorstellungskraft für solche Beschreibungen verantwortlich macht.

Außerdem gibt es auch weit bescheidenere Schilderungen des Feenlandes. Der Isländer in der zitierten Geschichte von Halldór Laxness gelangte im Nebel in eine Feenwohnung, die nicht viel anders aussah als die der Menschen, und der Ire, der dem Feenmann über die Schulter schaute, sah Häuser und Straßen, die denen der Menschen aufs Haar glichen.

Wie dem nun sei, fast alle Berichte sind sich darin einig, dass das Feenreich nicht offen herumliegt und man einfach so hineinstolpern kann, sondern dass es einen verborgenen Zugang gibt, der zudem oft durch Nebel verhüllt ist. Meist ist es eine Öffnung im Fels oder in der Erde, durch die man hineinschlüpft. Ein langer düsterer Gang bringt einen dann in die Feengefilde. Den Eingang finden Menschen entweder durch reinen Zufall an einem der Feentage, oder weil sie selbst von einer Fee dorthin geleitet werden.

Oft wird auch betont, dass die – sieben- oder neunmalige – Umrundung eines Feenhügels gegen den Uhrzeigersinn einem die Tür ins Feenreich öffnet. Lady Wilde erklärt: »Wenn du neunmal bei Vollmond um einen Feenhügel herumgehst, wirst du den Eingang ins Feenhaus finden.« Manchmal ist ein »Sesam-öffne-dich-Spruch« notwendig, der allerdings schlicht in der Aufforderung »Geh auf, Tür!« bestehen kann. Was müssen die Zwerge im *Herrn der Ringe* sagen, damit sich die Elbentür öffnet? Sprich »Freund« und tritt ein! Ganz einfach – man muss nur drauf kommen.

Die Frage ist allerdings, ob man es als Sterblicher tatsächlich anstreben sollte, zu den Wenigen zu gehören, denen ein Aufenthalt im Feenreich vergönnt ist. Ein solcher Besuch hat nämlich wenigstens einen gewaltigen Haken. Wie unter anderem im bekannten Märchen von der Peri Banu deutlich wird, sind wir Menschen seelisch nicht unbedingt auf einen dauerhaften Aufenthalt im Paradies eingestellt. Irgendwann packt einen die Sehnsucht nach den ganz normalen Zuständen zu Hause, den Verwandten, Freunden, nach Dreck und Streit – nach all dem also, was uns bekannt und vertraut war. Dann aber ist es oft schon zu spät:

»Beiß keinen Bissen und trink keinen Tropfen, wie hungrig du auch seist«, wird der Held einer englischen Geschichte vor seinem Marsch ins Feenreich gewarnt. »Trinkst du einen Tropfen oder beißt du einen Bissen, solange du im Feenland bist, siehst du nie die Erde wieder.«

Ein Hirte im doch ziemlich weit von England entfernten Pakistan erzählt, Feen hätten ihm einmal Fladenbrot mit Butter angeboten. Er lehnte weise ab, und die Feen gratulierten ihm zu dieser Standhaftigkeit: »Wenn du es angenommen hättest«, sagten sie, »wärest du jetzt tot!«

Die Freuden eines solchen Schlaraffenlandes sind aber doch höchstens halb so groß, wenn man sie hungernd genießen muss, oder? Das Fasten hielten denn auch die meisten Sterblichen nicht durch, mit dem Erfolg, dass sie von da an den Gesetzen der Feenwelt unterworfen waren.

Solange es ihnen dort gefiel, merkten sie davon überhaupt nichts. Die Glücklicheren unter ihnen vergaßen überhaupt ganz und gar ihre irdische Heimat. Die weniger Vergesslichen oder solche, auf die der Lethe-Trank der Feen nicht so stark wirkte, wünschten sich irgendwann wieder zurück zu den Ihren oder wurden für ein Vergehen von den Feen hinausgeworfen. Falls sie heil und lebendig wieder auf die Erde gelangten, erwartete sie unweigerlich eine unangenehme Überraschung: Nichts war mehr so, wie sie es in Erinnerung hatten. In ihrem Haus wohnten Fremde, niemand erkannte sie, und sie selbst erkannten auch niemanden mehr.

Dieses Phänomen gehört zu den am häufigsten erwähnten und zweifellos interessantesten Merkmalen des Feenreiches. Die Zeit vergeht dort anders als in der Menschenwelt. Oft heißt es, ein Jahr bei uns bedeute einen Tag in der Feenwelt. Manche glaubten, sich nur einen Augenblick oder einen Tanz lang in der Feenwelt aufgehalten zu haben, während es in Wirklichkeit ein ganzes Jahr oder länger war. War die Zeitspanne so kurz, kam der Betreffende noch glimpflich davon, denn er (und mit ihm seine irdische Umwelt) war bei seiner Rückkehr nur wenig gealtert. Solchen dagegen, die Hunderte von Menschenjahren in der anderen Welt zubrachten, erging es schlechter: Sobald sie die Erde wieder betraten oder dort etwas zu sich nahmen, zerfielen sie einfach zu Staub.

Wir halten den Versuch, diese Zeitverschiebung »rational« erklären zu wollen, für müßig; viele Feenforscher sind da allerdings anderer Meinung. Sidney Hartland etwa widmete diesem Punkt einen großen Teil seines Feenbuches. Manche »Feeologen« meinen, die Sache sei ganz einfach: Wenn uns etwas außerordentlich viel Freude macht, scheint die Zeit bekanntlich wie im Flug zu vergehen; genauso verhalte es sich eben auch im Feenland. Nun ja. Spence räumt daneben die Möglichkeit ein, dass in der jenseitigen Welt die Zeit eben anders gemessen wird – schließlich stehe ja schon in der Bibel (2 Petr 3,8), dass im Angesicht Gottes tausend Jahre so wie ein Tag seien.

Mit Ausnahme der Frauen, die zu Ammendiensten geholt wurden, waren fast alle, die jemals aus dem Reich der Feen körperlich wohlbehalten zurückkehrten, längst nicht nur äußerlich verändert. Wie es immer wieder heißt, wurden sie melancholisch, kümmerten dahin oder waren vollkommen abwesend und der irdischen Welt entrückt. Die *Enzyklopädie des Märchens* bestätigt: »Wer sich jedoch [von den Feen] verführen lässt, muss meist mit seinem Leben oder der Verwirrung seines Geistes bezahlen.« Nicht alle wussten allerdings, wie sie sich bei zufälliger Begegnung mit elbischen Wesen rechtzeitig in Sicherheit bringen, oder wie sie den ganzen Spuk verschwinden lassen konnten, und dabei war das angeblich ganz einfach: Sie brauchten bloß ihre Jacke oder die Handschuhe »links herum« anzuziehen oder ein Messer oder Kreuz vor sich zu halten, oder aber Weihwasser zu verspritzen.

Am besten aber ist es, es erst gar nicht so weit kommen zu lassen. Nicht umsonst liegen die Behausungen der Feen nach landläufiger Ansicht zumeist an Orten, die im weitesten Sinn als »Wildnis« bezeichnet werden können. In erster Linie sind hier Berge und Hügel zu nennen. Weiterhin beliebt sind vor allem Hünen- und Hügelgräber, dann Moore, Heiden, große Findlinge und andere Steinsetzungen, Brunnen, Quellen und Teiche. Doch auch angebliche Kaninchenlöcher sollen sich schon als Elfenwohnungen entpuppt haben – wie eine englische Geschichte wissen will. Hier gehen Männer mit einem Frettchen auf Kaninchenjagd, doch was sie anschließend in ihren Säcken gefangen haben, sind keine Nager, sondern Elfen, von denen eine zum großen Entsetzen der Männer aus ihrem Gefängnis heraus laut quietscht.

Nie ist (in früheren Berichten wenigstens) davon die Rede, dass jemand in einer Stadt auf Feen getroffen wäre. Nie heißt es: »Als mein Großvater, Gott hab ihn selig, einmal in Dublin aus einer Kneipe kam, sah er auf dem Bürgersteig ein paar Feen tanzen.« Oder so. Heutzutage ändert sich das ein wenig. Von den Berliner Elfen haben wir schon gesprochen. Aber auch New York ist mit allerlei (italienischen, schwarzen und chinesischen) Feenwesen bevölkert – wie man aus Martin Millars *Die Elfen von New York* erfährt. Der Roman beginnt mit den Worten: »Dinnie, ein übergewichtiger Menschenfeind, war der schlechteste Geiger von New York. Trotzdem übte er gerade tapfer, als zwei hübsche kleine Feen durch sein Fenster im vierten Stock flatterten und auf seinen Teppich kotzten.« Zur Verteidigung der beiden sei gesagt, dass es sich bei ihnen um zwei schottische Distelfeen handelt, die sich lediglich nach Manhattan verflogen haben …

Die meisten heutigen – durchaus auch jüngeren – Menschen haben aber immer noch das Gefühl, dass Feen und Elfen in Städten eigentlich nichts zu suchen haben, oder besser gesagt: dort nicht leben wollen, sich verloren, einsam und fremd fühlen.

Anna Lilja schrieb ein Internetmärchen über eine solche Fee, eine kleine Fee, die sich in die Unnatur einer städtischen Umgebung versetzt sieht:

Als die kleine Fee ins Bett ging, war alles noch in bester Ordnung. Der Wald lag ruhig in seinem Schlafe, nur ab und zu raschelte es im Laub, und der gewohnte Duft der bunten Blumen umgab das Reich. Die kleine Fee war lächelnd eingeschlafen und freute sich schon auf den kommenden Tag. Sterne funkelten durch das Blätterdach und schauten lächelnd auf die kleine Fee hinunter.
Langsam ging die Sonne auf. Noch mit geschlossenen Lidern schien sie hell, ja fast grell, ins Gesicht der kleinen Fee. Die Luft roch ungewohnt. Nicht so frisch nach Morgentau, nicht nach kleinen Blumen und nach klaren Quellen und erst recht nicht nach Träumen. Sie roch so … ungewohnt und fühlte sich erdrückend an. Ausgiebig gähnte und streckte sich die kleine Fee, wie sie es immer tat. Dann richtete sie sich auf und öffnete die Augen. Erschrocken schaute sie sich um. Was war passiert? Was war mit dem Wald geschehen? Alles sah so trübe aus. Grau und vernebelt.
Aus den Bäumen, die sie so sehr liebte, waren komische Gebilde geworden. Groß ragten sie bis zum Himmel. Und diese Geräusche? Was war das? Es klang wie fünfzig Bienenschwärme mit Bärengebrüll …
Die kleine Fee war verunsichert. Worauf saß sie? Sie tastete vorsichtig. »Iiih!«, schrie sie auf. Es war glatt, eiskalt und hart. Das war nicht ihr Blatt. Ganz und gar nicht.
Die kleine Fee öffnete ihre Flügelchen und erhob sich, flog hinauf zum Himmel.
Erschrocken schaute sie hinunter. Unter ihr tummelten sich fahrende Blechkisten in rasender Geschwindigkeit und Menschen wuselten wie Ameisen über die grauen Wege. Die grauen Gebäude sahen, wenn man sie länger betrachtete, recht nett aus … aber so viele … Nur ab und zu sah die kleine Fee ein Bäumchen, ein Pflänzchen. Meist nur in Töpfen. Für Blumen hätte die kleine Fee nie Gefäße genommen. »Die sind doch für das klare Wasser da …?!«, wunderte sie sich. Die kleine Fee drehte eine Runde um einen großen Platz und landete auf einem dieser grauen Wege, »Bürgersteige«, wie die Menschen es nannten.
Das war ein Fehler. Denn keiner nahm Rücksicht auf dieses kleine Wesen. Große Füße stampften knapp an den Flügelchen der Fee vorbei. Einmal wurde sie von einem Fuß sogar getreten, worüber die kleine Fee sehr erbost war und schrie: »Sieht mich denn niemand???«
Einmal kam ein Kind an der kleinen Fee vorbei und rief seiner Mutter zu: »Mama, da sitzt eine Fee auf dem Kantstein! Schau doch mal, Mama, sieh doch hin!!!«, dabei zog es die Mutter immer in Richtung Fee. Das kleine Wesen freute sich sehr, dass endlich jemand sie sah. Aber ihre Freude währte nicht lange, denn kurz darauf sagte die Mutter: »Kind, was redest du da? Bist du krank? Es gibt doch keine Feen, du tüddelst! Du weißt doch, du sollst nicht lügen!« Damit war es für die Frau getan.

Sie zog das zeternde und weinende Kind weiter, und die kleine Fee saß betrübt auf dem Kantstein und wusste nicht, was sie tun sollte.
Nach einer Weile beschloss sie, die Menschen zu beobachten. Sie sah, dass sich die Menschen nicht einmal grüßten, wenn sie aneinander vorbeigingen, was im Wald doch selbstverständlich war. Jeder ging schnellen Schrittes, achtete auf keinen anderen und sah nur seinen Weg.
Mit jeder verstreichenden Stunde, die die kleine Fee in der Stadt war, fand sie die Stadt etwas interessanter. Aber dieses Gewusel wurde ihr nicht vertraut. Sie war eben ein Wesen, das das bunte Treiben der Menschen von außen betrachtete.
»Ab und zu kann es ja ganz schön sein, in so einer Stadt zu leben, glaube ich. Aber dennoch würde es mich hier nie für immer hinziehen. Der Wald ist doch viel schöner. Jeder kennt jeden und eine gewisse Vertrautheit ist da.«
Langsam ging die Sonne im Dunst der Stadt unter. Die kleine Fee wurde langsam müde. Sie erhob sich und legte sich in einen Blumenkübel. Die Umgebung, die Blumen, sie kamen ihr so heimisch vor. Und so schlief sie ein, aber nicht so, wie sie es immer tat, nicht mit Vorfreude auf den nächsten Tag. Ob sich so alle fühlen, die in der Stadt wohnen? Ob sie sich freuen auf den nächsten Tag???
Am nächsten Tag, als die kleine Fee wieder die Augen öffnete, war alles wieder normal. Die alten, vertrauten Bäume, die klare, blumenerfüllte Luft und das Summen der emsigen Bienchen.
Ob es Traum oder Realität war, das weiß nur die Fee …

Anna Lilja

Gib mir was von deinem Holze – Feen und Bäume

Holunder ist ein feiner Strauch
Und duften tut er ganz schön auch.
Die Beeren füllen mir den Bauch,
Und gären sie, kann man sie brauch-
en als Schnaps.
Die schwarzen Katzen aber fauch-
en im Raps.

Sima

Es war der herrlichste Fliederbusch, ein ganzer Baum, er ragte in das Bett hinein und schob die Vorhänge zur Seite. Wie das blühte und duftete! Mitten im Baume saß eine alte, freundliche Frau mit einem sonderbaren Kleide, es war ganz grün, gleich den Blättern des Fliederbaumes und mit großen, weißen Fliederblumen besetzt. Man konnte nicht sogleich erkennen, ob es Zeug oder lebendiges Grün und Blumen waren.
»Wie heißt die Frau?«, fragte der kleine Knabe.
»Ja, die Römer und Griechen«, sagte der alte Mann, »die nannten sie eine Dryade, aber das verstehen wir nicht. Draußen in der Vorstadt haben wir einen besseren Namen für sie, da wird sie ›Fliedermütterchen‹ genannt, und sie ist es, auf die du Acht geben musst.«

Hans Christian Andersen, von dem dieser Auszug aus dem Märchen *Fliedermütterchen* stammt, kannte sich offenbar im heimischen Volksglauben recht gut aus. Mit Flieder ist hier übrigens nicht das gemeint, was man heutzutage darunter versteht, sondern der Holunder. Und das Fliedermütterchen war bei uns zulande besser als »Holunderweiblein« oder

»Holdermutter« bekannt. Was aber lehrt uns das? Es lehrt uns, dass im letzten Kapitel ein im Volksglauben sehr vieler Länder bekannter Aufenthaltsort der Feen ausgespart wurde: die Bäume!

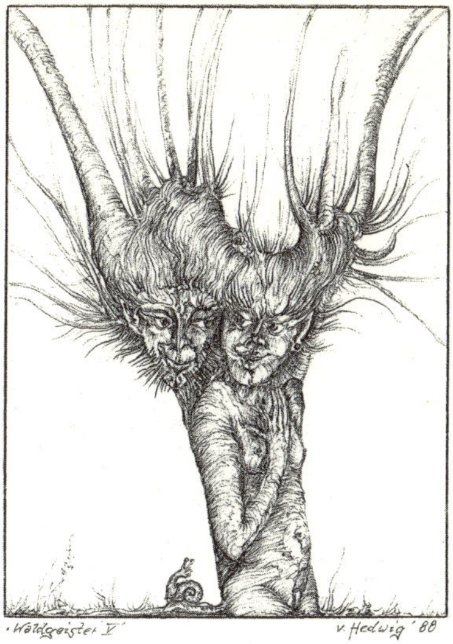

Gerade am Holunderweiblein lässt sich sehen, als wie eng die Beziehung zwischen Fee und Baum gesehen wurde. Es ist manchmal nicht einmal klar, ob beide überhaupt voneinander zu trennen sind.

Aus Schweden ist die Geschichte einer Bäuerin überliefert, die in den Wald ging, um Holz zu holen.

Sie hieb einen Baumstumpf mit der Wurzel heraus und wurde sofort so siech, dass sie kaum heimgehen konnte. Niemand wusste, was ihr fehle, bis ein kluger Mann erkannte, dass sie einem Elfen geschadet haben müsse. Und erholt sich der Elfe, sagte er, so erholt sich die Bäuerin auch. Stirbt aber der Elf, so stirbt die Bäuerin ebenfalls. Die Frau sah nun ein, dass der Elf im Baumstamm gewohnt haben müsse und starb bald nachher, denn der Elf konnte nicht leben, da der Stubben mit den Wurzeln ausgenommen war.

Musäus lässt die Elfe in seiner Nacherzählung der Libussa-Sage erklären: »Altert die Eiche, die das Los des Schicksals zur Mitgenossin des Lebens uns zugeteilt hat, so altern wir mit ihr; und stirbt sie ab, so sterben wir dahin und schlafen … eine Art von Totenschlaf …«

Die Dänen glaubten, manche Holunder würden in der Nacht lebendig und schauten durch die Scheiben ins Haus, um nach dem Rechten zu sehen. Auch heißt es, die Frau Holder, *Hyldemoer* (wie sie in Dänemark) oder die *Elhorn-Frau* (wie sie in Norddeutschland genannt wurde) wohne unter dem Holunder. Ob aber in oder unter dem Baum, jedenfalls war sie in der Vorstellung unserer Ahnen so fest mit dem Holunder verknüpft, dass bis vor kurzem noch jedes Haus auf dem Land seinen eigenen Strauch hatte. Man hielt ihn in Ehren und durfte ihn auf gar keinen Fall umhauen. Wenn es unumgänglich war, den Holunder zu stutzen, musste man sich hinknien, den Hut abnehmen (falls man einen aufhatte) und bittend sagen: »Frau Elhorn, gib mir was von deinem Holze, dann will ich dir von meinem auch was geben, wann es wächst im Walde!«

Man erzählte sich von einem dummen Menschen, der seinen Hausbaum absägte und dann hörte, wie Stimmen sangen: »Wir verloren unser Haus, wir verloren unser Haus, auch du sollst das deine verlieren.« Anderntags brannte sein Haus nieder.

Holzfäller baten in früheren Zeiten sogar jeden Baum, gleich welcher Art, vor dem Fällen um sein Einverständnis und ritzten, bevor der Wipfel des Baumes die Erde berührte, rasch drei Kreuze in den Stumpf. Dann, so heißt es in einem schlesischen Sagenbuch, haben die Holzweibel Ruhe. Wenn also im Prinzip alle Bäume mit Vorsicht behandelt wurden, galten einige doch als bei Baumgeistern (den *Dryaden* der alten Griechen) oder Feen besonders beliebt. Darunter eben der Holunder.

Aus dessen Holz durfte man dementsprechend nichts herstellen – und schon gleich gar keine Wiege. Die über ein solches Sakrileg erboste Holunderfee würde dem Kind keinen Segen bringen. Behandelte man andererseits ihren Baum mit Ehrerbietung, und brachte man ihm, und damit ihr, regelmäßig ein Opfer dar, das am besten aus Milch oder Bier bestand, beschützte sie dafür das Haus und seine Bewohner.

»Unter einem Holderbusch«, heißt es in einem volkskundlichen Werk, »hielt sich der Schläfer für vor jedem Unfall, vor Schlangen, Hexen und Tod bringenden Mücken sicher; er erwartete schöne Träume und hatte das Glück, von lustigen lichthellen Elfen umtanzt zu werden.«

Das Fliedermütterchen half auch bei allen möglichen Leiden, die ihre Schützlinge befallen konnten. Hatte also etwa jemand Zahnschmerzen, so ging er rückwärts mit einem Messer in der Hand zu seinem Hausholunder und sagte, ohne hinzusehen:

Liebe Frau Hölter,
leiht mir einen Spälter,
den bring ich euch wieder.

Dann schnitt er einen Span aus dem Holz und trug ihn rückwärts ins Haus. Dort ritzte er sich das Zahnfleisch um den bösen Zahn blutig, trug den Span auf dieselbe Art wieder zum Baum zurück, setzte ihn ein und band ihn fest.

Es ist, wie wir finden, außerordentlich interessant, dass der Brauch, Fetzen an Bäume zu binden, um Krankheiten loszuwerden oder Kinder zu erbitten, nicht nur im Orient und in Indien, sondern beispielsweise in Irland bis auf den heutigen Tag ausgeübt wird. Wenngleich es in katholischen Gegenden jetzt eine Heilige oder die Maria ist, an die man sich dabei »offiziell« wendet, bat man früher die im Baum – oder in der daneben sprudelnden Quelle – lebenden Geistwesen um Hilfe.

Neben dem Holunder ist es vor allem der Wacholder, der nach weit über Mittel- und Nordeuropa hinaus verbreitetem Glauben Feen beherbergt, die je nach Region bei uns mit »Frau Kranewitt« oder »Frau Kaddig« angesprochen wurden. Der »Machandelboom« gewährt im gleichnamigen Märchen der Brüder Grimm einen Kinderwunsch und ist, wie sich im weiteren Verlauf des Märchens herausstellt, deutlich beseelt – Rächer der Bösen und Beschützer der Guten. Der Wacholder soll auch seine Arme geöffnet haben, als Maria und Josef aus Ägypten flohen.

Ein anderer Feenbaum ist die Linde, die früher bei uns auf keinem Dorfplatz fehlen durfte. Unter ihr wurden Verträge und Ehen geschlossen, die somit als gesegnet galten. Auch wurde unter ihnen Gericht gehalten. Sie galten als wundertätig, und es hieß, nie schlage der Blitz in sie ein. Bei Gewitter stellte man sich unter eine Linde und ließ sich von den Tropfen berieseln, weil man glaubte, das Wasser schütze gegen Krankheiten und Unfälle aller Art. Den Bäumen opferte man Milch oder Buttermilch oder Bier, um die darin wohnenden Wesen bei Laune zu halten.

Ein weiterer Feenbaum ist schließlich die Eiche – wovon auch der alte englische Spruch *Fairy folks are in old oaks* Zeugnis ablegt, den man (um des Reimes willen etwas frei) übersetzen kann mit:

Jeder weiß doch, dass die Feen
gern in alte Eichen gehen.

Dieser Glaube war selbst in den höheren Schichten so bekannt, dass in einem Bild des viktorianischen Malers John Anster Fitzgerald eine Fee mit langen blonden Haaren aus einem Eichenstamm hervorkommt.

Es gibt auch diverse Geschichten, die sich um die Feeneichen ranken. In einer von ihnen schlägt ein Holzfäller gerade eine alte Eiche, als plötzlich eine Fee vor ihm steht und ihn anfleht, ihren Baum zu verschonen. Dafür, dass er ihren Bitten nachgibt, erfüllt sie ihm später drei Wünsche.

Auch in Wales wusste man um die enge Verbindung zwischen Feen und Eichen. Ein Schullehrer sah selbst auf seinem Heimweg mehrfach die Feen unter einem solchen Baum tanzen, und zwar zumeist an Freitagabenden. Er konnte nicht verstehen, was sie miteinander sprachen, aber sie schienen nicht immer ein Herz und eine Seele zu sein, weshalb es in Wales das Sprichwort gab: »Sie sind sich nicht einiger als die Feen.« So viel zum Thema paradiesisches Feenreich, sollte man vielleicht noch zum letzten Kapitel ergänzen.

Was früher die Feen, waren später entweder der Teufel, die Hexen – oder aber paradoxerweise die Jungfrau Maria. So gab es vielleicht ebenso viele Hexeneichen wie solche, die der Maria geweiht waren und wohin Wallfahrten durchgeführt wurden und noch werden. Von Perger erklärt um die Mitte des 19. Jahrhunderts gar: »In katholischen Ländern gibt es kaum mehr eine einzeln stehende große Eiche, an der sich nicht irgendein Marienbild befände.«

Bei so vielen Marien in Eichen könnte man mit Heinrich Heine fragen:

Wo ist die Fee mit dem langen Goldhaar,
Die erste Schönheit, die mir hold war?
Der Eichenbaum, worin sie gehaust,
Steht traurig entlaubt, vom Winde zerzaust.

Eine Eiche war es auch, die eng mit dem Leben der Waldfee oder Baumnymphe Krokowka, verknüpft war. Sie erschien dem Knappen und späteren König der Tschechen, Krokus, stellte sich als »Elfe dieses Hains, die Bewohnerin der Eiche« vor und bat ihn von Herzen, ihre Eiche zu schützen (siehe Abb. oben). Er tat, was sie verlangte, und sie schenkte ihm drei Töchter. Als irgendwann später die Eiche der Fee Krokowka von einem Blitz getroffen wurde, starb sie … und der trauernde Krokus folgte ihr kurz darauf ins Grab.

Ebenfalls unter einer uralten Eiche, der Eiche von Ballinhassig, tanzten in Irland bei Vollmond die Elfen: »Es waren viele beisammen, einige breiteten sich fern noch über den fernsten Schatten der Eichenäste aus, andere zeigten sich glänzend in den fliegenden Lichtern, die zwischen den Blättern durchdrangen, andere konnte man ungehindert sehen, wie sie sich am Stamme unten niedergelassen hatten.«

Neben den genannten Bäumen ist vor allem in Irland der Schlehdorn den Feen geweiht; die Beeren darf man nur bis zum 31. Oktober (Samhain oder Halloween) pflücken, danach gehören sie ihnen. Die Feen sollen auch Nussbäume und Apfelbäume – man denke an Avalon –, Eschen, Ulmen und Erlen lieben. Ein weiterer Favorit ist der Weißdorn. Ihn sollen die Hexen auf ihren Besenfahrten zum Ausruhen benutzen. Die Feen aber wohnen darin.

Wie fest verwurzelt dieser Glaube vor allem in Irland war, zeigt etwa die Ballade »The Fairy Thorn«, in der Mädchen nachts unter einem Feen-Weißdorn tanzen und eine von ihnen deshalb von den Feen entführt wird, während die anderen binnen Jahresfrist sterben.

Steh auf, liebe Anna, vom Spinnrad geschwind,
Denn Mutter schläft, und Vater ist aus dem Haus,
Komm hoch über die Felsen, und wir tanzen wie der Wind
Rund um den Feendorn am Abgrund jäh und graus.

Wie lebendig der Glaube geblieben ist, lässt sich an folgendem Bericht eines Iren vom Anfang des 20. Jahrhunderts ablesen:

Als Aufseher über einen großen Grundbesitz in County Meath befahl ich vor etwa zwanzig Jahren meinen Männern, einen einzeln stehenden Weißdorn umzuhauen. Er stand in der Mitte eines Feldes und war beim Pflügen und anderen Arbeiten ein großes Hindernis. Nacheinander lehnten sechs oder acht der Männer es ab, Hand an diesen Baum zu legen. Sie sagten, es sei der Wohnsitz von Feen, und alles, was ringsum sei, gehöre ihnen. Wie sie sagten, hatten sie Angst davor, etwas zu zerstören, was den guten Leuten gehörte, und so war ich gezwungen, den Baum selbst abzusägen.

Noch 1968 berichtete eine irische Zeitung, ein Bauunternehmer und dessen Arbeiter hätten es abgelehnt, einen knorrigen alten Baum umzuhauen, der in Donegal den Bau einer neuen Straße behinderte. »Ich weigerte mich«, so erklärte der Unternehmer, »ihn zu fällen, und ich mochte auch keinem meiner Männer befehlen, es zu tun. Ich hab so viel über Feenbäume gehört, dass ich es nicht riskieren wollte.«

Als für den Bau eines Krankenhauses gleich mehrere Weißdorne gefällt werden mussten, fand man schließlich nach langem Suchen einen Freiwilligen. Er hieb die Feenbäume um und erwiderte auf eine von Umstehenden ausgesprochene Warnung mit den vermessenen Worten: »Ich komm zurück, keine Angst, und zur Hölle mit euren verdammten Feen!« In derselben Nacht, so berichtet der Feenforscher MacManus, erlitt er einen Schlaganfall, überlebte knapp ein Jahr und kehrte dann tatsächlich in seine Heimatstadt zurück – allerdings als Leiche. Das Krankenhaus aber, so endet dieser Bericht, wurde nie fertig gestellt.

In zahlreichen Geschichten aus Irland, England und auch aus der Schweiz gehen die Leute mit diesen Feendornbüschen klugerweise sehr vorsichtig um und werden dafür von deren Bewohnern belohnt.

Es ist jedoch keineswegs so, dass alle Bäume mit Feen in Verbindung gebracht würden. Praktisch nie hört man dergleichen beispielsweise von Ahorn, Pappel oder Buche, um nur einige wenige zu nennen.

Ähnlich verhält es sich mit den anderen Pflanzen, denn auch was Kräuter und Blumen anbelangt, sollen die Feen und Elfen durchaus einen eigenen Geschmack haben. Oft erwähnt wird der Fingerhut, der nicht umsonst im Englischen auch *Fairy glove* (»Feenhandschuh«), *Fairy cup* (»Feenbecher«) oder *Fairy Thimble* (»Feenfingerhut«) genannt wird.

Weitere typische Feenpflanzen sind der Farn, wilder Thymian, Sauerklee, Gundelrebe und – zumindest in der Malerei und in Märchen – die Glockenblumen, mit denen so viele Elfen auf Bildern geschmückt sind. Überhaupt sind die Elfen seit Shakespeares Zeiten ohne Blumenoutfit undenkbar. Eine der bekanntesten Künstlerinnen, die sich dieses Themas annahmen, ist Cicely Mary Barker (siehe Farbtafel). Ob Glockenblume, Flieder, Rose oder Mohn, ein süßes Elfenköpfchen mit blondem oder braunem Haar schaut immer aus der Blüte heraus.

Johanniskraut, Gundelrebe und Farn dürften für die meisten Maler- und IllustratorInnen zu wenig dekorativ sein, aber zumindest unsere Ahnen wussten, dass es nicht immer die auffälligen Pflanzen waren, die die Feen bevorzugten.

Glockenblumen sind hübsch und eignen sich perfekt als Hütchen für niedliche Elfendämchen, sie sind allerdings keine traditionell als magisch geltenden Pflanzen – wie etwa das Johanniskraut oder der Farn. Letztere gehören zu den Zauberkräutern par excellence, und das, obwohl sie durchaus nicht als »schön« im Sinne etwa der Rose gelten können.

Die Feen – auch die Nixen! – aber gehen nicht nach dem Äußeren; sie kennen sich in der Botanik bestens aus und wissen genau, welche Pflanze wirkmächtig ist, welche bei der oder jener Krankheit hilft und wann man sie alle am besten pflückt. Ihre Weisheiten ließen sie, wie es heißt, wenigstens in früheren Zeiten den Menschen zugute kommen, und den ein oder anderen Auserwählten – wie die schon erwähnten balkanischen Feendoktoren – unterwiesen sie in dieser Kunst.

Manchmal jedoch kam ihr Rat zu spät. Wie eine Geschichte aus dem Westen Schottlands erzählt, war eine junge Frau an der Auszehrung gestorben. Die Verwandten und Nachbarn gingen traurig mit dem Sarg auf der Landstraße am Firth of Clyde dahin. Da hob eine Nixe den Kopf aus dem Wasser und sprach langsam und mahnend:

Tränken sie nur Nesselsaft im März,
Äßen sie Eberraute im Mai,
mit so vielen guten Mädchen
wär es dann nicht so schnell vorbei!

Die Geister, die ich rief – Abwehr und Beschwörung

Ihr Hollen und Hollinnen,
Hier bring' ich euch was zu spinnen
Und was zu essen.
Ihr sollt spinnen und essen
Und meines Kindes vergessen!

Eines schönen Tages, vor etwa dreißig Jahren, machte sich Mrs. Stanley auf, eine betagte Nachbarin zu besuchen. Diese wohnte in einer alten Bruchbude, die so dunkel war, dass Mrs. Stanley beim Eintreten nichts sah. Also rief sie nach Betty Griffith, wie die Nachbarin hieß, erhielt aber keine Antwort. Sie trat ins Zimmer, das nur durch ein kleines Fenster und ein paar glimmende Holzscheite in der Feuerstelle schwach erhellt wurde. Sie wusste, in welcher Ecke sich das Bett der Frau befand. Aber zu ihrer großen Überraschung sah sie beim Nähertreten, dass es vollkommen durch eine Barrikade aus Stechginster verrammelt war. Die einzelnen Sträucher waren so dicht gepackt und so hoch aufgehäuft, dass vom Bett samt Betty nicht das Geringste mehr zu sehen war. Wieder rief Mrs. Stanley sie beim Namen und wieder kam keine Antwort. Schließlich hörte sie einen schwachen Seufzer, und sie machte eine kleine Öffnung in den Ginsterwall, wobei sie sich sämtliche Finger zerstach. Da erblickte sie Betty endlich und fragte besorgt, ob es ihr denn nicht gut ginge, ob ihr kalt sei, weil sie sich so verbarrikadiert habe. »O nein«, antwortete Betty, »es ist nicht die Kälte, es sind die Tylwyth Teg! Sie lassen mich nie in Ruhe. Dort sitzen sie und schneiden mir Gesichter und versuchen zu mir vorzudringen!«

»Lieber Gott«, sagte Mrs. Stanley, »was würde ich dafür geben, sie einmal zu sehen!«

»Sagen Sie das bloß nicht!«, rief die Nachbarin entsetzt aus.

»Aber sie müssen doch so niedlich sein und gut!«

»Gut? Sie sind überhaupt nicht gut!«, erregte sich Betty. »Sie kommen und plagen mich fürchterlich. Wenn ich auf bin, sitzen sie auf dem Tisch, lassen meine Milch

sauer werden und verschütten meinen Tee. Dann lassen sie mich nicht in Frieden im Bett liegen, sondern umringen mich und machen sich über mich lustig.«

»Aber Betty, wofür ist denn all dieser Ginster? Das muss doch fürchterlich viel Arbeit gewesen sein, ihn so dicht aufzustapeln!«

»Er hält sie ab. Sie können nicht hindurch, er sticht sie so sehr, und so krieg ich wenigstens ein bißchen Ruhe«. Also schloss Mrs. Stanley das Loch im Ginsterwall wieder und ließ Betty Griffith mit ihren Tylywth Teg allein.

Am Wahrheitsgehalt dieser walisischen Geschichte zweifeln wir nicht im Geringsten. Noch heute wehren die Menschen vor allem im Orient, in Indien und Afrika unerwünschte Geistwesen mit ähnlichen Maßnahmen ab. Der im Augenblick so beliebte »Dreamcatcher« der Indianer, der einem guten Träume bescheren soll, dient letztlich demselben Zweck. Etwaige böse Geister werden durch die Bewegung und die ihnen unangenehmen Substanzen, aus denen diese Mobiles traditionell bestehen – Eierschalen, Federn und/oder bestimmte Pflanzen –, verscheucht. Es ist also nicht eigentlich so, dass ein Dreamcatcher gute Träume »fängt«; vielmehr wehrt er schlechte Einflüsse ab.

Interessant ist in unserem Zusammenhang, dass die Feen oder Elfen als Wesen galten, die man sich lieber nicht ins Haus holte. Auch wenn man sie vielleicht nicht als grundsätzlich böse ansah, war man sich doch weit und breit darüber einig, dass es aus den verschiedensten Gründen ratsamer war, sie nicht über die Türschwelle zu lassen. Allzu leicht konnte man es sich mit ihnen verderben, ihnen aus Versehen auf die Füße treten, den Boden kehren, wenn sie gerade ein paar Krümel (die ihnen zustanden!) aufsammeln und in ihr Mäulchen stecken wollten, oder Salz verschütten, was Grund genug für mindestens einen elbischen Zornausbruch war.

Damit sie draußen blieben, brauchte man aber im Allgemeinen nicht sein Bett zu verbarrikadieren. Es genügte, einige Zweige eines Dornstrauches, vornehmlich des Weißdorns oder Ginsters, vor Türen und Fenster zu hängen. Ginster? könnte hier manch einer fragen, der nur den hiesigen dornenlosen Besenginster kennt. Wer aber schon einmal in Irland war, der weiß, wie Ginster stechen kann! Es gibt wohl kaum ein dornigeres Gewächs als diesen wunderbar süß nach Honig duftenden Strauch. Die Gedankenverbindung dabei ist klar und wurde ja auch von der Frau in dem walisischen Bericht ausdrücklich erklärt: Die Feen stechen sich an dem Zeugs genauso wie die Menschen und bleiben also lieber draußen.

Ein scheinbares Paradox ist aber, dass die Feen auch und gerade mit denjenigen Pflanzen fern gehalten wurden, die sie eigentlich lieben: Farn, Johanniskraut, Majoran, Eisenkraut und Holunder. Könnte man es sich vielleicht so erklären, dass sie durch diese Pflanzen eher beschwichtigt als abgeschreckt wurden? Dass sie also ein Haus, das »ihre« Pflanzen in Ehren hält, in Ruhe lassen und stattdessen andere Leute nerven gehen?

Mag die Sache in puncto Feenpflanzen nicht so klar sein, sind sich alle Feen- und Geisterforscher – und noch in vielen Gegenden der Welt auch die ganz »normalen« Sterblichen – darin einig, dass Eisen mit den besten Schutz gegen Geister überhaupt bietet. Wollte man also die Feen am Eindringen in ein Haus hindern, hängte man ein Hufeisen über die Tür, schlug eiserne Nägel in den Türbalken oder stieß ein Messer hinein – am besten alles auf einmal! Zusätzlich steckte man in den gefährlichen Nächten des Jahres, in denen die Feen sich außerhalb ihrer Behausungen tummelten, die genannten oder andere Feenpflanzen vor die Fenster oder an die Türen. Ein bei Janet Bord abgebildetes Foto zeigt irische Kinder, die am Vorabend zum ersten Mai zur Abwehr der Feen Farn und Ginster am Haus befestigen. Auch wer aus dem ein oder anderen Grund in die Feenwelt gehen musste, tat gut daran, ein Messer mitzunehmen, weil ihm dann dort nichts geschehen konnte. So jedenfalls wissen es diverse Berichte.

All diese Abwehrmaßnahmen zeigen, welch ein zwiespältiges Verhältnis die Menschen doch zum »Guten Volk« hatten. Sie werfen auch ein bezeichnendes Licht auf den Charakter, den man in früheren Zeiten bei uns (und anderswo noch heute) den Feen oder Elfen zuschrieb. Vor süßen kleinen Rosenelfchen, die sich den lieben langen Tag in einer Blüte tummeln und süß singen, hätte man sich sicher nicht durch einen Wall aus Stachelginster oder Messer geschützt!

Angesichts des Gesagten ist es eigentlich erstaunlich, dass nicht jeder um Feen und Elfen einen großen Bogen machte. Manch ein Waghalsiger suchte im Gegenteil den Kontakt zu ihnen – meist natürlich aus rein eigennützigen Gründen. Vielleicht wollte er ein guter Musiker werden, wie viele Leute in Irland, oder aber vom Reichtum, vom Wissen oder von der Schönheit der Feen profitieren.

Will man den vielen entsprechenden Nachfragen im Internet glauben, würden auch heute noch (oder besser gesagt: wieder) ziemlich viele vor allem junge Menschen gern in Verbindung zu diesen Wesen treten, zumal sie einem hierzulande ja nicht gerade das Haus einrennen!

Heute dürften die Motive für diesen Wunsch andere sein als in früheren Zeiten. Das Bild von Elfen und Feen ist nicht mehr mit Angst vor deren Unberechenbarkeit durchsetzt. Neben der reinen Neugier, ein solch, wie man annimmt, niedliches (oder aber erhabenes) Geschöpf einmal mit eigenen Augen zu sehen und damit die Existenz dieser Wesen bestätigt zu wissen, ist auch ein anderes Motiv nicht von der Hand zu weisen: Man möchte wie Peter Pan eine Elfe Kling Klang oder wie Harry Potter den Hauself Dobby an seiner Seite wissen, ein Wesen, das einen (nur für einen selbst sichtbar) beschützend begleitet.

Eine von der Zeitschrift *P. M.* in Auftrag gegebene Forsa-Umfrage ergab, dass sage und schreibe jeder zweite Deutsche gern eine Elfe als Mitbewohnerin hätte. Erstaunlich ist dabei, »dass dieser Wunsch gerade bei Erwachsenen mit Abitur und Hochschulabschluss am stärksten ausgeprägt ist.«

In einer Welt zunehmender Isolation, Technisierung, Computerisierung und Automatisierung und schließlich ständiger atomarer Bedrohung ist ein solcher Wunsch vielleicht nur allzu nachvollziehbar. Der Feenbuchautor Ron van Valkenberg ist ebenfalls dieser Ansicht und erklärt: »Da liegt es nahe, Kontakt zu jenen Wesen herzustellen, die die lebendige Verbindung zur Natur und zu spirituellen Welten ermöglichen – zu Elfen und Feen.«

In vielen aktuellen Feenbüchern werden daher die Feentage aufgezählt und die Tageszeiten genannt, zu denen man am ehesten Elfen begegnen kann – als da wären die Mittagsstunde, die Mitternachtsstunde und vor allem die Dämmerung.

Dass zumindest früher Menschen versuchten, Feen, die sich zu diesen Zeiten nicht freiwillig einstellen wollten, auf magische Weise herbeizuzitieren, beweisen etliche überlieferte Zauber – wie zum Beispiel der folgende aus einem englischen Manuskript von 1406:

Ein probates Mittel, um eine Fee zu gewinnen:

Nimm zuerst einen breiten quadratischen Kristall mit einer Länge und Breite von 7 bis 8 cm, dann leg diesen Kristall oder dieses Glas an drei aufeinander folgenden Mittwochen oder Freitagen in das Blut einer weißen Henne. Dann nimm es heraus und wasche es mit geweihtem Wasser und räuchere es. Nimm dann drei einjährige Haselruten, schäle sie glatt und weiß und schreibe darauf, nachdem du sie zuvor an einer Seite flach geschnitten hast, den Namen der Fee, die du drei Mal anrufst; dann vergrabe sie am Mittwoch vor der Anrufung unter einem Hügel, in dem du Feen vermutest, und hole sie am darauf folgenden Freitag wieder heraus und rufe die Fee um 8 oder 3 oder 10 Uhr an. Aber wenn du sie anrufst, sei reinen Leibes und wende dein Angesicht gegen Osten, und wenn du sie hast, binde sie an diesen Kristall oder dieses Glas.

Wir hätten die Sache mit dem Blut gern fortgelassen, aber das wäre eine grobe Verfälschung des Zaubers gewesen, und es ist nun einmal so, dass von nichts auch nichts kommt! Einfacher auszuprobieren ist aber die folgende Salbe, deren Rezept gleichfalls aus England stammt und gleichfalls alt ist:

Eine Salbe, um Feen zu sehen

Nimm reines Pflanzenöl und wasche es mit Rosenwasser und Ringelblumenwasser, wobei die dazu verwendeten Blumen gegen Osten gesammelt sein sollen. (Öl »waschen« heißt, es mit Wasser in ein Gefäß füllen und lange kräftig schütteln; anschließend stehen lassen, bis sich die zwei Flüssigkeiten wieder getrennt haben und man das Öl abgießen kann.) Wasche das Öl, bis es ganz weiß geworden ist, dann fülle es in ein klares Glasgefäß. In dieses gib Knospen der Stockrose, Blüten der Ringelblume, die Blüten oder Spitzen vom wilden Thymian (diesen musst du am Fuße eines Hügels pflücken, den Feen häufig aufsuchen), die Knospen einer jungen Hasel und das Gras eines Feenthrons. Leg all diese Dinge in das Öl und lass es dann drei Tage lang in der Sonne stehen. Seihe es anschließend ab.
Trage dieses Öl morgens und abends auf die Lider auf, besonders aber, wenn du eine Beschwörung durchführen willst.

Verglichen mit diesen Rezepten scheinen manche der im Internet angepriesenen Methoden, Feen herbeizuzaubern, ein wenig schlicht. Eine von ihnen besteht lediglich darin, den folgenden Spruch zu »chanten«:

Come out from your fairy bower,
Come upon this golden hour,
Come to us, we beg you, please,
Fairies dancing on the breeze.

(Wer eher deutschsprachige Feen anzurufen wünscht, kann es gern mit unserer Nachdichtung probieren:)

Kommt aus eurem Feenhain,
Kommt, ihr Feen hold und fein,
Kommt zu dieser goldnen Stunde,
Feen, und tanzt in unsrer Runde!

Sogar *noch* einfacher geht es nach Meinung etlicher anderer so genannter Feen-Expertinnen. Marcia Zina Mager etwa weiß, dass es ausreicht, einen Baumstamm zärtlich zu berühren, um in Verbindung mit den Feen zu treten. Ava Minattis schrieb ebenfalls ein esoterisches Buch über Elfen und Feen. Sie sah in einem Laden auf Elba tönerne Elfenmasken, hob eine davon auf, »und nahm mit ihr Kontakt auf. Sie sprach: Komm mit mir in den Zauberwald. Komm mit mir in das Land, in dem alle Wünsche wahr werden. Ich bin Irina, eine Fee.«

Das gestohlene Kind

Dort hängt die Felseninsel
Von Sleuth Wood in den See,
Belaubt liegt eine Insel,
Wo Reiher äugend stehn
Und Unken schläfrig rufen;
Dort versteckt sind unsre Kufen,
Voller Nüsse,
Voller Kirschen rot wie Küsse.
Komm hinweg, o Menschenkind!
In die Wälder, in den Wind,
Hand in Hand mit einer Fee,
Denn die Welt ist, ahnst du's auch nicht,
voller Tränen, voller Weh.

Wo die Welle aus Mondlicht schweigend
Grauen Sand mit Licht bestreicht,
Drehen wir uns im Reigen
Die ganze Nacht, so leicht,
Tanzen alte Tänze,
Tauschen Blicke, tauschen Kränze,
Bis der Mond dem Morgen weicht;
Springen her und hin
Und jagen Silberschäume,
Während sorgenvolle Träume
Trüben der Menschen Sinn.
Komm hinweg, o Menschenkind!
In die Wälder, in den Wind,
Hand in Hand mit einer Fee,
Denn die Welt ist, ahnst du's auch nicht,
voller Tränen, voller Weh.

Wo die Wasser niederbranden
Von den Höh'n über Glen-Keen,
In Weihern, schilfumstanden,
Die nie ein Stern beschien,
Beschleichen wir Forellen,
Wispern wir schwüles Sehnen
In ihren Schlaf hinein;
Neigen uns über Quellen,
In Farn versteckt, der Tränen
Ins junge Wasser weint.
Komm hinweg, o Menschenkind!
In die Wälder, in den Wind,
Hand in Hand mit einer Fee,
Denn die Welt ist, ahnst du's auch nicht,
voller Tränen, voller Weh.

Fort geht es mit uns nun,
Das ernste Kind:
Nie wieder hört's das Muh'n
Des Viehs im warmen Sommerwind,
Den Kessel in der Glut
Stille in sein Denken singen,
Nie wieder sieht's die Mäusebrut
Rings um den Haferkasten springen.
Denn es kommt, das Menschenkind!
In die Wälder, in den Wind,
Hand in Hand mit einer Fee,
Aus einer Welt, die – ahnt's es auch nicht –
voller Tränen ist und Weh.

William Butler Yeats

So alt wie der Böhmerwald – Der Wechselbalg

Ein Kind mit großem Kürbiskopf,
Hellblondem Schnurrbart, greisem Zopf,
Mit spinnig langen, doch starken Ärmchen,
Mit Riesenmagen, doch kurzen Gedärmchen …

Heinrich Heine

Ein heikles, ja ein ziemlich unangenehmes Thema haben wir bislang ausgespart. Da es jedoch untrennbar mit den Feen, den Elben, den Elfen und auch den Nixen verbunden zu sein scheint, muss es nun doch angesprochen werden. Ihnen allen wird nämlich unterstellt, sie würden gern kleine Kinder aus der Wiege stehlen und gegen ihre eigenen austauschen.

Als Hintergrund für diese unlöbliche Tat wird zumeist angegeben, die Feenkinder seien mitunter derart hässlich, dass die hübsche Mutter sich das über kurz oder lang nicht mehr mitansehen könne. Also schleicht sie sich in einem Augenblick, da das Menschenbaby unbewacht in seinem Körbchen liegt, herbei, nimmt es und legt dafür ihre eigene kleine Missgeburt hinein. In Litauen glaubte man dagegen, dass die Feen selbst keine Kinder gebären könnten und sich daher bei den Menschen bedienten. Der Wechselbalg, den sie dafür zurückließen, war ein künstliches, durch Magie zum Leben erwecktes seelenloses Gebilde.

Das Wort »Missgeburt« wird in diesem Zusammenhang immer und immer wieder verwendet. Gisela Piaschewski, die eine Abhandlung über den Wechselbalg schrieb, beginnt das Kapitel »Aussehen« mit den Worten: »Ein Wechselbalg ist missgestaltet und verwachsen.« Was darunter verstanden wurde, führt sie gleich darauf an: angeborene Abnormitäten, verkrüppelte Gliedmaßen, frosch- oder affenähnliches Gesicht, Zwergwuchs. In Frankreich hieß es, Wechselbälger seien hässlich wie die sieben Todsünden. Ihr Rumpf sei dick und plump und sehr oft wird ihnen auch ein Wasserkopf nachgesagt. Immer wieder wird betont, dass diese Wesen eine runzlige Haut haben und damit sehr alt ausschauen.

»Die Ohren sind auffallend groß, der Hals ist oft kropfig, der Schädel ist mit spärlichem, struppigem Haar bedeckt, in manchen Fällen ist der ganze Körper mit (schwarzen) Haaren bedeckt (wie bei einem Affen).« Die Liste der körperlichen Unzulänglichkeiten eines Wechselbalges ist damit längst nicht erschöpft. Wechselbälger essen und trinken in der Regel Unmengen, ja, sie sollen vier bis fünf Mütter vollkommen aussaugen. Da ihnen das aber noch nicht reicht, stopfen sie in unbeobachteten Momenten auch noch alles, was da kreucht und fleucht, in sich hinein: Frösche, Mäuse, rohe Fische. Dennoch wachsen sie nicht. Sie bleiben mickrig, klein und kröpelig – und das auch in psychischer Hinsicht. Man denke an den in manchen Gegenden immer noch bekannten Ausdruck »Elbentrötsch« oder »Alberdrütsch« für einen geistig zurückgebliebenen Menschen.

Trotzdem sie in den meisten Fällen nie laufen und sprechen lernen, verfügen die Wechselbälger bisweilen über gewaltige Kräfte und können in manchen Dingen ausgesprochen geschickt sein. Den irischen wird beispielsweise nachgesagt, sie könnten so gut auf der Flöte spielen, dass jedermann danach tanzen müsse. Dieser eine positive Aspekt wird allerdings durch ihre negativen Seiten bei weitem überwogen. Angesichts dessen bekommen die im letzten Kapitel angesprochenen Abwehrmaßnahmen gegen die Feen durchaus eine neue Bedeutung: Welche liebende frisch gebackene Mutter würde sich gern ihr süßes rosiges Kleinchen rauben und gegen ein solches Feenkind austauschen lassen?

Allgemein heißt es, dass die ersten Tage nach der Geburt – bei den Christen konkret bis zur Taufe – eines Kindes die gefährlichsten sind. Mutter und Baby müssen daher besonders geschützt werden. Sie dürfen das Haus nicht verlassen, immer muss jemand bei ihnen sein, und noch heute werden sie in vielen Ländern regelrecht von der Außenwelt abgeschottet. Lichter wurden möglichst nah neben Bett und Wiege oder vor das Fenster gestellt. Wie wichtig das Licht, das Feuer als Abwehr gegen die Feen war, zeigt der englische Glaube, man könne einen Kindertausch gerade noch abwenden, wenn man eine Fackel gegen die Fee werfe. Überhaupt soll das Kaminfeuer nach der Geburt nicht ausgehen. Zudem spielte Eisen als Schutzmaßnahme wieder eine wesentliche Rolle. Dem Kind wurde am allerbesten eine zum Kreuz geöffnete(!) Schere in die Wiege gelegt, und auch die Mutter sollte etwas Eisernes, ein Messer, Vorhängeschloss, ein Beil oder eine Gabel im Bett oder unter dem Kopfkissen haben.

Feenpflanzen wurden im Zimmer aufgehängt und rote oder blaue Bändchen dem Baby um das Handgelenk gebunden. Auch Brot und Salz sollen wirkmächtig gegen die Angriffe der Feen sein.

Derart geschützt und bewacht war ein Baby für Geister schlicht unklaubar. Doch nicht jede Frau konnte es sich leisten, einfach ein paar Tage behütet im Bett liegen zu bleiben. Wenn eine Bauersfrau beispielsweise aufs Feld musste, um zu heuen oder zu hacken, zu säen oder zu ernten, legte sie ihr Kleines notgedrungenermaßen am Feldrain ab und machte sich an die Arbeit. Das war eine der Gelegenheiten, die von den Elben oder Feen ausgenutzt wurden – und schon war es passiert. Die Bauersfrau brauchte nur einen Blick auf ihr Kind zu werfen oder merkte am Schreien, das etwas nicht stimmte. Im Prinzip blieb ihr dann nichts anderes übrig, als sich so gut es ging mit dem Wechselbalg abzufinden. Ein gar zu langes Leben war ihm meist ohnehin nicht beschieden.

Es gab allem Vernehmen nach aber auch einige Möglichkeiten, die Feenmutter zu zwingen, ihr eigenes Kind wieder zurückzunehmen und das gestohlene wiederzubringen. Am häufigsten wurde empfohlen, etwas so Erstaunliches im Beisein des Wechselbalges zu tun, dass er plötzlich zu sprechen anfing. Das von Skandinavien über England, Irland und Frankreich bis nach Kärnten verbreitetste Mittel war, Eierschalen als Koch- oder Bierbraugefäße zu verwenden.

Einem Ehepaar in Plau wurde ein Kind geboren, das nach zwei Jahren nur einen Schuh lang war, einen gewaltig großen Kopf hatte und durchaus nicht sprechen lernen wollte. Sie klagten ihr Leid einem alten Manne, der sagte: »Gewiss haben die Unterirdischen euer Kind ausgetauscht. Wenn ihr darüber Gewissheit haben wollt, so nehmt eine leere Eierschale, gießt in Gegenwart des Kindes frisches Bier hinein und bringt es durch Hefe in Gärung. Wenn dann das Kind anfängt zu sprechen, ist meine Vermutung richtig!« Sie taten, wie ihnen geraten worden. Kaum war das Bier in Gärung, da rief das Kind in der Wiege:

»Ich bin so alt
wie der Böhmerwald
doch das seh ich zum ersten Mal
dass man Bier braut in einer Eierschal!«

Die Eltern beschlossen nun, das Kind in der nächsten Nacht in die Elbe zu werfen. Als sie aber nach Mitternacht aufstanden und an die Wiege traten, lag darin ein blühendes kräftiges Kind. Die Unterirdischen hatten das Ihrige weggeholt.

Es ist in der Tat verblüffend, in wie vielen verschiedenen Ländern und Kulturkreisen diese Methode angewendet wurde. Auch Nussschalen, Muscheln oder Fingerhüte hatten offenbar denselben Erfolg.

In Irland versuchte man es zuweilen auf eine andere Weise, und zwar, indem man sich an die Feen direkt wandte:

Das untergeschobene Kind wurde auf einer sauberen Schaufel zum Misthaufen getragen. Dort setzte man es mitten hinein und ließ es nach Herzenslust brüllen. Nun fassten sich die Anwesenden bei den Händen und umkreisten den Haufen drei Mal, während der »Feen-Mann« dazu sang: »Komm auf unseren Ruf, o Sídhe-Mutter! Komm und hol dein Kind wieder. Essen und Trinken hat es bekommen und die Hausfrau ist gut zu ihm gewesen. Hier soll es nicht länger bleiben, es soll fort zum Duine maith [»Guten Volk«]. Bring das verlorene Kind wieder, o Feenfrau, und für dein Volk soll Essen zurückgelassen werden, wenn das Tischtuch auf dem herbstlichen Feld liegt. Gib das sterbliche Kind zurück, o Feenfrau! Und empfange dein eigenes aus unseren Händen.« Anschließend gingen alle ins Haus und sprachen zehn Minuten lang kein Wort. Dann hörten sie plötzlich in der Luft ein Brausen wie von Schwingen, und als sie nachsahen, lag kein Kind mehr auf dem Misthaufen, dafür aber das eigene drinnen in der Wiege.

Ein irischer Priester empfahl bei einer solchen Gelegenheit den Eltern, eine Schaufel voll Salz, in das ein Kreuz gezeichnet war, auf dem Feuer zu erhitzen. Dann würden die Feen umgehend ihr Kind wieder abholen.

Gelegentlich entschuldigten sich die Unterirdischen für ihr Tun bei der jeweiligen Mutter. In einer mecklenburgischen Geschichte sieht die Mutter mit an, wie ein Unterirdischer ihr Kind gegen das eigene austauscht, kann sich aber währenddessen nicht rühren und nicht rufen. Das Männchen erklärt ihr freundlich, ihr Sohn solle dermaleinst ihr König werden. Ab und an müssten sie ein Kind austauschen, damit die Schönheit der Menschen nicht ganz bei ihnen aussterbe. Wenn sie das Kind in der Wiege aber gut pflege und behandle, werde ihr Haus gesegnet sein. Damit legte er ihr den Wechselbalg an die Brust und verschwand mit ihrem Baby. »Sie pflegte das Kind und der Wohlstand ihres Hauses nahm dabei sichtlich zu; der Wechselbalg aber blieb klein und hässlich und starb in seinem zwanzigsten Jahr.«

Dieses menschenfreundliche Verhalten der »Stiefmutter« war nicht eben häufig. Andere prügelten den Wechselbalg so lange, bis die Elbenmutter es nicht mehr mit ansehen konnte und ihr Kind mit den Worten wieder abholte: »Es ist ein Unterschied: Du prügelst meins und ich säuge deins!«

Wie sehr eine solch rüde Behandlung von »Wechselbälgern« (die bis zum angedrohten Feuertod gehen konnte!) Teil der Volkskultur war, zeigt eine Strophe aus einem Gedicht von Walter de la Mare:

Wiegen tun wir's nicht, nicht nähren,
Bis die Stillen sich bekehren,
Und das Kind, das sie gestohlen
Wiederbringen auf leisen Sohlen.

In Schweden sagte einmal eine Stimme vor dem Fenster: »Warum geht ihr mit meinem Kind so böse um? Ich hab deins nie so schlecht behandelt. Gib es mir!« Und Ähnliches wird aus Frankreich berichtet, wo die Fee ebenfalls erklärt, sie sei besser mit dem Menschenkind umgegangen als die Leihmutter mit dem Feenbaby.

Für einen denkbar unfreundlichen Umgang mit einem Wechselbalg – man darf es eigentlich kaum laut sagen – war übrigens auch Luther, der selbst die Bekanntschaft eines solchen Wesens gemacht haben wollte, das »nur frisset und scheißet«, und daraufhin in einer seiner Tischreden den Rat gab, einen solchen Kielkropf einfach zu ersäufen.

Wer jedoch eine derart christliche Empfehlung nicht befolgte, sondern es hielt wie die Mecklenburgerin – den beglückten die dankbaren Feen zwar nicht mit einem hübschen Kind, dafür mit ihrem Segen oder reichen Geschenken. Auch konnten die Mütter sicher sein, dass es ihrem eigenen Kind in der Feenwelt an nichts fehlte. Die *Laumes,* so wussten die Litauer, verschafften ihren Pflegekindern eine gute Partie und statteten sie mit dem feinsten selbst gewebten Leinenzeug aus.

Hand in Hand mit einer Fee

Bald ruft ihr uns an, zu helfen,
Wann ihr schwer im Frone keucht, –
Aber nimmer schaut die Elfen,
Wer sie einmal hat verscheucht.

Felix Dahn

Wie man sieht, war die Beziehung zwischen Menschen und Feen durchaus nicht unkompliziert und ungetrübt. Ganz wesentlich aber ist, dass es überhaupt eine Beziehung zwischen ihnen gab! Ob nun Feen, Elfen, Elben, Buschfräulein, Moosweiblein oder Salige, Alfen oder Sídhe – sie alle suchten in irgendeiner Weise die Nähe der Menschen. Sie verfolgten dabei, wie wir im Verlauf des Buches gesehen haben, durchaus unterschiedliche Absichten, und oft genug war kein böser Hintergedanke wie das Kinderstehlen dabei. Im Übrigen behaupten ohnehin die meisten, wenn nicht alle Feenforscher, dass die ganze Wechselbalgerei lediglich eine Erklärung für Wasserköpfe, Verwachsungen und andere Krankheiten war, die sich die Menschen früher nicht zu deuten wussten. Wie sollten sie, die Kerngesunden, anders zu einem solchen Kind gekommen sein als durch Vertauschung?

Lassen wir also den Kinderklau beiseite, bleiben den Geschichten zufolge im Schnitt überwiegend positive Gründe, aus denen die Feen die Nähe der Menschen suchten. Jonas Balys, der die litauischen Feen untersuchte, erklärt gar: »Wenn ein Mensch sich ehrlich benimmt, braucht er von seinen Beziehungen zu den Feen nichts zu fürchten. Freilich, er muss ihre besonderen Gewohnheiten kennen und ihnen Rechnung tragen.«

Die Feen halfen den Bauern bei allen anstehenden Arbeiten: beim Flachsjäten ebenso wie beim Heuen, beim Mähen wie beim Kornschneiden. Sie förderten das Gedeihen der Herden, sorgten für gutes Wetter oder Regen und beschützten und segneten die Frucht der Felder. Passte man auf, konnte man an ihrem Verhalten die Witterung der kommenden Tage ablesen. Die Bewohner der Färöer-Inseln wussten wenigstens in früheren Zeiten, dass eine Nixe, die im Meer auftauchte und sich gegen das Fischerboot wandte, Unwetter ankündigte, weswegen man gut daran tat, so schnell wie möglich an Land zu kommen. Erschien aber auch der Meermann neben ihr, stand gutes Wetter in Aussicht.

Sie halfen den Kindern, die im Wald nach Reisig suchten und sich dabei vielleicht verliefen. Sie halfen, wenn jemand krank war, mit ihren Kenntnissen, und sie halfen den Armen auch mit Gold. Alles dies taten sie nicht, weil sie sich etwa durch leckere Opfergaben hätten bestechen lassen, sondern einzig, weil sie es so wollten. Fanden sie ein zerlumptes, schmutziges Kindchen, wuschen sie es sorgfältig, hüllten es in hübsche Kleidchen und schmückten es mit Blumen. Sie machten, dass Garnknäuel kein Ende nahmen, verliehen und verschenkten Hausgeräte, Essen und Gaben aller Art. Sie lehrten die einen spinnen, die anderen Flöte oder Dudelsack spielen und die dritten die Geheimnisse der Pflanzen – und viele, viele lehrten sie die Freuden und Leiden der Liebe.

Connla Feuerhaar war der Sohn von Conn Hundertkämpfe. Eines Tages stand er neben seinem Vater auf den Höhen von Usna, da sah er ein seltsam gekleidetes Mädchen auf sich zukommen.

»Woher kommst du, Maid?«, fragte Connla.

»Ich komme von den Gefilden der Ewig-Lebenden«, sagte sie, »dort, wo es weder Tod noch Sünde gibt. Dort ist jeder Tag ein Festtag, und wir brauchen nie jemandes Hilfe in unserer Freude. Und bei allem Vergnügen gibt es niemals Unfrieden. Und weil wir in den runden grünen Hügeln wohnen, nennen uns die Menschen Hügelvolk.«

Der König und alle anderen, die zugegen waren, wunderten sich, eine Stimme zu hören, aber niemanden zu sehen. Denn nur Connla allein sah die Feenmaid.

»Mit wem sprichst du, Sohn?«, fragte Conn der König.

Da antwortete die Maid: »Connla spricht zu einem jungen schönen Mädchen, das weder Tod noch Alter erwartet. Ich liebe Connla, und ich rufe ihn fort zu den Gefilden der Freude Moy Mell, wo Boadag König ist und es, seitdem er herrscht, weder Klage noch Sorge gab. O komm mit mir, Connla Feuerhaar, rötlich wie der Morgen mit deiner goldbraunen Haut! Eine Feenkrone wartet dort darauf, dein hübsches Gesicht und deine königliche Gestalt zu adeln. Komm, und nie soll deine

Schönheit vergehen noch deine Jugend, bis zum Tag des Jüngsten Gerichts.«

CONNLA AND THE FAIRY. MAIDEN

Als der König dies hörte, bat er seinen Druiden, Coran, um Hilfe gegen die Macht der Fee. Coran rief seine Zauberworte in die Richtung, aus der die Stimme gekommen war, und alles blieb still. Auch Connla konnte die Maid nicht mehr sehen, doch bevor sie verschwand, warf sie ihm einen Apfel zu.

Einen Monat lang ernährte sich Connla nun ausschließlich von diesem Apfel, der, so viel er davon auch abbiss, immer wieder nachwuchs. Und sein Verlangen nach dem unbekannten Feenmädchen nahm immer mehr zu. Als der Monat um war, stand er mit seinem Vater auf der Ebene von Arcomin, da erschien ihm wiederum die Maid und sagte: »Es ist ein ruhmvoller Platz, den Connla unter den Sterblichen einnimmt. Doch nun bittet dich das Volk der Lebendigen, die Immerlebenden, nach Moy Mell zu kommen, der Ebene der Freude, da sie dich kennen gelernt haben, indem sie dich unter den Deinen sahen.«

Als König Conn die Stimme der Maid hörte, rief er wieder nach seinem Druiden, damit er den Zauber breche. Das Mädchen aber erklärte ihm, die Macht des Druiden sei wenig geliebt und wenig geschätzt im Mächtigen Land.

Conn wandte sich daraufhin an seinen Sohn und fragte ihn nach seiner Meinung. »Es ist schwer für mich«, entgegnete Connla, »ich liebe mein Volk über alles; aber dennoch hält mich ein Verlangen nach diesem Mädchen gefangen.«

Als die Feenmaid dies hörte, sagte sie: »Der Ozean ist nicht so stark wie die Wellen deiner Sehnsucht. Komm mit mir in meinen curragh, das glänzende Kristallkanu. Bald werden wir das Reich Boadags erreichen. Ich sehe die strahlende Sonne sinken, und doch, weit wie es ist, werden wir es noch vor Einbruch der Dunkelheit erreichen. Dort gibt's auch ein weiteres Land, das der Reise wert ist. Nur Frauen und Mädchen leben dort. Wenn du möchtest, können wir es aufsuchen und dort zusammen glücklich leben.«

Als die Maid verstummte, sprang Connla Feuerhaar mit einem Satz in das glänzende Kristallkanu. Und dann sahen alle, König und Hofstaat, es über die leuch-

tende See in die untergehende Sonne entschwinden. Immer weiter und weiter, bis kein Auge es mehr sehen konnte, und Connla und die Feenmaid zogen hin übers Meer und wurden nicht mehr gesehen, noch erfuhr jemals ein Mensch, wohin sie gelangten.

Vielleicht sollte man an dieser Stelle die Frage nach der Verständigung zwischen Menschen und Feen einschieben. Immer wieder, so etwa auch in der *Edda* heißt es, die Feen oder Elfen hätten eine eigene Sprache. Der walisische Geistliche Eliodorus, der im 12. Jahrhundert einen der ältesten erhaltenen Berichte über Kontakte mit Feen schrieb, erklärte, diese Wesen sprächen eine Sprache, die an das Walisische ebenso wie an das Griechische erinnere. Wenn die Feen Wasser haben wollten, sagten sie etwa: »Udor udorum«, und wenn sie Salz wollten, hieß es: »Holgein udorum«. Oft wird auch betont, die Sprache der Feen höre sich irgendwie altertümlich an. Analog dazu sprechen die Elben bei Tolkien »elbisch«. Gleichwohl sind die Feen offenbar durchaus imstande, auch die Sprache der Menschen ihrer Region zu sprechen, in Irland also sowohl englisch wie gälisch.

Es gibt, um auf die gerade erzählte Geschichte des irischen Königssohns Connla zurückzukommen, zahllose Berichte über die Verbindung einer Fee mit einem sterblichen Mann – kaum eine ist aber so schön wie diese. Sie hat vielen anderen auch voraus, dass sie – außer für den Vater – glücklich ausgeht. Bei den meisten anderen entsprechenden Beispielen kann von einem Happy End keine Rede sein. Im glücklichsten Fall verschwindet die Fee eines Tages einfach. Im unglücklichsten stirbt bei dieser Gelegenheit oder kurz darauf ihr sterblicher Geliebter oder Gemahl aus Kummer. Gleiches gilt übrigens für die weniger zahlreichen Beispiele, in denen eine Sterbliche mit einem Feenmann eine Verbindung eingeht. In einer isländischen Geschichte verliebt sich ein Mädchen in einen Feenprinzen, heiratet ihn und verspricht ihm ewige Treue. Als sie eines Tages zu Besuch auf der Erde weilt, machen ihr Vater und andere entsprechend präparierte Leute ihr weis, sie habe all ihre angeblichen Erlebnisse mit dem Prinzen nur geträumt, und schließlich willigt sie ein, einen Sterblichen zu heiraten. Nach einiger Zeit erscheint auf dem Hof ein Fremder, der niemand anders ist als ihr Feenprinz. Er beschuldigt sie traurig, ihr Wort gebrochen zu haben, und auch wenn sie eigentlich nichts dafür könne, wisse sie doch, was die Folge davon sei. Er schließt sie in die Arme, und am anderen Morgen findet man die beiden Liebenden eng umschlungen tot in ihrem Zimmer liegen.

Geht die Initiative von der Fee aus, wird der Mann oft gegen seinen Willen und wider besseres Wissen bezaubert. Er bleibt also bei seiner schönen elbischen Geliebten, bis ihn irgendein Ereignis ernüchtert oder er von seiner irdischen Frau oder Verlobten zu den Seinen zurückgeholt wird. Der sagenhafte schottische Ritter Tamlan (auch Tamlin oder Tam Lin genannt) hatte solch eine tatkräftige Liebste, die ihn nach Jahr und Tag an derselben Stelle, an der er einst verschwunden war, aus den Armen der Feenkönigin befreite.

Tamlan hatte damals unter einer Eiche gelegen und geschlafen, »da huschte es drüben zwischen den Waldbäumen und blitzte hier und dort auf, wie Demanten in einem Königsdiadem, und aus den Abendnebeln heraus, die zart und bläulich zwischen dem Gezweig zu weben begannen, lösten sich kleine, wunderholde Gestalten und schritten über den Rasen heran.

Das blonde, lang wallende Gelock der Feenkönigin, über der weißen Stirn von goldenem Reif zurückgehalten, floss hinab bis fast zu dem Saum des smaragdgrünen Gewandes, und die kleinen Füße, von goldener Sandale umspannt, bewegten sich leicht und anmutsvoll nach dem Klange jenes zaubervollen Elfenreigens, der das Herz dessen, der ihn vernimmt, mit unstillbarer Sehnsucht erfüllt.«

Die Fee zieht da, wo die Werbung von ihr ausgeht, letztlich oft den Kürzeren. Ist allerdings der Mann der aktive Teil in der Liebesgeschichte, vermasselt er sich in den meisten Fällen selbst sein Glück. Fast immer ist in dieser Art von Geschichten ein Wortbruch Grund dafür, dass die Fee wieder entschwindet oder den Mann wieder zu den Seinen zurückschickt. Auf der Strecke bleiben dabei nicht nur er, sondern vor allem auch die Kinder, die der Verbindung entsprossen und nun ohne ihre Mutter aufwachsen müssen. Ab und an besucht die Fee sie vielleicht oder nimmt sie überhaupt mit sich, was die Sache für den zurückgelassenen Mann nicht einfacher macht – zumal wenn sie hinterher irgendwo auf einem unerreichbaren Felsen sitzen und ihm zuwinken.

Nie bringt es etwas, wenn sich der Mann anschließend die Haare rauft und klagt: Hätte ich sie doch nicht nach ihrem Namen gefragt!

Hätte ich ihr doch nicht drei Mal auf die Schulter geklopft! Hätte ich sie doch nicht ausgeschimpft! Hätte ich doch nicht durchs Schlüsselloch geschaut! Denn zumeist sind es für unsere Begriffe rechte Lappalien, aus denen die Feen eine wahre Tragödie machen – aber Wortbruch ist eben nun mal Wortbruch. Da schützt auch nicht die allergrößte Reue vor der gerechten Strafe. Meist leidet die Fee selbst unter ihrer eigenen Rache, zumal wenn sie deshalb ihre geliebten Kinder im Stich lassen muss. Es ist also gewissermaßen eine Rache wider Willen, die sie ausüben muss. Sie hat die Gesetze nicht gemacht, sie ist ihnen genauso unterworfen wie der Mensch, der sein Versprechen nicht hielt.

Selten, ganz selten trifft man – aufatmend! – auf eine Geschichte, in der der Mann es tatsächlich fertig bringt, sein Wort zu halten und bis an sein Lebensende mit seiner Fee glücklich zu sein. Manch eine Frau würde wohl sagen: Ganz aus dem Leben gegriffen …

Vielleicht erinnert man sich noch an die untrüglichen Kennzeichen einer in Menschengestalt auftretenden Elfe, die Roger de Lafforest aufzählte (siehe S. 135 f). Unbedingt hinzuzufügen wäre seiner Liste also, dass eine Fee niemals einen Wortbruch verzeiht.

Da wir Menschen aber nur Menschen sind, sollte man den Feen besser nie wirklich nah kommen. Freundlich distanziert nachbarlicher Umgang mit ihnen scheint allem Vernehmen nach weit besser funktioniert zu haben als Liebesbeziehungen. Nicht umsonst wurden und werden die Feen in England, Schottland und Irland vor allem auf dem Land auch die »Guten Nachbarn« genannt.

Allerdings waren auch hier bestimmte Regeln zu beachten, wollte man es sich nicht mit ihnen verderben. Lieh man sich von ihnen eine Schüssel zum Kuchenbacken oder Bierbrauen aus, musste sie pünktlich und vor allem blitzsauber zurückgegeben werden. Ließ man sich von ihnen ein Werkzeug reparieren, hatte man sich gebührend zu bedanken. Gab ihnen aber jemand aus Spaß eine nicht zu bewältigende Arbeit, konnte er mit einer saftigen Rache rechnen, und meist verschwanden die Feen zudem aus der betreffenden Gegend. Über einen Witzbold, der von ihnen verlangt hatte, aus einem der kurzen dicken Holzschwimmer eines Fischernetzes einen Schiffsmast zu fertigen, verhängten sie traurig singend:

Ein kurzes Leben habe der,
Und Unglück häng sich an ihn schwer,
Der uns die Boje brachte her,
Als ob sie Holz zum Maste wär!

Man verlegte also besser den Kücheneingang nach hinten oder den Kuhstall an eine andere Stelle, wenn die Feen es wünschten, ja, gegebenenfalls versetzte man sogar das ganze Haus, falls es unglücklicherweise auf einer Feenstraße stand. Natürlich bemühten sich die Menschen, ihr Haus von vornherein auf einen »guten« Platz zu bauen. Ein Ire vertat sich allerdings ein wenig, und so geriet eine Ecke seines Hauses auf einen Feenpfad. Seitdem trieb ein Poltergeist dort sein Wesen, bis ihn eine herbeigerufene weise Frau über die Gründe aufklärte. Da beauftragte er einen Steinmetz, die Ecke einzuebnen, und die Probleme hörten auf.

Am besten ließen sich die Verhältnisse überprüfen, indem man auf dem geplanten Bauplatz eine Rasenscholle umdrehte und so über Nacht liegen ließ. War sie anderntags unberührt, konnte man getrost bauen. Lag sie wieder so wie zuvor, musste man sich anderswo umschauen.

Geiz und Kleinlichkeit der Menschen waren weitere gewichtige Gründe für die Feen, beleidigt abzuziehen – nicht ohne sich zuvor ein wenig gerächt zu haben, versteht sich. Feen lieben Milch, und so zapften sie sich eben gelegentlich ein wenig von den Kühen des Bauern ab, über den sie ansonsten segnend die Hand hielten. War der Bauer (oder die Bäurin) extrem geizig und merkte er, wer die kleinen Diebe waren, versuchte er ihnen den Spaß zu verderben, indem er etwa die Euter der Kühe mit Fischwasser einrieb. Den Schaden allerdings hatte er selbst anschließend davon: Die Feen verließen das Gehöft, der Segen wich, das Vieh ging zugrunde, die Felder verödeten.

Die Feen sind vielleicht nach unseren Maßstäben gemessen rachsüchtig und kleinlich in Sachen Worthalten, eines kann man ihnen jedoch nicht nachsagen: dass sie mit Geschenken nicht überaus großzügig wären. Was immer sie den Menschen gaben, wuchs sich, wenn es mit Respekt und Dankbarkeit behandelt wurde, zum Segen aus. Bat eine Fee eine menschliche Nachbarin beispielsweise um ein bisschen Mehl und wurde ihr dieses bereitwillig gegeben, ließ sie zum Dank anschließend die Mehlschüssel nie leer werden.

Sehr oft ist allerdings auch an diese Geschenke oder an die Erfüllung von Wünschen eine Bedingung geknüpft. Von den Feen überlassene Gegenstände darf man nicht verlieren, nicht verschenken und nicht kaputtmachen. Selbst wenn einem ein Missgeschick ohne eigenes Verschulden passiert, sind die Folgen höchst unerfreulich. Einem Schäfer fiel der Stock, den ihm die Feen verehrt hatten, aus Versehen in einen Fluss, und prompt ertranken ihm fast alle seine Schafe.

An den Geschenken der Feen hat man also nicht unbedingt eine ungetrübte Freude. Das Schicksal etlicher englischer Familien und Adelsgeschlechter oder schottischer Clans ist mit einer (teilweise »unfreiwilligen«) Feengabe verknüpft, die auf gar keinen Fall Schaden nehmen darf. Zu den bekanntesten Beispielen gehört ein exotischer Glasbecher, den einst der Butler der Familie Musgrave auf Edenhall einigen Feen stahl, die gerade bei einem Picknick gemütlich beisammen saßen. Als die erbosten Feen den Dieb nicht einholen konnten, riefen sie ihm nach:

Kommt dieser Becher je zu Fall,
Leb wohl dann, Glück von Edenhall!

Bis auf den heutigen Tag aber blieb das Glas zum Glück intakt, und inzwischen steht es wohlbehalten in einem Museum. Ludwig Uhland fand es allerdings weit dramatischer, es in seiner Ballade durch reinen Übermut entzwei gehen zu lassen, und legte dem letzten Besitzer des Pokals anlässlich eines Festes die Worte in den Mund:

Stoßt an! Mit diesem kräftgen Prall
Versuch ich das Glück von Edenhall.

Und prompt war es um das Glas und das Glück der Familie geschehn.

Noch berühmter ist die Geschichte von der Feenfahne der McLeods. Sie darf nur in Augenblicken höchster Not hervorgeholt und entrollt werden, woraufhin die Feen zur Rettung des Clans herbeieilen. Bekommen hatte sie einst ein Ahnherr der McLeods, der selbst eine Fee heiratete. Sie durfte aber nur zwanzig Jahre bei den Menschen verbleiben, und zum Abschied verehrte sie ihrem Mann ebendiese Fahne. In niedlicher Weise wurde diese Sage in Martin Millars Roman *Die Elfen von New York* verarbeitet, wo sich zwei ahnungslose Distelfeen zwei kleine Stücke aus dieser heiligen Fahne herausschneiden, um sich damit zuzudecken, und sich anschließend damit auch noch die Nase putzen. Wegen dieses entsetzlichen Sakrilegs werden sie von sämtlichen schottischen Feen verfolgt und außer Landes getrieben, bis sie schließlich zufällig in New York landen.

Nach allem Gesagten drängt sich die Frage auf, warum die Feen sich heutzutage – zumindest in unseren Breiten – kaum noch in menschliche Angelegenheiten mischen. Eine Sage aus dem Schwarzwald gibt hierauf folgende kurze und bündige Antwort: »Damals waren die Leute treu und redlich, deswegen haben ihnen die Seeweible bei der Arbeit geholfen. Wenn es wieder bessere Menschen gibt, werden sie es wieder tun.«

Eine amerikanische Institution: Die Zahnfee

Kleine Kinder glauben an den Weihnachtsmann, den Nikolaus und den Osterhasen; die wenigsten dürften aber bei uns zulande noch an die Zahnfee glauben. Nicht so in Amerika! Hier rangiert die Zahnfee in etwa gleich hinter Santa Claus. So ziemlich jeder kennt sie, wird sie doch in Filmen, Bildern, Büchern und im Fernsehen immer wieder erwähnt und porträtiert. Ja, sogar bei Steven King wird sie mehrfach genannt, unter anderem in *Es*, wo sie in einem Atemzug mit einem hilfsbereiten Polizisten und Santa Claus samt seinen Elfen aufgezählt wird – als Beispiele für die wunderbaren, magischen Dinge, an die man als Kleinkind felsenfest glaubt.

Die ursprüngliche Funktion der Zahnfee bestand darin, die Milchzähnchen eines Kindes, die man nach und nach, sobald sie ausfielen, abends unter das Kopfkissen legte, an sich zu nehmen und dafür eine Münze oder ein anderes Geschenk zurückzulassen. Der Brauch, das erste Zähnchen, ebenso wie übrigens auch die ersten Haare, in Ehren zu halten, ist weltweit verbreitet und uralt. Diese Dinge sind hochmagisch und dürfen nicht in schlechte Hände geraten. Bei uns warf man sie etwa mit einem passenden Spruch in den Ofen (»Ofen, hast du den alten Zahn, mach mir bald einen neuen dran!«), vergrub sie an einer zauberischen Stelle oder schenkte sie der »Zahnmaus«. Auf jeden Fall mussten sie verschwinden, damit kein böser Zauber damit getrieben werden konnte. Doch auch die Fee war früher als mögliche Empfängerin bekannt. In Italien etwa hieß sie Marantega.

Während aber der ganze Brauch in unseren Breiten inzwischen praktisch bedeutungslos geworden ist, trieb er in Amerika solche Blüten, dass die Zahnfee seit dem Zweiten Weltkrieg zu einem echten Star avanciert ist. Während es zuvor einfach »die Feen« waren, die Kinderzähnchen gegen Geld eintauschten, war es jetzt *sie*: Eine bildschöne, meist als geflügelt vorgestellte Bilderbuchfee, die sich wunderbar vermarkten ließ. Beispielsweise im Internet gibt es »Mini Toothfairy«-Kisschen, Zahnfeenschatzdöschen für »Prinzessinnen« und »Prinzen«, individuell gestaltete Zahnfeekarten für alle möglichen Gelegenheiten und vieles andere mehr.

Dabei verändern sich auch die Aufgaben der Zahnfee immer mehr. In einem Land, in dem der Zahnarzt eine Menge Geld kostet, ist es wichtig, dass Kinder von klein auf dazu angehalten werden, auf ihre kostbaren Zähne aufzupassen und sie ordentlich zu pflegen. Wer aber kann das besser als eben die Zahnfee? Auch sonst unterstützt die Toothfairy die Erwachsenen nach Kräften. Ein Kardiologe schrieb an die Autorin eines Artikels über diese Fee, dass sie ihm und seiner Frau maßgeblich bei der Erziehung seiner zwei Töchter geholfen habe. Die Toothfairy schrieb Briefe an die Kinder, hinterließ Nachrichten, lobte und ermahnte sie, wenn es nötig war.

Die Forscherin schrieb abschließend: »Die Zahnfee ist ein so allgegenwärtiger Bestandteil der amerikanischen Kultur und übt einen so nachhaltigen Einfluss auf das Familienleben aus, dass es nicht verwunderlich wäre, wenn sie schon bald zu einer wahren ›amerikanischen Ikone‹ werden würde.«

Sag, was Seejungfrauen singen

Nächtlich bei des Mondes Schimmer,
Wenn der Wind schläft in den Wipfeln,
Tanzt die wunderschöne Elfe
Auf dem stillen, schilfumgebnen
Wasserrosenteich im Walde.

Heinrich Seidel

Ihr Haar war wie ein feuchtes Vlies aus Gold, und jedes einzelne Haar wie ein Faden aus lauterem Gold in einer gläsernen Schale. Ihr Leib war wie weißes Elfenbein, ihr Schwanz aus Silber und Perlmutt. Aus Silber und Perlmutt war ihr Schwanz, und grüner Seetang schlang sich darum; und wie Seemuscheln waren ihre Ohren und ihre Lippen wie Meerkorallen. Die kalten Wogen schlugen über ihre kalten Brüste, und das Salz glitzerte auf ihren Augenlidern.

Ein Adjektiv fehlt noch in dieser schwärmerischen Beschreibung einer Seejungfrau in Oscar Wildes Erzählung *Der Fischer und seine Seele*: »schön«. Aber malt man sich die Nixe, die der Fischer da unerwarteterweise in seinem Netz fing, nicht ohnehin als bezaubernd aus? Irgendwie kann man sich hässliche Nixen gar nicht vorstellen. Wassermänner ja: Die haben grüne Zähne und könnten schon deshalb und wegen ihrer meist recht merkwürdigen Triefhaare bei den Sterblichen keinen Schönheitswettbewerb gewinnen. Die Nixen aber, die See- oder Meerjungfrauen, sind einfach unwiderstehlich, sieht man einmal von dem kleinen Makel der Schwimmhäute zwischen den Fingern und vielleicht dem Fischschwanz ab.

Immerhin scheint Letzterer nach Belieben abgelegt werden zu können – wie sonst sollte es möglich sein, dass sich die Nixen auf der Erde fortbewegen (nur am feuchten Saum der Kleider als solche erkennbar), auf den Märkten einkaufen, sich, wie in einer Niederlausitzer Volkssage, als Mägde verdingen und so oder als Ehepartner eine Zeit lang mit Sterblichen zusammenleben?

Ob es nun ihre Schönheit ist oder ihre betörende Stimme, die langen Haare oder alles zusammen und manch anderes mehr – jedenfalls wird seit altersher auf der ganzen Welt von ihnen erzählt. Geht man in die Antike zurück, erhebt sich die Frage, wo man anfangen soll. Zwar gibt es Gottheiten, die halb Fisch, halb »Mensch« waren, wie den babylonischen Oannes und die semitische Mondgöttin Derceto, von der Lukian erzählt, sie sähe obenrum aus wie eine Frau, »aber von den Hüften bis zu den unteren Gliedmaßen besteht sie aus dem Schwanz eines Fisches«. Auch der indische Gott Vishnu wird in seiner ersten Inkarnation als Fisch (Matsya) oft mit einem menschlichen Rumpf auf einem Fischschwanz abgebildet.

Aber sind diese Götter deshalb die Urahnen der Seejungfrauen? Genau dieser Ansicht sind Gwen Benwell und Arthur Waugh, die Autoren eines Buches über Nixen. Sie kritisieren – zu Recht, wie wir finden – eine andere Theorie, der zufolge die weltweite Vorstellung von Seejungfrauen auf ein Tier namens Dugong zurückgehen soll. Es ist seehundartig, aber überaus plump – und wohl niemand, nicht einmal ein sternhagelvoller Matrose, käme auf die Idee, in diesen kahlköpfigen Dickmöpsen bildhübsche Frauen mit langen Haaren zu sehen.

Was die Gottheiten angeht, so wird Ähnliches auch von den anderen Feen – vor allem den irischen – behauptet. Apropos »andere Feen«. Was haben Nixen oder Seejungfrauen in einem Feenbuch verloren? So mag vielleicht manch einer fragen. Die Antwort darauf lautet, dass die einen so viele Gemeinsamkeiten mit den anderen aufweisen, dass sie nach Ansicht der meisten Feenforscher als enge Verwandte betrachtet werden müssen; viele bezeichnen die Teichbewohnerinnen unter ihnen gar ausdrücklich als *lake fairies* (»See-Feen«). Ja, man könnte sagen: Nixen sind schlicht und einfach Feen, die sich überwiegend im Wasser aufhalten – in Teichen, Seen, Flüssen, Quellen oder dem Meer.

Je nach Land, Region, Zeit und Sprache heißen sie beinahe ebenso unterschiedlich wie die anderen Feen. Man kennt sie etwa als – je nach Region und Gusto blonde, schwarz- oder braunhaarige – Nixen, Seejungfrauen, Nereiden, Selkies, Oceaniden, Najaden, Undinen und natürlich auch als Sirenen.

Die Letztgenannten sind übrigens erst im Laufe der Zeit zu betörenden Frauen mit langen Haaren und Fischschwanz mutiert oder besser von früheren Dichtern und Malern umgewandelt worden. Ursprünglich waren die Sirenen nämlich Vogelmenschen. Kopf und Brust waren die einer Frau, der Körper aber der eines Vogels mit großen Krallen. Von hübsch oder anziehend konnte wirklich nicht die Rede sein, wäre da nicht die Stimme gewesen, mit der sie den Odysseus und seine Mannschaft zu betören versuchten. So wenigstens weiß es Homer zu berichten.

Welcher mit törichtem Herzen hinanfährt und der Sirenen
Stimme lauscht, dem wird zu Hause nimmer die Gattin
Und unmündige Kinder mit freudigem Gruße begegnen
warnt die Zauberin Kirke.

Das Betören – ob nun durch ihren Gesang oder allein durch ihre Schönheit – ist weit mehr noch als bei den »Landfeen« ein fast durchgängiges Charakteristikum aller Nixen. Mit beidem bringen sie den Menschen offenbar auch öfter Verderben als jene. Dass sie im Wasser leben, vereinfacht die Sache natürlich beträchtlich. Sie brauchen sich nur an einer schön gefährlichen Meer- oder Flussenge hinzusetzen und sich die goldenen Haare zu kämmen, und schon rammt das Fischerboot die Felsen und versinkt. Und mit ihm die dazugehörige Besatzung mit Mann und Maus. Wer denkt da nicht an die Lorelei, unter deren Felsen sich die Schiffswracks nur so häuften?

Die schönste Jungfrau sitzet
Dort oben wunderbar,
Ihr goldnes Geschmeide blitzet,
Sie kämmt ihr goldenes Haar.
Sie kämmt es mit einem Kamme
Und singt ein Lied dabei;
Das hat eine wundersame gewaltige Melodei.

Heinrich Heine, der diese Zeilen dichtete, übernahm die Lorelei von Clemens Brentano, der sie (jedoch nicht ihren Namen, der ursprünglich eine Ortsbezeichnung war) um 1800 erfand, »ohne ein tradiertes Vorbild dafür zu kennen«. Allerdings war Brentano mit den lokalen Volkssagen durchaus vertraut und schöpfte also aus bereits existierenden Nixen-Motiven.

Zuerst kam die goldhaarige Fee bei Brentano in einem Gedicht vor (1802), dann unter anderem in den *Rheinmärchen*, wo »Lureley« eine Zauberin ist, die zusammen mit ihren sieben Töchtern den Nibelungenhort bewacht. Als schöne und gute Fee, als Nixe, erscheint sie später im *Märchen vom Murmeltier*, wo sie menschenfreundlich mit einem Mädchen Kleider tauscht, sich von ihr die Haare kämmen lässt und ihr die dabei herausfallenden Perlen und Edelsteine schenkt. Anschließend taucht sie in einem Brunnen unter und sagt zum Abschied: »Mein liebes Kind! Ertrage alles mit Geduld, bleibe fromm, fleißig und demütig, und wenn du in Not bist, so stürze dich in diesen Brunnen; ich will der Brunnenfrau, die drin wohnt, sagen, dass sie sich deiner annehmen soll.«

Die Lorelei wurde in der Folge zu einer Identifikationsfigur und in zahllosen Gedichten und Geschichten und in sage und schreibe etwa 50 Opern verewigt.

Ähnlich »gut« und gleichzeitig gefährlich sind andere literarische Nixen wie beispielsweise die berühmte Undine des inzwischen fast vergessenen Friedrich de la Motte Fouqué. Diese Nixe liebt mit ganzem Herzen den Ritter Huldbrand von Ringstetten. Während sie zuvor ein »launenhaftes Naturgeschöpf« war, erhält sie durch die Heirat mit dem Sterblichen eine menschliche Seele. Der Preis dafür ist allerdings irdisches Leid, und das nicht zu knapp – ihr Lohn andererseits die Unsterblichkeit. Auch gibt es wie bei allen anderen Feen eine Bedingung: Wird sie von ihrem Mann jemals beleidigt, verliert sie die Seele wieder und muss in ihr feuchtes Element zurückkehren. Natürlich geschieht genau das: Der edle Ritter, der sich schließlich als nicht gar so edel entpuppt, verliebt sich in eine andere, beschimpft seine Gattin, und Undine verschwindet seufzend in den Fluten der Donau, auf der sie gerade zu dritt spazieren gefahren waren. Der Ritter aber kommt nicht ungeschoren davon, denn er wird von Undine, die noch einmal des Nachts zurückkehrt, in einer innigen Umarmung erstickt. »Ich habe ihn totgeweint«, sagt sie und verschwindet in ihrem Brunnen.

Das krimimäßige Ende passt zu dem Bild, das viele volkstümliche Geschichten von Nixen und Wassermännern zeichnen. Der Nöck zahlreicher Seen und Flüsse (so auch des nach ihm benannten Neckars) verlangt einmal pro Jahr ein Opfer, und zwar vor allem am Johannistag, weshalb »Klimmer und Schwimmer« an diesem Tag besser nicht klimmen und schwimmen sollten. Berichte von Menschen, die Nixe oder Wassermann in die Tiefe zogen, gibt es wie Sand am Meer. Nicht umsonst wird Goethes »Fischer« von seiner Seejungfrau mit süßen Worten dazu verleitet, zu ihr ins kühle Nass hinabzukommen:

Das Wasser rauscht', das Wasser schwoll,
Netzt' ihm den nackten Fuß;
Sein Herz wuchs ihm so sehnsuchtsvoll;
Wie bei der Liebsten Gruß.
Sie sprach zu ihm, sie sang zu ihm,
Da war's um ihn geschehn:
Halb zog sie ihn, halb sank er hin,
Und ward nicht mehr gesehn.

Die Nixe im Teich, so das gleichnamige Märchen der Brüder Grimm, ist »tückisch«, und auch im Volksglauben, beispielsweise der Litauer, werden die Seejungfrauen eher als dämonisch denn als gut angesehen, weshalb man ihnen Beschwichtigungsopfer darbringen muss.

Selbst wenn die Absichten der Nixen letztlich gut sind und reiner Liebe entspringen – für die Menschen macht sich eine Verbindung mit den bildhübschen Seemädchen höchst selten bezahlt. Wie die Festlandfeen legen sie es nichtsdestoweniger gern auf ein Verhältnis mit Männern an – oder auch umgekehrt; und wie bei diesen geht oft alles wegen eines gebrochenen Versprechens wieder auseinander. Zum Glück eher selten wird der wortbrüchige Gatte anschließend, wie in der *Undine*, erdrosselt oder ertränkt. Immer aber bereut er für den Rest seines Lebens seine unüberlegten Worte oder seine unüberlegte Handlung und verzehrt sich nach seiner auf ewig verlorenen Liebe. Fragt sich, was in einem solchen Fall schlimmer ist!

Wie groß die Bezauberung ist, die Nixen auf Männer ausüben können, illustriert vielleicht am besten ein Beispiel aus Afrika. Hier ist in vielen Ländern von Senegal bis Tansania unter vielen anderen Nixen auch eine – hellhäutige, blauäugige, blonde(!) – bekannt, die auf den Namen *Mami Wata* hört. Sie ist gleichzeitig höchst anziehend und gefährlich. Deshalb bringen die Menschen ihr an Flussmündungen und anderen Orten, von denen man annimmt, dass sie sich dort aufhält, »weiße« Op-

fer dar – Reismehl, Hühner, Fisch oder Tücher. Da sie eben schön ist und demjenigen, dem sie ihre Gunst schenkt, Reichtum, ein langes Leben, sexuelle Erfüllung und ihren Schutz gewährt, gibt es genügend Verwegene, die gern zu ihr in Kontakt treten würden.

Zu diesem Zweck wenden sie sich an einen Medizinmann, der ihnen rät, sich von Alkohol und anderen Frauen fern zu halten. Mami Wata, die »Wassermami« ist überaus eifersüchtig und duldet keine anderen Götter, und wenn es auch nur sterbliche Frauen sind, neben sich! Etliche Einheimische erzählten dem Ethnologen Tobias Wendl von ihren Erlebnissen mit Mami Wata. Immer war Erotik mit im Spiel und oft waren die Männer von der Nixe wie besessen. In einem Fall übertrug sich diese Besessenheit innerhalb der Familie. Erst war es der Vater, der eine Affäre mit der Nixe hatte und dann sehr früh starb. Man argwöhnte, er habe eines von Mami Watas Geboten übertreten. Dann kam sie zum Sohn, dem sie auf so nachdrückliche Art befahl, keinen Alkohol mehr zu trinken und sich nicht mehr mit anderen Frauen abzugeben, dass er sich schließlich daran hielt.

Erwähnt sei noch, dass der Medizinmann zuweilen den Männern, die Mami Wata kennen lernen wollen, einen kleinen Kamm in die Hand drückt, um sie anzulocken! Hier sind wir bei einem der beiden Attribute, die man landläufig mit Nixen verbindet: Kamm und Spiegel. Ist ja klar: Beides brauchen sie, um sich die Haare zu kämmen. Aber so einfach machten sich die Forscher die Sache nicht und fragten sich, wie es eigentlich zu diesen Attributen der Seejungfrauen kam. Die Sirenen hatten sie früher jedenfalls nicht in Händen – da sie ja ursprünglich (als Vogelwesen) gar keine Haare hatten.

Robert Graves, der bekannte englische Dichter, Schriftsteller und Mythenforscher, schlug vor, der Spiegel sei eigentlich die Mondscheibe und der Kamm ursprünglich das Plektrum, mit dem die Sirene die Saiten ihrer Leier schlug. Hm! Man tut, denken wir, besser daran, sich auf solche und andere Deutungen nicht einzulassen und einfach festzustellen, dass die Nixen weltweit mit diesen Attributen versehen wurden und werden, wie man an Mami Wata sehen kann – und Punkt!

Mit den Feen gemein haben die Nixen nicht nur die Schönheit (lässt man die Waldweiblein einmal beseite), sondern auch den körperlichen Makel, die Freude am Singen, die Kleinlichkeit und Rachsucht und die immer mit einer Beziehung zu Menschen verknüpften Bedingungen, die unbedingt erfüllt werden müssen.

Noch klarer aber wird die enge Beziehung angesichts eines weit verbreiteten Geschichtentypus. Wenn man von den unzähligen möglichen Variationen absieht, geht es dabei darum, dass eine oder mehrere Nixen sich abends in den Spinnstuben einstellen und den Mädchen beim Spinnen helfen, oder aber am Wochenende zum Dorftanz aufs Land kommen. Immer müssen sie zu einer ganz bestimmten Uhrzeit wieder in den heimatlichen Teich zurückkehren. Die Burschen verlieben sich natürlich reihenweise in die hübschen Mädchen, die nur am feuchten Kleidersaum als Nixen zu erkennen sind, und einer von ihnen dreht irgendwann einmal – ohne jede böse Absicht – die Kirchturmuhr um eine Stunde zurück, damit seine Angebetete ein wenig länger bleibt.

Die Folge ist stets, dass die Nixen ab dann auf immer verschwunden bleiben. In gruseligeren Versionen färbt sich anschließend das Teichwasser blutrot – wohl um anzudeuten, dass der böse Wassermannvater seine ungehorsamen Töchter tötet. Eine solche Geschichte wird in dem nahe bei Heidelberg gelegenen Epfenbach noch heute erzählt.

Wie die Landfeen kennen sich auch die Nixen in der Kräuterkunde bestens aus. Weiterhin beherrschen sie das Wetter, denn sie haben die Macht, Stürme, Wasserhosen und Wellen herauf- oder fortzubeschwören oder es nach Belieben regnen zu lassen.

Vielleicht wäre an dieser Stelle die schöne Lau zu erwähnen, der Eduard Mörike in seinem *Stuttgarter Hutzelmännlein* ein Denkmal setzte. Die schöne Lau wohnte nach altem Glauben im Blautopf, einem fast kreisrunden tiefblaugrünen Quellteich in Blaubeuren. Wenn sie ärgerlich war, brachte sie das Wasser zum Wallen und Überschwappen, wodurch das Städtchen überschwemmt wurde. Also verehrte man ihr, um das zu verhindern, jede Menge Opfergaben, und zwar so lange, bis die Mönche des direkt am Teich gelegenen Klosters diese heidnische Sitte strikt untersagten. Mörike nun schmückte die schlichte Sage aus:

Die schöne Lau wurde von ihrem Mann, einem Donaunöck vom Schwarzen Meer, verbannt, weil sie ihrer permanenten Schwermütigkeit wegen nur tote Kinder zur Welt brachte. Seine Mutter hatte ihr geweissagt, sie würde erst dann lebende Kinder bekommen, wenn sie fünf Mal gelacht hätte. Das fünfte Mal dürfe aber weder sie noch ihr Mann den Grund dafür wissen. Irgendwann verlor der Nöck die Geduld und schickte sie zu seiner Schwester in den Blautopf, wo er sie einmal im Jahr besuchte, um sich nach dem Stand der Dinge zu erkundigen.

Dort knüpfte sie nach einiger Zeit freundschaftliche Beziehungen zur Wirtin Betha vom Nonnenhof an, in dessen Brunnen sie von nun an oft auftauchte, um mit Betha Schwätzchen zu halten. Ab dem Zeitpunkt gedieh die Wirtschaft wie nie zuvor, und es ergaben sich für die schöne Lau mehrere Gelegenheiten, bei denen sie herzhaft lachen musste. Das vierte Mal war bei einem Zungenbrecher, der in der Spinnstube, in der sich auch die schöne Lau einfand, die Runde machte:

's leit a Klötzle Blei glei bei Blaubeura,
glei bei Blaubeura leit a Klötzle Blei.

Als die Wirtin über diesen Satz stolperte, lachten alle herzlich und am lautesten die schöne Lau. Das fünfte Mal aber lachte sie, als sie vor Schreck über die Ankunft ihres Nöcks in Ohnmacht fiel und dabei vom Sohn der Wirtin geküsst wurde. Als er deshalb von zahlreichen unsichtbaren Händen ein paar saftige Ohrfeigen erhielt, lachte die schöne Nixe laut auf – und damit waren die Bedingungen erfüllt. Bevor der Nöck seine Gattin wieder in Gnaden auf- und mit sich fortnahm, verabschiedete sich die Nixe von Betha, beschenkte sie reichlich und versprach, sie von Zeit zu Zeit zu besuchen.

»Frau Betha hielt bis an ihr Lebensende die Ordnung der guten Lau heilig und ihre Nachkommen nicht minder. Dass jene sich nachmals mit ihrem Kind im Nonnenhof zum Besuch eingefunden, davon zwar steht nichts in dem alten Buch, das diese Geschichten berichtet, doch mag ich es wohl glauben.«

Diese Geschichte ist rundum nett, was man von Hans Christian Andersens *Kleiner Meerjungfrau* nicht unbedingt behaupten kann. Seine zuzeiten extreme Schwermut lebte der dänische Dichter hier auf eine Weise aus, die einen schon das Gruseln lehren kann, Kinder aber mit Sicherheit schlecht träumen lässt. Wir sollten vielleicht einmal aufzählen, welchen Quälereien die niedliche kleine Seejungfrau ausgesetzt ist, um schließlich doch das Nachsehen zu haben und ihren heiß geliebten Prinzen letztendlich an eine Sterbliche zu verlieren: Sie muss acht große Austern an ihrem Fischschwanz festgeklemmt ertragen, das geht ja noch. Als Nächstes aber geht sie als Preis für neue Beine ständig wie auf Messerklingen: »Das tut weh, es ist, als ob ein scharfes Schwert dich durchdränge.« Damit nicht genug, wird ihr verheißen, wenn ihr Prinz ihr die Treue nicht hielte, würde sie nicht nur keine unsterbliche Seele erlangen, sondern: »Am ersten Morgen, nachdem er mit einer andern verheiratet ist, da wird dein Herz brechen und du wirst zu Schaum auf dem Wasser.« Schließlich verliert sie auch noch ihre schöne Stimme an die Hexe, die ihr die Beine beschaffen soll. Alles in allem ein wenig viel auf einmal, und so spricht eine Herausgeberin von Feenmärchen nicht ganz zu Unrecht vom »sadistischen Märchenonkel Andersen« und fragt: »Was will die kleine Meerjungfrau eigentlich, den Prinzen oder eine unsterbliche Seele?«

Gerade, was das Christentum bzw. die unsterbliche Seele oder das Fehlen derselben angeht, kursieren über die Landfeen wie die Nixen im Prinzip dieselben Geschichten. Obgleich die Nixe mithin als ebenso heidnisch galt wie die Fee und die Elfe, wurden Seejungfrauen mit einem oder zwei Schwänzen und in den verschiedensten Ausprägungen oft an und bei Kirchen (und zig anderen Gebäuden) abgebildet. Es ist nicht ganz klar, wieso eigentlich. Ein Grund ist aber sicher, dass sie als abschreckendes Beispiel dienen sollten, als Parabel für verderbliche Sündhaftigkeit, für »die trügerischen Versuchungen durch feindselige Dämonen«, wie schon in mittelalterlichen Bestiarien erklärt wurde.

Hier ist Vergnügen,
Hier sinken ermattet in Schlaf wir,
Und hier töten uns die Sirenen.
In Wahrheit ist es der Böse,
Der uns tief in das Lasterreich stürzt
Und in seinen Schlingen uns fängt.

Die Nixe war im Volksglauben unserer Breiten bis vor kurzem fest verwurzelt. Noch um das Jahr 1900 wussten die Fischer der Kurischen Nehrung von den Seejungfrauen zu berichten, die sie oft sahen, und zwar aus einer Nähe von 10 bis 20 Metern. Sie hatten große herabhängende Brüste, aschblondes Haar und natürlich einen Fischschwanz. »Wenn sie sich den Menschen zeigen, blicken sie ihn mit Fremdlingsmienen an und scheiteln beständig das wassertriefende Haar. Sie sind stumm.« Auch in der Fantasy kommt die Nixe nicht zu kurz, und wunderschön beschrieben wird eine von ihnen, Goldbeere, Tochter des Flusses, bei Tolkien: »Ihr langes goldblondes Haar wallte ihr über die Schultern; ihr Gewand war grün, grün wie junges Schilf durchwirkt mit Silber wie Tauperlen; und ihr Gürtel war aus Gold, geformt wie eine Kette aus Schwertlilien und besetzt mit blassblauen Vergissmeinnichtknospen.«

Abschließend soll noch einer der zahllosen Augenzeugenberichte folgen, die schriftlich festgehalten wurden. Er stammt aus dem Jahr 1614 und wurde von einem Kapitän verfasst, der vor einer westindischen Insel eine Seejungfrau sah. Er erklärt, dass sie mit großer Geschicklichkeit in der Nähe der Küste schwamm, und liefert anschließend eine pedantisch genaue Beschreibung:

»Sie hatte große Augen, vielleicht etwas zu rund, eine fein gebildete Nase (ein bisschen zu kurz), gut herausgearbeitete Ohren, etwas zu lang, und ihr grünes Haar gab ihr eine eigentümliche Note, die nicht im Geringsten abstoßend war.« Der Kapitän empfand schon die »ersten Anzeichen von Liebe«, als er bei einer Bewegung von ihr sah, dass sie unterhalb der Hüften ein Fisch war – und damit war die Sache dann für ihn erledigt.

Fantasy, Kinderbuch & Co.

Hinauf zum rauen Gipfel,
Hinab zum grünen Kolk
Wagt sich nie ein Jäger
Aus Furcht vorm kleinen Volk.
Kleinvolk, Gutvolk
Hei, es tanzt ein jeder,
Grünes Wams, Mütze rot
Und weiße Eulenfeder.

William Allingham

Jetzt war ein anderes Licht im Zimmer, tausendmal heller als die Nachtlichter, und in der Zeit, die wir brauchen, um davon zu erzählen, war es schon in allen Schubladen des Kinderzimmers gewesen, um Peters Schatten zu suchen, hatte den Kleiderschrank durchstöbert und jede Tasche nach außen gekehrt. Es war kein richtiges Licht, es verbreitete dieses Licht, indem es schnell hin und her schoss. Aber wenn es für eine Sekunde zur Ruhe kam – hast du gesehen: Es war eine Fee. Nicht größer als deine Hand, aber sie wuchs noch. Es war ein Mädchen, und sie hieß Tinker Bell, elegant gekleidet in ein geripptes Blatt; das war ordentlich tief ausgeschnitten, so dass ihre Figur bestens zur Geltung kam. Sie hatte allerdings ein bisschen Bauch.

Titania dürfte die berühmteste Fee der Erwachsenen sein. Die bekannteste Fee – oder eher Elfe – der Kinder dagegen ist wohl immer noch die Begleiterin von Peter Pan, Tinker Bell, die je nach Übersetzung auf Deutsch auch »Klingklang« oder »Glöckchen« heißt. Wie fließend die Grenze zwischen Elfen und Feen in unserem Bewusstsein ist, wird auch daran deutlich, dass sie in der einen Übersetzung als Elfe, in der anderen als Fee bezeichnet wird.

Peter Pan war ursprünglich ein Schauspiel in fünf Akten, das 1904 uraufgeführt wurde. Zurück ging es auf Geschichten, die der Schotte Sir James Matthew Barrie den Kindern seiner Freunde erzählte. Nachdem er mit dem Stück großen Erfolg hatte, schrieb er die Erzählung *Peter Pan in Kensington Gardens* (1906) und ein paar Jahre später Peter das Buch *Peter and Wendy* (1911).

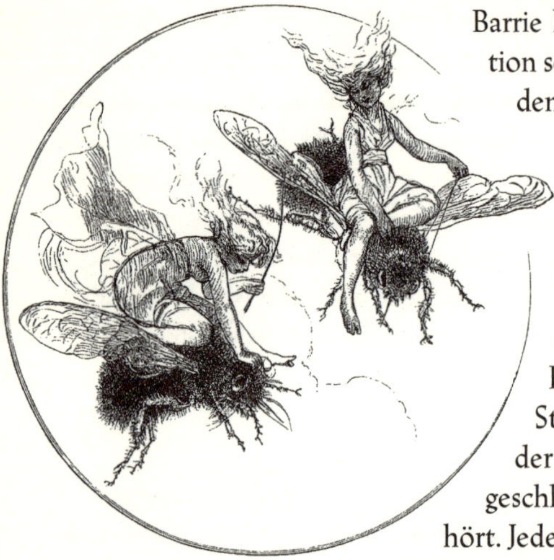

Barrie kannte sich in der Feentradition seines Landes offenbar gut aus, denn seine Elfen entsprechen in Charakter und Wesen denen des Volksglaubens recht gut. Sie sind eitel, nachtragend, boshaft, eifersüchtig und manchmal auch ein wenig kindisch. Sie haben eine Elfenkönigin und wohnen im Stadtpark, der nach Einbruch der Dunkelheit, sobald die Tore geschlossen sind, allein ihnen gehört. Jeder Eindringling wird mit Stechpalmenblättern oder auf andere Weise gepiesackt. Sie besitzen magischen Feenstaub, den sie an auserwählte Menschenkinder verteilen, damit sie mit ihnen fliegen können, denn »niemand kann fliegen lernen, wenn ihm nicht etwas Elfenstaub auf die Schultern geblasen wird«.

Sie zeigen sich auch mitleidig, als es darum geht, ein kleines im Park verloren gegangenes Mädchen zu beschützen, das einer von ihnen zuvor geholfen hatte. Sie bauen um die Kleine herum ein wunderniedliches Puppenhäuschen, damit es ihr über Nacht gut geht.

Peter Pans Elfe beschützt und liebt ihren kleinen Menschenbuben über alles und ist so eifersüchtig auf seine Zuneigung zum Menschenmädchen Wendy, dass sie sie an den Haaren ziept und ärgert, wo sie nur kann. Eine Schutzelfe zu haben wünscht sich wohl jedes Kind, auch Wendy, die Peter Pan darum bittet, ihr Tinker Bell abzutreten, was diese natürlich entrüstet ablehnt. So darf im Film *Hook* Glöckchen, hier in Gestalt von Julia Roberts, nicht fehlen, die Peter Pan auch als Erwachsenen umsorgt und umflattert.

Etwa zwei Jahrzehnte vor Barrie schrieb der Italiener Carlo Collodi sein berühmtes Kinderbuch Pinocchio, in dem eine blauhaarige (!) Fee, die Beschützerin des hölzernen Buben ist, ihm immer wieder aus der Bredouille hilft und ihn zu guter Letzt bekanntlich in einen richtigen Jungen verwandelt.

Noch ein bisschen früher befasste sich der vor allem durch *Alice im Wunderland* berühmt gewordene Lewis Carroll in seiner weit weniger berühmten – aber höchst niedlich zu lesenden – Geschichte *Bruno's Revenge* (»Brunos Vergeltung«) mit den Feen. Carroll trifft hier höchstpersönlich auf die kleine Fee Sylvie, wobei er vorweg fragt, was denn der beste Zeitpunkt sei, Feen zu sehen, und die Antwort gleich selbst beisteuert:

»Die erste Bedingung lautet, dass es ein *sehr* heißer Tag sein muss – das steht also schon mal fest; und du musst gerade ein *kleines* bisschen dösig sein – aber wohlgemerkt, nicht *zu* dösig, um noch die Augen aufhalten zu können. Na ja, und dir müsste ein bisschen – sagen wir ›feeisch‹ zumute sein; wenn du nicht weißt, was das heißt, kann ich's dir, fürchte ich, auch nicht erklären; du musst dann warten, bis du eine Fee triffst, und dann wirst du's wissen.«

Er trifft also auf Sylvie, wie sie, winzig und grün gekleidet, gerade einem umgefallenen Käfer wieder auf die Beine hilft und ihn dabei tüchtig ausschimpft. Als der Käfer endlich mit Getöse fortfliegt, ist auch die Fee verschwunden. Kurz darauf stolpert Carroll über ihren kleinen Bruder Bruno, der noch nicht richtig sprechen kann und gerade dabei ist, aus Zorn über Sylvie, die ihn morgens nicht spielen ließ, ihren Garten zu zerstören. Carroll aber erklärt ihm, dass es eine viel bessere »Vergeltung« sei, ihren Garten wunderbar aufzuräumen, neue Blumen zu pflanzen und sie zu gießen. Der kleine Bruno kennt das schwierige Wort »Vergeltung« nicht und kann es nicht aussprechen. Nach einigem Verdutztsein sieht er nichtsdestotrotz die Logik dieser »Verdeltund« ein und hilft Carroll bei der Umsetzung. Ab und an ruht er sich auf einer toten Maus aus, die als Maßstab für die Größe der Beete dient. Schließlich singt der kleine Bruno, vom Geklimper einer Glockenblume begleitet, das folgende Liedchen:

Auf, *wach* auf! *Der Mond geht auf:*
Die Eulen heulen, huh, huh, huh!
Steh *auf*, steh! *Neben dem See*
Dudeln die Elfen, du-dluh-dluh!
Willkomm, Fe-henfürst, du:
Wir singen dich zur Ruh!

Als Sylvie endlich kommt, wird sie in den nun wunderhübsch arrangierten Garten geführt und ist außer sich vor Freude. Da fängt der kleine Bruno an zu weinen und gesteht ihr, dass er zuerst ihren Garten hatte verwüsten wollen. Das sei aber nun seine »Verdeltund« gewesen. Die glücklichen Feen verschwinden eng umschlugen in den Butterblumen.

Es ist eine heile Welt, in die Carroll den kleinen oder großen Leser mit dieser Geschichte entführt, eine Feenwelt mit Sonne, Käferlein, Grillen und Blumen. Eine Welt zum Träumen.

Kinder wünschen sich eine heile Welt (Erwachsene auch!). So ist es eigentlich verwunderlich, dass sich vergleichsweise wenig Kinderbücher heutzutage mit den Elfen oder Feen befassen. Wohlgemerkt, wir sprechen jetzt nicht von Büchern, die in Richtung Fantasy gehen, sondern von Kinderbüchern. Otfried Preußler schrieb vom kleinen Wassermann, der kleinen Hexe und sogar vom kleinen Gespenst – von einer kleinen Fee aber schwieg er unseres Wissens bislang. Die Kinderbuchspezialistin eines großen Heidelberger Buchladens wusste von nur wenigen aktuellen Büchern. Eines davon ist die Neuauflage der (erstmals 1898 erschienenen) wunderhübsch illustrierten *Blumen-Märchen* des Malers Ernst Kreidolf. Ein anderes ist ein Bilderbuch, Bob Grahams *Bruno Feder Elfenkind,* das in unseren Augen den Vorzug hat, nicht wie andere Bücher, Elfen »rational« erklären zu wollen. Die kleine Annabelle sieht Elfen – Punkt. Und am Schluss heißt es zum Glück auch nicht: Annabelle hat das alles nur geträumt oder sich eingebildet.

Während die Elfen hier kinderniedlich sind, kann man das von denen in Dugald Steers *Im Reich der Kobolde und Elfen* nicht unbedingt behaupten. Sie wirken leicht unheimlich, ja für kleine Kinder vielleicht ein wenig furchterregend. Und so wie sie aussehen, werden sie auch charakterisiert: als Wesen, vor denen man besser auf der Hut sein sollte.

Autoren, die für ältere Kinder (oder jüngere Jugendliche) schreiben, haben es mit derlei Themen naturgemäß etwas schwerer – »weiß« doch schließlich heutzutage jeder, dass es Feen und ähnliche Wesen gar nicht gibt. So packt ein Buch den Stier direkt bei den Hörnern, indem es schon im Titel herausfordernd erklärt: *Von wegen Elfen gibt es nicht!* In einer Buchbesprechung von Radio Bremen wird diese Problematik gleich zu

Anfang mit der rhetorischen Frage aufgegriffen: »Was meint ihr, gibt es Elfen? Nö. Gibt's nicht.«

»Von wegen«, heißt es aber dann weiter. »Es *gibt* sie. Wirklich und wahrhaftig. Großes Ehrenwort.« Madeleine und ihrem Sohn Constantin ist nämlich der Elf ihres Nachbarn Monsieur Tibère zugelaufen. Der steht dann plötzlich vor der Tür und verlangt von der verwirrten Madeleine seinen Elf zurück. Der ist klein, gerade mal 22 cm groß, hat Flügel und kein Herz. Dafür ist er charmant und rotzfrech.

In anderen Büchern wird eher um die Sache herumgedruckst. In Christian Linkers *Jagd nach den Feen* gibt es ein paar Erwachsene (die allerdings »nicht ganz dicht im Kopf« sein sollen), die behaupten, unter den Aufzugsschächten lebten Feen. Einer von ihnen erklärt den Kindern, in einem der Häuser wohne tatsächlich eine Fee in Menschengestalt, denn »wenn hier Feen leben, dann geben sie sich nicht zu erkennen. Sie sehen aus wie ganz normale Menschen«.

Das vereinfacht natürlich die Sache beträchtlich, weil damit letztlich alles offen bleiben kann. Niemand weiß genau, ob die betreffende Frau, die immer wieder Streitigkeiten schlichtet und allerlei Dinge in Ordnung bringt, wirklich eine Fee ist. Sie ist seltsam und niemand weiß viel über sie, aber das gilt für manche Menschen ja schließlich auch. Die mutmaßliche Fee selbst lässt die an sie gestellte Frage offen und seufzt nur: »In dieser Welt ist wahrscheinlich kein Platz für Feen!« Mithin kann also alles, was passierte, reiner Zufall gewesen sein. Aber: »Konnte es so viele Zufälle auf einmal geben?«

Es ist immer ein Spagat, in ein Nicht-Fantasy-Buch, in dem das ganz normale Leben ganz normaler Kinder oder Erwachsener geschildert wird, Feen und Elfen oder andere Geistwesen zu integrieren. Ein gelungenes Beispiel dieser »Mischgattung« ist der Roman *Die Elfen von New York*, ein Buch nicht für Kinder, sondern für Jugendliche und Erwachsene. Zwei schottische Distelfeen, Heather und Morag, verschlug es nach New York. Dort suchen sie sich Menschen, bei denen sie wohnen können. Sie identifizieren sich mit deren Schicksal, helfen ihnen beim Blumensammeln, stehlen Geld für sie, lehren sie Geigespielen, streiten sich nach Herzenslust miteinander und/oder den einheimischen Elfen herum, vertragen sich dann wieder mit ihnen, saufen nebenbei, was das Zeug hält und amüsieren sich ingesamt königlich – und der anfangs vielleicht etwas misstrauische Leser ebenfalls. Der Autor Martin Millar verarbeitete in seinem Roman durchaus traditionelles Wissen über Feen. Die bereits erwähnte sagenhafte Feenfahne der MacLeods ist beispielsweise der Grund für die Flucht der schottischen Feen. Sie hatten sich einige Stückchen vom heiligen Tuch herausgeschnitten, mit dem Resultat, dass ihnen binnen kurzem sämtliche Elfen Schottlands auf den Fersen waren.

Im Wesentlichen spielt Millars Roman in der Welt der Menschen, doch kommt in kurzen Abschnitten auch die schottische Feenwelt zum Zuge. In Herbie Brennans *Elfenportal* wechseln die Kapitel ebenfalls zwischen Menschen- und Feenwelt, hier allerdings mit Schwerpunkt auf der Feenwelt, in der es äußerst turbulent zugeht. Auch in diesem Roman glaubt nur ein äußerst verschrobener Mann an Feen, nicht aber Henry, der Held des Buches. Als er also ein Wesen mit Schmetterlingsflügeln sieht und weiß, er sieht eine Elfe, folgt anschließend sofort der Rückzieher: »Das Problem war, dass er nicht an Feen glaubte. Er *kannte* nicht mal jemanden, der an Feen glaubte.« Dann fragt er sich, was Feen denn eigentlich seien – vielleicht so was wie ein Tier, ein Insekt? »Vielleicht waren sie genau das: Einfach nur arme kleine dumme Tiere. Sehr *seltene* arme kleine dumme Tiere …«

Natürlich entpuppt sich die Fee, oder besser gesagt: der Feerich, denn er heißt Pyrgus Malvae, sehr bald als alles andere als stumm – und in der folgenden actionreichen Handlung, in die Henry mit einbezogen wird, ist nicht mehr viel Platz für Fragen und Erklärungen, wie sie selbst in *Peter Pan* gegeben werden. Alles, was die Elfen taten, heißt es nämlich da, »waren nur Zauberkunststücke und sinnreiche Täuschungen. Es lag daran, dass sie nie ganz wirklich waren. Eigentlich waren sie nur kleine Stückchen von einem Kinderlachen. Wenn nämlich ein kleines Kind zum ersten Mal lachte, zerbrach sein Lachen in tausend Teilchen, die um die ganze Welt herumwirbelten und nach und nach zu Elfen wurden.«

Einfacher haben es Autoren, deren Geschichten ganz und gar in einer anderen Welt spielen. Dabei ist nicht einmal immer an Fantasy zu denken, Waldemar Bonsels unvergessliche Biene Maja etwa zeigt die Welt einfach aus der Sicht winziger Tiere, vor allem natürlich der der Biene. Hier begegnen wir einem Blumenelfen mit einem blonden Köpfchen und lichtem zartem Körperchen in einem weißen Kleid. »Das winzige Menschenwesen erklomm den Rand der Blüte, hob die Ärmchen gegen das Mondlicht und sah mit einem seligen Lächeln in die helle Nacht der Menschenerde. Dann kam ein leises Zittern in das durchscheinende Körperchen, und plötzlich entfalteten sich von den Schultern herab zwei helle Flügel, weißer als das Mondlicht und so rein wie Schnee.« Die Biene Maja hat nie wieder etwas so Liebliches gesehen.

Das kleine Wesen singt ein ergreifendes Lied und erzählt dann der Biene, dass die Elfen nur sieben Nächte leben würden und dabei in der Blume bleiben müssten, in der sie geboren worden seien. »Wenn wir die Blume verlassen, so müssen wir im Morgenrot sterben.« Den meisten Elfen aber ist das gleich, informiert sie der Elf weiter, »denn es verbindet sich ein großes Glück damit. Wer seine Blume verlässt und so einen frühen Tod erleidet, der hat zuvor eine wunderbare Macht. Er kann dem ersten Wesen, das ihm begegnet, seinen liebsten Wunsch erfüllen.«

Man sieht, Bonsels schöpfte nicht unbedingt aus den Volkstraditionen über Feen und Elfen, sondern lebte mit den lichten Wesen ganz wie Andersen in seiner *Kleinen Meerjungfrau* seine Phantasie aus – wie dort mit dem letztlich traurigen Ergebnis der Auflösung. Während die Meerjungfrau aber zu Schaum auf den Wellen zerfließt, werden die Elfen bei Bonsels gewissermaßen recycelt: »Mit dem heraufsteigenden Licht verwandeln wir uns in Tautropfen. Die Pflanzen trinken uns und nehmen uns in ihr Blühen und Wachsen auf, bis wir nach Zeiten wieder als Elfen aus ihren Blumenkelchen steigen.«

Keineswegs immer lieb und freundlich geht es in der »richtigen« Fantasy, in der für größere Kinder, Jugendliche und Erwachsene, zu. Kaum ein Fantasy-Buch, kaum ein Rollenspiel kommt heutzutage ohne Feen, Elfen oder Elben aus, und fast immer gibt es mit ihnen jede Menge Action. Sie werden gern in Kriegshandlungen verwickelt, die sich je nachdem gegen Orks, Gnome, Riesen oder andere Widerlinge richten, und manchmal auch gegen Vertreter des eigenen Geschlechts, andere Elfengruppen, die eben nicht licht und gut, sondern miese Sumpf- oder Schwarzelfen sind. Schauerliche Nebelelfen beispielsweise leben von der Furcht anderer Wesen – jedenfalls in Sara Douglass' *Sternenströmers Lied*. Überhaupt werden diverse Elfenvölker unterschieden. So gibt es im Rollenspiel-Land Aventurien die Waldelfen, die Auelfen und die Firnelfen. Im Feencomic *Elfenwelt* dagegen die großäugigen und selbstverständlich extrem spitzohrigen Schneeelfen.

Viele Elfen ähneln, das ist inzwischen fast eine Binsenweisheit, den Tolkienschen Elben im *Herrn der Ringe* und im *Silmarillion*. Sie sind meist groß und schlank und grazil (weshalb solches auch im Rollenspiel *LARP, Live Action Roleplay*), von den Mitspielern verlangt wird), wunderbar gebaut, edel und »die älteste Rasse auf der Welt«. Blassblaue Haut haben die Elfen in Jean-Louis Fetjaines *Elfenzyklus*, ja diese Vorstellung ist inzwischen so geläufig, dass in einem esoterischen Buch allgemein vom »Blauen Volk« gesprochen wird. In Hohlbeins *Elfentanz* ist die Haut »weiß und hat einen schwachen, seidigen Schimmer wie Porzellan«. Überhaupt ist »schimmern« eines der Verben, die im Zusammenhang mit Feen und Elfen besonders gern verwendet werden. Auch bei Bonsels heißt es: »Der ganze Körper dieses wunderbaren Wesens war durchschimmert von Licht«. Im *Elfenschiff* von James P. Blaylock (und übrigens auch nach Ansicht der Brüder Grimm) sind die Elfen durchsichtig, so als bestünde der Körper »aus einer ganz speziellen Art von Glas«. Im *Herrn der Ringe* lesen wir: »Sie trugen kein Licht, und doch war es, während sie gingen, als ob ein Schimmer wie der Schein des Mondes, ehe er sich über den Kamm der Berge erhebt, auf ihre Füße fiele.«

Elfen und Elben sind sehr langlebig, aber meist nicht unsterblich. Sie sind oft irgendwie »ätherisch«, oft (so etwa auch in Ralf Winters *Zug der Elfen*) blond, manche haben sogar rote Haare, wie dies die Elfenbeauftragte Islands für dortige Feen bezeugt. Bei Hohlbein lesen wir dagegen: »Im hellen Sonnenlicht hatte ihr Haar golden ausgesehen, aber in Wirklichkeit war es silbern, ein Gespinst unendlich feiner Fäden, das bis weit über ihre Schultern herabfiel.«

Alle, alle, alle aber haben spitze Ohren – man könnte sagen, es ist ihr untrügliches Kennzeichen, weshalb der Zwerg Gimli in Bezug auf den Elben Legolas von »Spitzohr« spricht. Flügelchen besitzen diese Art von Fantasyelfen selten. Sie haben auch nichts von der niedlichen Verspieltheit der winzigen Blumenelfen an sich. Es gibt jedoch Ausnahmen, wie etwa die Hauselfen in Harry Potters *Feuerkelch*. Mit ihrer geringen Größe und ihrer ganzen Art erinnern sie schon ein wenig an die niedlichen Blumenelfchen. Auch die tennisballgroßen Augen, die quiekende Stimme, ihr eher unterwürfiger Charakter und die langen Finger und Füße passen nicht recht zum üblichen Bild eines stolzen, Ehrfurcht gebietenden Fantasyelben – eher zu den Elfchen in der Werbung für Wick Babybalsam und den Kinderbuchelfen. Ähnliches gilt für die geflügelten Feen von

Artemis Fowl. Im *Elfenzyklus* von Fetjaine heißt es dagegen über die Hohen Elfen, sie seien von geradezu erschreckender majestätischer Schönheit. Und ihre Königin erst! »Von ihrem langen schwarzen Haar und ihren Augen, die von einem so hellen Grün waren, als glühe in ihrem Innern eine Flamme, ging eine Kraft aus, die in scharfem Kontrast zu ihrer bleichen Haut stand, eine animalische Stärke, ein verborgenes Feuer.«

Oft – so auch bei Tolkien – werden die Feen, Elben oder Elfen als überaus weise bezeichnet. »In ihrem nachdenklichen Blick lag Weisheit wie bei jemandem, der viele Dinge kennt, die die Jahre bringen«, heißt es beispielsweise von Arwen, Elronds Tochter, im *Herrn der Ringe*.

Tolkien kannte sich, wie man weiß, gut in der germanischen Sagenwelt aus und schrieb seinen Elben traditionelle Eigenschaften zu: Sie sind hervorragende Bogenschützen, die gern singen und tanzen, besondere Speisen haben und über magische Kräfte und Kenntnisse der Heilkunde verfügen. Und genau das lässt sich eigentlich von den meisten anderen Fantasyelfen auch sagen. Dass sich Männer in die Elfenfrauen verlieben, entspricht ebenfalls traditionellen Vorstellungen. Im ersten Band des *Elfenzyklus* verbrennt die Elfenkönigin Liljane einen lüsternen Mann zu Asche – auch dies eine der volkstümlichen Überlieferung nicht widersprechende Reaktion. Überhaupt sind Fantasyelfen zwar überwiegend gut, licht und edel, dabei aber durchaus wehrhaft, kämpferisch, wenn die Umstände es erfordern, und manchmal auch boshaft und zweifellos gefährlich. Betonen sollten wir an dieser Stelle übrigens, dass Elfen oder Elben in der Fantasy in beiderlei Geschlecht vorkommen, wobei die Frauen keineswegs überwiegen.

Wenn sie sich mit anderen Rassen verbünden, dann meist mit Menschen, und sie schauen auf elende Wichte, etwa die Zwerge, verächtlich herab; ohnehin neigen sie zur Arroganz und bilden sich nicht wenig auf sich, ihr Aussehen und ihre Macht ein – und die anderen, ob Mensch, Zwerg oder Riese, erkennen sie als überlegene Wesen an. Elfen wohnen traditionsgemäß irgendwo im Wald, in enger Verbindung mit Pflanzen, Tieren und – wie man im *Herrn der Ringe* deutlich sah – mit Gewässern. Von den aventurischen Elfen im, Rollenspiel *DSA* (*Das Schwarze Auge*) heißt es, sie würden heutzutage zurückgezogen in den Wäldern und Steppen des Nordens leben. Einst aber, auf dem Höhepunkt ihrer Macht, hätten sie mit ihrer Magie riesige Städte erbaut und den halben Kontinent Aventurien beherrscht.

Das einzige monatlich erscheinende Rollenspielmagazin *Envoyer* untersuchte die Rolle der Elfen in verschiedenen Rollenspielen und kam zu dem Ergebnis: »Ich habe bei meinen ›Studien‹ entdeckt, dass Elfen ausnahmslos in allen Fantasy-Systemen, die ich kenne (*Das Schwarze Auge, AD&D, Ruf des Warlock, Earthdawn, Talislanta* etc.), gut aussehend, schlank, besser mit Bögen als Menschen, magisch und spitzohrig sind.«

Der Verfasser des Artikels betont, dass es keine wesentlichen individuellen Unterschiede zwischen ihnen gebe, und fragt sich anschließend, was also den Reiz ausmache, einen Elfen zu spielen. Zum einen sei es wohl das gute Aussehen; dann die Verbindung von Magier und Kämpfer; dann seien da noch die Elfenbonusse »Charisma« und »Geschick« zu nennen. »Vermutlich aber spielt auch die mitgelieferte Hoheit, die majestätische Ausstrahlung, die einem Elf einfach innewohnt, eine große Rolle. Der Elf an sich kriegt die Ehrfurcht förmlich nachgeschmissen, während viele andere Charakterkonzepte sie sich erst mühsam erarbeiten müssen.«

In der Kurzübersicht zu den Rassentypen in den *SoRoX*-Welten lesen wir, passend dazu: »Elfen sind wegen ihrer sprichwörtlichen Schönheit und Gelenkigkeit bekannt geworden, nur leider ist ihnen das ein wenig zu Kopf gestiegen.« Darüber, dass sie etwa 65 Kilo wiegen, darf man vielleicht ein wenig lächeln …

Elfen und Elben und Feen sind im Augenblick jedenfalls aus dem Fantasy – und übrigens auch dem Fantasy-Comic – nicht mehr wegzudenken. Sogar ein Roman aus den Zwanzigerjahren, *Flucht ins Feenland* von Hope Mirrlees, damals ein Kultbuch, erschien gerade erstmals(!) in deutscher Übersetzung. Die Autorin kannte sich im volkstümlichen Feenglauben sichtlich sehr gut aus und verwendet dementsprechend in diesem ganz anders gearteten, unterhaltsamen Fantasybuch jede Menge »naturgetreue« Motive.

Nicht zuletzt profitiert auch die Esoterik-Branche vom Feenboom, denn es sind nicht wenige Tarotkartensets auf dem Markt, die Elfen oder Feen als Aufhänger benutzen, im Grunde genommen aber herzlich wenig mit ihnen zu tun haben. Auf einem von ihnen steht beispielsweise auf der Rückseite der Schachtel vermerkt: »Mit Feen sprechen, tanzen, zaubern. Diese Karten machen die berührende Begegnung mit der zauberhaften Welt der Feen zu einer bewussten, beglückenden, jederzeit möglichen Erfahrung.« So so. Die Karten selbst enthalten schlicht äußerst allgemein gehaltene Lebensweisheiten wie etwa: »Wenn du dich fragst, ob du bekommen wirst, worauf du wartest, so lautet die Antwort, dass du die Samen dazu bereits in die Erde gelegt hast. Doch du kannst die Blumen nicht zum Wachsen zwingen.« Das mögen Sätze sein, über die nachzudenken sich lohnen würde – wo aber bleiben die Feen?

Elfenkind

Sie saß am Bach und weinte. Sollte es wirklich alles zu Ende sein? Sollte sie niemals mehr hier spielen, singen oder nach glatten Steinen suchen können? Nie mehr mit den kleinen Nymphen lachen oder mit ihnen um die Wette springen? Kleine Tränen rannen über ihre Wange und vermischten sich mit dem klaren Wasser des plätschernden Baches.

Wie hatte die Älteste des Elfenrates gesagt? »Wir müssen diesen Wald verlassen, denn die Menschen haben uns vergessen. Sie glauben nicht mehr an uns, sondern nur noch an das, was sie mit den Augen sehen können. Uns aber kann man nur mit den Augen des Herzens sehen. Das haben sie verlernt. Wir müssen sterben, wenn niemand mehr an uns denkt, lasst uns nach Ophir ziehen. Das ist der einzige Ausweg!« Und alle vom Elfenrat hatten zugestimmt, bis auf die alte Haselfee, die schon immer anders gedacht hatte und sehr erfahren war. »Lasst uns noch eine Woche bleiben«, hatte sie den anderen vorgeschlagen, »wenn in dieser Woche kein Mensch an uns denkt oder unseren Namen ausspricht, dann wollen wir gehen.«

Sie hatte sich gefreut: eine Woche, bestimmt würde einer der Menschen nur einmal »Elfe« sagen oder seinem Kind ein Märchen von ihnen vorlesen. Es gab doch so schöne Geschichten! Aber heute war der letzte Tag, und nichts war geschehen! Alle waren schon am Packen, und es war merkwürdig still im Elfenwald. Sogar die Holunderfee sang nicht mehr, die sonst immer die Fröhlichste war.

Elfenkind sah ihr Spiegelbild im Bach und bemerkte, dass ihre Tränen jetzt wie kleine Perlen auf dem Wasser tanzten, schaukelnd und hüpfend dem Dorf entgegen, in dem die Menschen wohnten. Ob das ein Zeichen war?

Ganz aufgeregt lief sie zu ihren Eltern. »Hört«, sagte sie, »ich werde zu den Menschen gehen und sie aufwecken, damit sie wieder richtig sehen können!« – »Du? Was willst du ausrichten? Die Menschen haben uns nicht verdient«, meinte ihre Mutter, und ihr Vater erwiderte: »Komm zur Vernunft, Elfenkind, wie willst du schaffen, was uns nicht gelang?« – »Träumerin, Träumerin!«, neckten sie ihre Brüder, und nur Elfenkinds kleine Schwester, die erst so groß wie eine Hand war, machte ihr Mut und sagte: »Ich würde so gerne mitkommen und dir helfen, aber sie lassen mich nicht. Du kannst und wirst es schaffen, das weiß ich von Saron, dem Zauberer! Ich wünsche dir viel Glück, und sei vorsichtig, mein liebes Elfenkind!«

Elfenkind zog ihr schönstes, aus den guten, ausgeträumten Träumen der Menschen gewebtes Kleid an, das sie unsichtbar machte vor den Leuten im Dorf, denn das war in uralten Gesetzen so festgelegt, dass man Elfen nur mit den Augen des Herzens sehen kann, und federleicht schwebte sie auf den Weg.

Der war wider Erwarten sehr beschwerlich, und beinahe wäre sie mit ihrem zarten Kleidchen in den dornigen Brombeerranken hängen geblieben, wenn nicht im letzten Augenblick ein Käuzchen: »Hab Acht! Hab Acht!«, gerufen hätte. Dann begann es auch noch zu schneien, als Elfenkind gerade im Dorf ankam. Erwartungsvoll klopfte sie an die erste Tür. Ein Mann öffnete, sah sich um, brummte etwas in seinen Bart und schloss die Tür wieder. So ging es ein ums andere Mal. Elfenkind war entsetzt. »Sie können uns wirklich nicht sehen. Ihre Herzen haben keine Augen mehr!«, flüsterte sie und ging auf ein Wirtshaus zu, in dem viele Menschen lustig feierten. Elfenkind fror und hätte sich gerne ein wenig aufgewärmt, aber sie traute sich nicht hinein, denn diese Art von Fröhlichkeit war ihr fremd. So zog sie an der Klingelschnur, worauf ein griesgrämiger Wirt seinen Kopf zur Tür herausstreckte. »Wer war das? Wenn ich euch erwische, Lausbuben! Ich habe keine Zeit für solche Späße. Die vielen Gäste, ich muss Geld verdienen!«, rief er wütend. Er hatte sie auch nicht gesehen! Und sogar die Leute auf dem kleinen Markt, auf dem allerhand Bastelkram angeboten wurde, bemerkten das Elfenkind nicht. Sie dachten nur an ihr Geld, ihre Geschäfte, ihr Vergnügen und nicht an andere. Schon gar nicht an Elfenkinder.

Elfenkind fror. Sie war müde und erschöpft, als sie schließlich die Dorfkirche fand. Knarrend öffnete sich die alte Tür: drinnen war es kalt und still. Elfenkind kauerte sich auf eine der leeren Bänke. Der Schnee schmolz in ihren Haaren und tropfte auf ihr durchnässtes Kleidchen. »Sie kennen uns wirklich nicht mehr, wir sind verloren, wir müssen fort«, hauchte sie und sah mit großen Augen auf das alte Kreuz, das über dem Altar hing. »Und dich kennen sie auch nicht mehr«, seufzte sie, dann fielen ihr die Augen zu.

Als sie wieder aufwachte, lag sie in einem kleinen Bettchen und neben ihr lag ein großes Menschenmädchen mit langen schwarzen Haaren und dunklen Augen. »Wo bin ich, was ist passiert?«, fragte Elfenkind überrascht. – »Ich fand dich in der Kirche, und weil du so frorst, habe ich dich mitgenommen und in mein Bettchen getragen, und nun wärme ich dich.« – »Du kannst mich sehen? Du kannst mit dem Herzen sehen?!!« Elfenkind richtete sich auf und lächelte.»Wie spät ist es?«, rief sie ungeduldig. »Es wird wohl bald Mitternacht sein«, antwortete das Menschenmädchen und wunderte sich, dass Elfenkind so fröhlich im Zimmer herumtanzte.

»Wir sind gerettet, wir sind gerettet!«, rief sie immerzu und erzählte dem erstaunten Mädchen die ganze Geschichte. »Vielleicht kann ich dich sehen, weil ich ein Kind bin; aber sag, kleine Elfe, warum hast du dich bei all dem Schnee und der Eiseskälte zu uns Menschen aufgemacht?«, fragte das Mädchen.

»Weil ich euch lieb habe«, antwortete Elfenkind und lächelte.

»Ich habe dich auch lieb!«, antwortete die Kleine und streichelte sie ein wenig.

Am anderen Morgen verabschiedete sich Elfenkind früh und machte sich auf, denn sie vermisste ihren Wald gar sehr. Und sie vermisste Elfenkindleinsschwester, die ihr mehr von Saron, dem Zauberer, erzählen sollte. Und solltest du einmal eine Elfe vermissen, so ist das sehr gut für dich, denn dann kannst du mit dem Herzen sehen.

Paul Eitner (Saron)

Feen im Internet

Ein Gesang aus Licht und Liebe
Meine Seele sanft berührt,
Und ein zauberhafter Friede
Über allem Sein nun liegt.

Monika Schudel

Mit den unzähligen Fantasyfeen und Tarotkarten, mit Filmen und Plastikpüppchenelfen ist es aber längst nicht getan. Denn die Feen und Elfen blühen und gedeihen vor allem auch im Internet, und zwar auf eine ganz unglaubliche Weise. Homepages über Homepages – ja ganze Web-Ringe – befassen sich mit ihnen, viele davon wunderbar märchenhaft gestaltet und mit vielen winzigen Elfen geschmückt, die mit den Flügelchen klappern und mit dem Zauberstab winken. Diese so genannten »Elfengifs« werden auf manchen Seiten regelrecht gesammelt und/oder auch als Auszeichnung verliehen. Daneben finden sich auf diesen Feenseiten oft jede Menge Feenbilder ganz unterschiedlicher Zeiten und Ausprägungen. Moderne von Jessica Galbreth neben den Nixen von Waterhouse oder eine Titania von Fitzgerald neben den niedlichen Elfen der Cicely Mary Barker.

Viele Webseiten enthalten Sammlungen von Feengedichten, wobei sich Texte von Goethe und Heine einträchtig neben weniger bekannten Werken wie dem folgenden von Christine Preschan (Sioe) über die kleine Mondelfe finden:

Kleine Mondelfe, reich mir die Hand
Und flieg mit mir zu den Sternen.
Ich möcht' noch so manches über
Diesen mystischen Zauber lernen.

Kleine Mondelfe, reich mir die Hand
Und flieg mit mir zum Mond.
Den Mond, den du zauberst jede Nacht
Auf den unendlich weiten Horizont.

Ebenfalls sehr häufig werden Märchen und Geschichten über Feen und Elfen zitiert, alte wie ganz funkelnagelneue. Manche davon, wie beispielsweise die von Saron und Anna Lilja, werden »herumgereicht« und erscheinen also auf diversen Homepages immer wieder, ja werden teilweise sogar von »Freiwilligen« ins Englische übersetzt. Auffallend ist bei den meisten Märchen, dass sie nichts, aber rein gar nichts von der actionreichen Fantasy an sich haben. Die Elfen oder Feen führen hier keine Kriege, töten niemanden und prügeln sich mit niemandem herum. Sie haben auch nichts von der Majestät oder gar Arroganz ihrer Fantasykollegen. Die meisten dieser Wesen sind niedliche, freundliche, harmlose Blumenelfen, die keiner Fliege etwas zuleide tun – Elfen vom Schlag der niedlichen Cicely-Mary-Barker-Feen also.

Es sind Märchen, die die Sehnsucht nach einer heilen Welt widerspiegeln, in der es keine wirklichen Sorgen gibt. Märchen, die natürlich alle gut ausgehen, die nicht im Fantasy-Sinn spannend sind oder sein wollen. Sie passen ganz und gar zu den Homepages, die einfach rundum lieb und nett und ausgesprochen hübsch bis (wie manche vielleicht sagen würden) kitschig sind.

Was sind das nun für Leute, die solche Webseiten so liebevoll gestalten? Wie uns zwei von ihnen, Saron und Fee, erklärten, sind es in der Regel Mädchen und Frauen im Alter von 12 bis etwa 35 Jahren, die sich mit dem Thema auf diese Weise befassen. Während Saron selbst männlich und über fünfzig ist und damit eine Ausnahme darstellt, interessieren sich Männer, wie er sagt, »meist mehr für die Fantasy-Fairies Marke Superweib«! Es gibt etliche solcher Pages, und die darin abgedruckten Geschichten sind oft länger als die Blumenelfen-Märchen, zuweilen mit starker erotischer Komponente und längst nicht so friedlich.

Feen tauchen schließlich auch auf Hexenpages auf, und zwar auf sehr unterschiedliche Art und Weise. Weniger ernsthafte Seiten erklären etwa, wie man als Hexe Feen oder Elfen – die natürlich alle mit Bildchen vorgegeben sind – adoptieren könne. Dann gibt es die »Neo-Heiden«, die Anhänger des Wicca-Kults oder solche, die es überhaupt mit allem Keltischen haben und das Ganze sehr ernst nehmen. Auf deren Internetseiten ist dann nichts von kitschiger Niedlichkeit zu spüren, sondern es waltet eine erhabene, düstere Schönheit.

Myrea Pettit, »Aurelia«

Einleitend finden sich fast immer ein paar allgemeine Aussagen zu den Elfen und Feen, wobei gelegentlich eine leichte unterschwellige Unsicherheit spürbar wird, die möglicherweise der (uneingestandenen?) Befürchtung entspringt: »Gelte ich als SpinnerIn, wenn ich mich mit diesem Thema ernsthaft befasse? Wie kann ich dem vorbeugen?« Eine weitere, diesmal weit deutlichere Unsicherheit betrifft die Unterscheidung zwischen Elfen, Elben und Feen. Für beides typisch sind etwa die einleitenden Sätze zu *Mein Elfenland*: »Elfen gelten als Sinnbild des Lichtes, sind es doch sehr feinfühlige Wesen, die keiner Seele etwas zuleide fügen wollen. Am nächsten kommt diese Denkweise noch an die Feen heran, da auch diese sich deutlich mehr den Lebenden denn dem Tod verschrieben haben. Aus diesem Grunde heißt es auch, die Feen wären aus den Elfen entstanden. Es gibt allerdings auch die Meinung, es wäre genau umgekehrt.«

Während hier trotz der Erklärung mit dem Licht die Elfen als solche nicht wegrationalisiert werden, erklärt Saron auf seiner Homepage explizit: »Feen sind die zauberhaften kleinen Wesen, die zerbrechlich und geheimnisvoll die Welt unserer Gefühle symbolisieren.« Für diese Bemerkung wurde er aber, wie er uns mitteilte, schon verschiedentlich kritisiert. Ein Besucher seiner Seiten schrieb beispielsweise in sein Gästebuch, es sei für ihn wie ein Schlag ins Gesicht gewesen, »dass Sie aus den

Träumen der Menschen Aberglaube machen. Die Menschen kommen zu Ihnen und Sie verändern/formen die Realität mit, ob Sie das wollen oder nicht. Und wenn das Wissen um die Feen total verschwunden ist … was soll dann aus unserer Welt werden?«

Diese Sehnsucht nach einer untergegangenen »Traumzeit« ist eigentlich überall zu spüren, wo von den Feen die Rede ist. Und allein schon, dass in dieser aufgeklärten Zeit in dem modernsten aller Medien so viel von den Feen gesprochen wird, kann einem zu denken geben. Saron und Fee werden per Mail sehr oft gefragt, ob es Feen und Elfen überhaupt gebe, ob sie schon welche gesehen hätten und wie man zu ihnen in Kontakt treten könne. Viele erzählen von eigenen Kontakten mit Feen, die sie entweder in der Wohnung, draußen im Freien oder »aus den Augenwinkeln heraus« gesehen haben wollen.

Wie groß das Interesse an diesem Thema ist, lässt sich vielleicht auch daran ermessen, dass beispielsweise allein Sarons Feenseiten pro Tag etwa 250-mal aufgerufen werden! Das Bedürfnis, sich gegenseitig auszutauschen, vom anderen mehr zu erfahren, Gleichgesinnte zu finden, ist also, um es vorsichtig auszudrücken, durchaus vorhanden.

Als Grund für diesen Feenboom unter jungen Menschen sieht Saron die Suche nach Sinn und nach Regeln, an die sie sich halten können. »Kinder sind sich oft selbst überlassen und sehnen sich nach Geborgenheit und Wärme. Feen und Elfen (in der tolkienschen Art) kommen da gerade recht. Besitzen sie doch Macht, Weisheit, Liebenswürdigkeit und vor allem Hilfsbereitschaft. Vielen sind sie helle Lichtwesen, den Engeln vergleichbar.«

Auf die Frage, was Feen und Elfen für sie selbst seien, erklärte uns Fee (Britta Hertrampf): »Hmm … das ist eine schwere Frage. Für mich sind es Wesen, die überall um uns herum leben, aber nicht unbedingt sichtbar sind. Für mich SIND sie einfach. Ich glaube an sie und kenne einige Ecken, wo ich sie zu spüren glaube. Ich denke, sie existieren auf einer Schwingungsebene, die wir mit unseren degenerierten Sinnen nicht ohne weiteres erfassen können … so wie … so wie wir Ultraschall nicht hören können.«

Auf einer anderen Feenseite (von Kerstin »earthchild«) wird aufgelistet, wo und zu welchen Zeitpunkten man Feen am ehesten begegnen könne. Neben den auch vom Volksglauben her bekannten magischen

Orten wie Kreuzwegen werden hier Straßenbiegungen, Treppenschächte und -absätze sowie Korridore, Priele und Waldschneisen erwähnt. Die Feen aber stellen sich auch von selbst ein, heißt es hier unter Berufung auf den Sachbuchautor Ted Andrews: »Lachen ist immer eine eindeutige Einladung. Wo Geschichten erzählt werden, sind Feen und Elfen nicht weit. Ernste Musik und einfache Lieder – und Kinder: Feen werden sich überall dort einfinden, wo Kinder spielen oder wo sich die Natur frei entwickeln darf – selbst wenn es nur eine kleine Ecke auf Ihrem Hinterhof ist.« Woran man die Anwesenheit einer Fee erkennt, wird ebenfalls erklärt: So wird man beispielsweise dann von einer Feldfee berührt, wenn man sich auf offenem Feld Spinnweben aus dem Gesicht wischen muss – wo es weit und breit nichts gibt, woran Spinnen diese Fäden festgemacht haben könnten. Auch der unvermutete Duft einer Blume ist als Feengruß zu deuten. Abschließend heißt es: »Wer ein offenes Herz hat und im richtigen Moment die ›Augen‹ aufmacht, dem wird der Kontakt sicher nicht verwehrt bleiben.«

Zwar sind nicht für alle diese Internet-Surfer die Feen und Elfen wirklich existent; ob sie nun aber für Saron die Gefühle (und das Feenreich dementsprechend die »innere Wirklichwelt, die Welt unserer Phantasie und unserer Gefühle«), für Moni das Licht, für eine andere die Seelen der Blumen, und für Gaby oder Petra oder Rita einfach das Gute in uns sind oder die geeignetsten Vermittler der Liebe »zu einer magischen, rückverzauberten Natur« – ist letztlich irrelevant. »Man muss nicht alles mit dem Kopf verstehn«, heißt es sehr richtig in einem Gedicht von Mascha Kaleko. Wesentlich scheint zu sein, dass die Feen, Elfen oder Elben uns heutigen aufgeklärten Menschen eine Art Lebenshilfe bedeuten, den einen in diese, den anderen in jene Richtung. Für den, der glaubt, er sei von Feen umgeben, enthält die graue Wirklichkeit plötzlich ein bisschen magischen Sand. Für den, der Feen »sieht« oder zu sehen glaubt, erst recht. Wer Feenmärchen schreibt – gleichgültig, ob er an die reale Existenz dieser Wesen glaubt oder nicht –, verschafft sich selbst ein wenig Trost und Zuflucht, ein kleines Stückchen heile Welt und inneren Frieden.

Wer sich außerdem vielleicht noch ein wenig mehr über Feen informiert, wird künftig – so kann man hoffen – ein wenig achtsamer mit der Natur umgehen: die große Tanne im Garten *nicht* fällen, sich *nicht* über Nachbars Hecke aufregen, den Picknickmüll *nicht* neben der Quelle liegen lassen, im Wald *nicht* schreien und herumlärmen, *nicht* achtlos Blumen abreißen und mutwillig Insekten zertreten oder Vögel vertreiben, die einem nichts tun oder getan haben.

Damit aber macht er oder sie die Welt (ob mit oder ohne Feen) ein winziges Stückchen besser und sich selbst ein bisschen glücklicher – und darauf kommt es doch an, oder?

Danksagung

Wir danken von Herzen Prof. Dr. Gérard Fussman, der uns auch bei diesem Buch durch großzügige Gaben an französischen Büchern unterstützte! Für Hinweise und Hilfe danken wir weiterhin Eric Ollivier, Nikolaus, Raffael und Adrian Stingl, Ilse Luckenbach, Britta Hertrampf (Fee), unserem Sohn Robin und seinen Freunden, unserer Schwester und Schwägerin Christine Uplegger, unserer Mutter und Schwiegermutter Prof. Dr. Helga Venzlaff und besonders Käte Stroh. Dr. habil. Claus-Peter Zoller und Prof. Dr. Hermann Berger stellten uns bereitwillig ihr Feenmaterial zur Verfügung. Anna Lilja, Paul Eitner (Saron), Rosemarie Schmidt (Lady Eisi), Christine Preschan (Sioe) und Monika Schudel erlaubten uns, Geschichten oder Gedichte von ihnen zu zitieren. Volker R. Hedwig, Claudia Friedrich, Stefanie Hahn, Kathrin Groß und Steffi Walther gaben ihre Erlaubnis zum Abdruck ihrer Feenbilder. Ihnen allen gilt unser herzlicher Dank.

Wir danken weiterhin allen bei dtv, die an diesem Buch tatkräftig mitgewirkt haben, vor allem natürlich Katharina Festner und Ingrid Bade sowie Jochen Reichel von der Setzerei Greiner & Reichel (er weiß schon wofür).

Behçet (Veli Gökçen), Deniz, Ibo und nicht zuletzt Selin, Zelal und Biyan vom Heidelberger Kebab-Haus danken wir für den besten Döner westlich des Bosporus und ihre Großzügigkeit!

Annette Koop von der Tierhilfe Forst danken wir für buchstäblich tierische Hilfe!

Unser herzlichster Dank gilt schließlich unserer Freundin Dr. Ingrid Röschke, die unser Thema zu dem Ihren machte und unermüdlich nach Feenbildern und -büchern forschte, Zeitungsausschnitte, Texte und Gedichte schickte und nicht zuletzt die Klassen 11 und 12 der Evangelischen Fachschule für Diakonie und Sozialpädagogik in Eisenach Feenbilder malen ließ.

Kleine Auswahl an Internet-Feen- und -Elfenseiten

http://christa.seiferling.bei.t-online.de/FeenElfenGnome.htm
http://elfenportal.designcms.de
http://elfwood.lysator.liu.se
http://free.pages.at/fantasy/elfenwelt.html
http://free.pages.at/lady-rainbow/regenbogenland.html
http://home.arcor.de/elfqueen
http://home.t-online.de/home/kueki-/
http://insel.heim.at/hawaii/310192/Elfenland.htm
http://ithiluin.faho.rwth-aachen.de/larp/text/elfen/elfen-faq/
http://mandys-dreampage.de/sagenwelt.htm
http://phloxy.bei.t-online.de
http://saron.de/feenland.htm
http://scifi.pages.at/guldan333/mlexfee.html
http://www.amybrownart.com
http://www.angelium.com/gallery.html
http://www.bluemoonshadow.de
http://www.christaswelt.de
http://www.cottingleyglen.com/fae_art.html
http://www.cyberelfe.com
http://www.die-schmoekerstube.de/Elfenwelt/Fairy.htm
http://www.elfenhort.de
http://www.elfenpage.de
http://www.elfenportal.de
http://www.elfentraumweb.de.vu
http://www.faery.ws/index.html
http://www.fairyforest.de
http://www.fairynet.de
http://www.fantasyage.com
http://www.feenreich.de
http://www.feevoneden.de
http://www.fortunecity.de/tatooine/nostromos/29/faerie.htm
http://www.geocities.com/~tinkerbella
http://www.geocities.com/Area51/Shadowlands/8346/Ring2.html

http://www.geocities.com/Athens/Acropolis/2285/neverland.htm
http://www.geocities.com/Heartland/Shores/1566/index.htm
http://www.geocities.com/Hollywood/Picture/8599/faerealm.html
http://www.geocities.com/Nashville/1926/fairies/Fairies.html
http://www.glimmerfee.de
http://www.hannelore.org/grossegoettin/dreizehn_feen_mit_power.htm
http://www.hexenburg.de/Bibliothek/Fairies/fairies.html
http://www.inode.at/berjos/fee.htm
http://www.jaqueline-aubert.com/ja1/deutsch/feen.htm
http://www.kerstin-weihe.de/
http://www.kratz-online.de
http://www.lavendise.com
http://www.lilith.ch
http://www.magieheim.at/sheerie/elfen_feen.html
http://www.moonshade.de/moonshadewebset/images/elfenwelt.html
http://www.otherwhere.com
http://www.paranormal.de/hexen/feen/einleitung.htm
http://www.thesitefights.com/fairies/
http://www.traumland-der-elfen.de
http://www.vivien-home.de/Elfenbuch.html
http://www.wuestenfee.de
http://www.zabawunda.de/elfen.html
http://www.zauberwald.net

Liebe Internetfreunde, wenn ihr unser Glossar oder die von uns übersetzten Gedichte (und das sind fast alle!) aus diesem Buch übernehmt, seid bitte so lieb und schreibt uns als Quelle dazu!

Glossar

A(n)guane: Alpenländische Feenwesen; zuweilen mit Ziegenfuß; sorgen für Fruchtbarkeit der Wiesen und für klare Bäche und Quellen; halfen den Menschen früher bei der Feldarbeit.

Álfar: siehe **Huldufolk**.

Alp: Im Laufe der Jahrhunderte dämonisertes, zum reinen »Alpdruck« herabgewürdigtes elbisches Wesen.

Alven: Unsichtbare niederländische Feen; leben in Gewässern oder den so genannten »Alvinnenhügeln«; Herrscherinnen über Flüsse.

Apsaras (»Wassergeherinnen«): Indische Nymphen, die auf Darstellungen oft einen Lotos in der Hand halten. Berühmt wegen ihrer Tanz- und Verführungskünste.

Asrai: Englische Wasserfeen; scheu, schön und kleinwüchsig; kommen nur bei Vollmond nachts aus dem Wasser hervor.

Banshee: Irisch-schottische Fee, die durch Klopfen an Fensterscheiben oder durch lautes Geheul den Tod eines Hausbewohners ankündigt.

Baobhan Sith: Schottische Bezeichnung für die **Banshee**.

Bean-Nighe (»Waschfrau«): Schottische Fee, die an einsamen Uferstellen zu sehen ist, wo sie die Laken derjenigen wäscht, die demnächst sterben werden.

Befana: Italienische Fee, die alt und hässlich ist, aber am Dreikönigstag den Kindern Geschenke bringt.

Bendith y Mamau (»Mutters Segen«): Walisische Feen; klein und hässlich, stehlen Kinder, finden sich zuweilen bei den Menschen ein.

Berchta (Bertha oder Percht): Deutsche Fee, Königin der Perchten und Heimchen. Wohnt in Bäumen, Felsen und Brunnen; gleichgesetzt mit Frau Holle.

Buschfräulein: In Thüringen, Sachsen und Böhmen vorkommende Feen; spinnen gern, wohnen im Wald.

Dames Vertes/Blanches (»Grüne/Weiße Damen«): Hübsche französische Feen, leben vor allem in den Wäldern des Jura, necken die Menschen gern, helfen ihnen aber auch.

Deives: Litauische Feen, anderer Name für **Laumes**.

Dialen: Feen Graubündens; oft als sehr schön beschrieben; weiß gekleidet; hilfreich den Menschen gegenüber; Hüterinnen der Wildtiere und Pflanzen.

Dive: Südtiroler Feenwesen; Hüterinnen der Tiere und Pflanzen; oft als schön beschrieben.

Dryaden: Hübsche griechische Waldnymphen; weiß oder grün gekleidet, tanzen gern und verführen junge Männer; dulden kein Lärmen.

Elben: Nord- und mitteldeutsche, im jüngeren Volksglauben hauptsächlich im Zusammenhang mit durch sie geschickte Krankheiten erwähnte, ansonsten aber seit langem nicht mehr volkstümliche Feenwesen; durch Tolkien wieder bekannt gemacht.

Elfen: Ursprünglich angelsächsische Bezeichnung für kleinere Feen, die weitgehend von Shakespeare zu den heutigen niedlichen geflügelten Wesen gemacht wurden. In Deutschland durch Wielands Übersetzung des *Sommernachtstraums* populär geworden; davor im deutschen Volksglauben nicht heimisch.

Ellefolk: Dänische Elfen; Frauen haben trogartig hohlen Rücken; tanzen gern; sind mit Vorsicht zu behandeln, da sie Krankheit und Tod aushauchen können; wohnen in Moor und Hügeln.

Ellylon: Kleine walisische Feenwesen; entsprechen am ehesten den englischen Elfen und wohnen in Hainen und Tälern.

Fanggen/Fänggen: Tiroler und Schweizer Feen- oder Zwergen- oder Riesenwesen; werden mal als sehr hässlich, nackt und stark behaart, mal als hübsch beschrieben.

Fata/Fatae (»Schicksal«): Meist in der Dreizahl auftretende römische Feenwesen, die über das Schicksal der Menschen bestimmen, die Zukunft vorhersehen können und gern spinnen.

Fir Bolg: Irische Feen- oder Zwergenwesen; stehen in engem Kontakt zu den Menschen; leben in der Erde.

Folletti: Kleine italienische Elfen; bewohnen Steine, Bäume und andere Pflanzen; reisen in Wirbelwinden.

Gandharvas: Als ausgezeichnete Sänger und Musiker sowie als Ärzte berühmte männliche Gefährten der **Apsaras**.

Gentry (»niederer Adel«): »Adlige« bzw. aristokratische irische Feen, die in der Hauptsache auf dem Ben Bulben wohnen.

Giane: Feen Sardiniens; sehr schön, aber mit sehr langen Brüsten; leben in Höhlen, Hügeln und Wäldern.

Glaistig: Irisch-schottisches Feenwesen, das häufig in der Mischgestalt »halb schöne Frau, halb Ziege« erscheint. Sie soll einst eine Frau gewesen sein, bis sie von den Feen selbst zu einer der Ihren gemacht wurde; sie liebt Kinder, beschützt alte Leute und hütet die Herden – kann aber auch böse und gefährlich sein.

Gutes Volk: Apotropäische (zur Abwehr von Unheil umschreibende) Bezeichnung für die Elfen oder Elben hauptsächlich der Iren und Schotten.

Gwragedd Annwn (»Frauen der Unterwelt«): Walisische Wassernymphen, die in einsamen Bergseen und -flüssen wohnen, sehr hübsch und begehrenswert sind und sich häufig mit sterblichen Männern verbinden.

Gwyllion: Walisische Feen; sie leben auf Bergen, führen Wanderer in die Irre und sind überhaupt recht schrecklich in Charakter und Aussehen.

Harke: Frau Harke; norddeutsche Entsprechung der Frau **Holle**.

Havfru: Norwegische Seejungfrau; menschenfreundlich, aber auch betrügerisch; treibt ihr weißes Vieh aus dem Wasser zum Grasen an Land.

Högfolk (»Hügelvolk«): Hübsche skandinavische Feen, die in Hügeln wohnen und mit Vorliebe singen und tanzen.

Holle/Holda: Mitteldeutsches (Hessen/Thüringen) Feenwesen; wohnt in Bergen, Brunnen, Seen; mal als schön und gut, mal als hässlich und dämonisch bezeichnet; belohnt die Fleißigen und bestraft die Faulen; segnet die Felder und zieht mit ihrem Gefolge, den **Elben** bzw. Zwergen, umher.

Hügelvolk: siehe **Högfolk**.

Huldelfe: Schwedische Fee, die oft am Kindbett erscheint und dem Neugeborenen sein Schicksal verkündet.

Huldrefolk: siehe **Huldren**.

Huldren: Elben des nördlichen Europas, v. a. Norwegens. Sie sind groß, schwarzhaarig, tragen graue Kleider und wohnen in Hügeln.

Huldufolk: Andere Bezeichnung für die **álfar** – isländische Feen, die den Menschen ähnlich sind und meist farbenfrohe Kleidung tragen.

Korred: Oft mit den **Korrigans** gleichgesetzte Feen- oder Zwergenwesen der Bretagne; wohnen mit Vorliebe in Dolmen und anderen Steinsetzungen, Mooren und Höhlen.

Korrigans: Bretonische Elfen oder Zwerge, die in Gruppen zumeist bei Menhiren oder Steinkreisen wohnen und gern tanzen.

Kouril: Feen- oder Zwergenwesen der Bretagne, oft als Untergruppe der **Korrigans** betrachtet.

Laumes (oder **Lomes**): Litauische Feen mit langen blonden Haaren, blauen Augen und herabhängenden Brüsten; lieben spinnen, weben und Leinen klopfen.

Leanan-Shee: Gilt auf der Isle of Man als Blut saugender Vampir, in Irland dagegen als Muse der Dichter und Sänger. Wer von ihr inspiriert ist, wird zwar berühmt, stirbt aber jung.

Leprechaun: Eher zu den Zwergen als zu den Feen gehöriger, einzeln lebender irischer Hausgeist, der Schuhe repariert.

Leschije (etwa »Waldwesen«): Ostslawische Feenwesen; Herr(inn)en über die wilden Tiere und überhaupt den Wald; die weiblichen heißen **leschny**, die Kinder **lisunki**.

Lunantishee: Irische Fee, Hüterin des Weiß- und Schwarzdorns; sie achtet darauf, dass niemand am 1. Mai und am 1. November Zweige schneidet, ansonsten trifft ihn ein Unglück.

Maeve, Medb: Königin der irischen Sídhe.

Marantega: Italienische Zahnfee; tauscht die ersten Zähnchen von Kindern nachts gegen eine Münze aus.

Mavky: Westslawische Nymphen, die ursprünglich ungetauft gestorbene Kinder gewesen sein sollen; wohnen teils in Flüssen und auf Uferwiesen, teils im Wald.

Merrows: Irische Nixen und Wassermänner mit Fischschwänzen und Schwimmhäuten zwischen den Fingern. Sie werden gefürchtet, weil sie vor Stürmen erscheinen, sind aber von Natur aus freundlich und lassen sich gern mit Sterblichen ein.

Moiren: Die drei griechischen Schicksalsgöttinnen Klotho, Lachesis und Atropos. Ihr römisches Gegenstück waren die **Parzen**.

Moosweiblein: Oft als alte hässliche Frauen erscheinende Feenwesen Mitteleuropas; haben ein moosbewachsenes Gesicht, Kleider aus Flechten; werden teilweise aber auch als sehr schön beschrieben.

Najaden: Hübsche griechische Wassernymphen; sie besitzen die Gabe der Weissagung und heilende Kräfte.

Nereiden: Die fünfzig Töchter des griechischen Meeresgottes Nereus; helfen den Schiffern in gefährlichen Situationen, spinnen gern und necken die Menschen.

Nixen: germanische Wasserfeen.

Nörglein/Norggen: Meist grün gekleidete Tiroler Feen- oder Zwergenwesen; wohnen in hohlen Bäumen oder auf Bergen.

Nornen: Drei nordische Schicksalsjungfrauen, Urd, Verdandi und Skuld, die germanischen Entsprechungen der **Moiren** und **Parzen**; sie wohnen bei einem Brunnen unter der Weltesche Yggdrasil und halten hier über die Menschen Gericht.

Nymphen (»Mädchen«): Allgemeine Bezeichnung für griechische Feen; stehen in enger Beziehung zu den Menschen (vor allem Männern), tanzen und singen gern. Siehe auch **Oreaden**, **Najaden** und **Dryaden**.

Oreaden: Griechische Bergnymphen.

Parzen: Römische Entsprechung der griechischen **Moiren** und germanischen **Nornen**.

Pechs (**Pechts**): Schottische Feenwesen (oder Zwerge?) mit roten Haaren und langen Armen; sie sollen die Schlösser errichtet haben und ein Heidebier gebraut haben.

Percht(a): siehe **Berchta**.

Peri: Persische Bezeichnung für »Fee«, die in den meisten islamischen Ländern verwendet wird.

Pixies: Feen- oder Zwergenvolk des englischen Südwestens. Sie tanzen gern, halten sich bei Hünengräbern auf, leiten die Menschen in die Irre und lieben es, Pferde zu stehlen.

Portunes: Englische Feen- oder Zwergenwesen von kleiner Statur, die den Menschen bei der Arbeit helfen; tragen Flickenmäntel; ihre Nahrung sind geröstete Frösche.

Roane: siehe **Selkies**.

Rus(s)alki: Slawische Wasserfeen, gekleidet in grüne Blätter oder weiße Gewänder; wohnen in Wäldern, auf Wiesen, Feldern und im Wasser; schützen das Korn und lieben das Spinnen, Musik und Gesang.

Salige: Meist als schön, manchmal auch als hässlich beschriebene Tiroler Feen (auch **Selige Fräulein** genannt); helfen den Bauern bei der Arbeit, verführen Männer, hüten Tiere.

Schneefräulein: Österreichische Feen, die in Wäldern wohnen; hilfsbereit und schön.

Selige Fräulein: siehe **Salige**.

Selkies: Nixen der Orkney- und Shetlandinseln. Nehmen Seehundgestalt an, um sich im Wasser rasch fortzubewegen; in den schottischen Highlands **Roane** genannt.

Sheerie: Irische Elfen; leben zu Land und zu Wasser; stoßen spitze Schreie aus; potenziell gefährlich.

Sídhe (**Shee**): Das Gute Volk, die Feen Irlands; wohnen in Hügeln oder Bäumen; haben engen Kontakt zu den Menschen.

Silvani: Feenwesen der Alpen; Beschützer der Berge und der Wälder; meiden die Menschen.

Sirenen: Ursprünglich halb frau-, halb vogelgestaltige griechische Ungeheuer mit berückenden Stimmen; später dann als Seejungfrauen abgebildet und geschildert.

Sith: Schottische Feen, Entsprechungen der irischen **Sídhe**; klein und schön; grün gekleidet; wohnen oft in Hügeln.

Skogsra: Schwedische Waldfeen; schön, aber oft mit sehr langen Brüsten; treiben Schabernack mit den Menschen; freundlich zu Jägern und Köhlern.

Sleigh Beggey: Feenwesen der Isle of Man; lieben – und stehlen daher – Pferde; wohnen in Höhlen und unter Steinen.

Slibki: Langhaarige schöne Feen der Beskiden (nördl. Karpaten); wohnen im Wald, kämmen sich und singen dazu traurige Lieder.

Szépasszony: Feen Ungarns.

Tylwyth Teg: »Das holde Volk« oder die »Schönen Leute«; Sammelname für die walisischen Feen und Elfen.

Ursitele: Mal als gut, mal als böse (Hexen) vorgestellte rumänische Feenwesen, die den Kindern bei der Geburt ihr Schicksal verkünden.

Vilen: Feen Serbiens und Bulgariens (Samovila/Samodiva). Sie sind schön, haben lange blonde Haare und wohnen auf Bergen und in Wäldern.

Weiße Frauen: Feenwesen Mittel- und Nordeuropas; hilfsbereit und freigebig; oft als Geister Verstorbener bezeichnet; künden oft den Tod an.

Wilde Frauen: Überbegriff für weibliche elbische Wesen, die mal als hübsch, mal als hässlich erscheinen; helfen den Menschen bei ihren Arbeiten; gehen Liebesbeziehungen mit den Männern ein.

Zahnfee (**Toothfairy**): In den USA sehr populäre Fee, die die ersten Milchzähnchen gegen Geld oder ein Geschenk austauscht.

Quellennachweis

Quellen von Direktzitaten und Geschichten sind der Übersichtlichkeit wegen kursiv gesetzt.

Einleitung: **S. 9**: www.zaknafein.de/06.html; Michaela Koch: Windowcolor. Zauberhafte Elfen; Vetemaa/Menschik; **S. 10**: www.mittelerde-portal.de/bulletin; http://derschock-wellenreiter.editthispage.com/discuss; *Evans Wentz*: 94; **S. 11**: *Alvey*: Sp. 1331; Brief v. Prof. Dr. S. Lichtenberger, Bad Sobernheim; Röth: 56 ff.; http://maerchenlexikon.de/at-lexikon/at400.htm; **S. 12**: Röth: 94, 97 usw.; Arrowsmith: 11; *Alpenburg*: 259 f.; Zaunert: 75; **S. 13**: Greverus: 267; Bord: 171; Fetjaine 2001: 9, 35; von Schroeder: 4; Keightley 1978; Botheroyd: 114; Sikes: 5; Keightley 1828: 150 f.; Purkiss: 8; Briggs 1959: 13 ff.; Packer/Beddoe/Jarrett: 21; Millar: 110; www.mittelerde-portal.de/bulletin; http://derschock-wellenreiter.editthispage.com/discuss; **S. 14**: www.zaknafein.de; *http://www.taetowiermagazin.de/motive/motive_03.htm*; **S. 15**: *http://saron.de/die_rosenfeen.htm*

Kapitel 1: **S. 16**: P.M., Heft 12, 2001, 68; **S. 17**: *www.ruedigersuenner.de/island4.html*; Bord: 106; Hafstein: 87; **S. 18**: Hafstein: 90 ff.; Müller, W.: 3 f.; Mins Minssen, »Von Elfen, Naturschutz, Denkmalschutz und Wirtschaftswachstum«, in: Scheidewege, Jg. 26 (1996–7), 28–38; **S. 19**: www2.hafnarfj.is/hafnarfj-deutsch.nsf/pages/stadt-elfen; Hafnarfjördur – Stadt in der Lava – 1998, hg. v. Stadt Hafnarfjördur und Fremdenverkehrsverband Hafnarfjördur, S. 20; Hafnarfjördur, Hidden Worlds Map; *Das verborgene Land*, in: Island, Polyglott APA Guide, Berlin und München 2000, 267; **S. 20**: *Müller*, W.: 99; Hafstein: 89; Grimm 1987: 71 ff.; **S. 21**: *Naumann*, Geschichte Nr. 57; *Laxness*, Sein eigener Herr, Zürich 1984, 241; **S. 22**: Bord: 75; Durmayer: 49; Hafstein: 96 f.

Kapitel 2: **S. 23**: *MacLaren*: 7; **S. 24**: Spiewok: 175; Balys: 52 f.; Schreiber: 34 f.; Uther: 255; KHM 24, hierzu Scherf: 128 ff.; Martin: 16 ff.; Drechsler: 164; Peuckert 1942: 97 ff., 104 ff.; Petzoldt: 102 f.; Walz: 207; *Bächtold-Stäubli*, Bd. 6, Sp. 1478 f. (Perhta); Habiger-Tuczay: 614; **S. 25**: Müller, F. u. U.: 449 f.; Duden s. v. »Hold«; Grimm 1987: 50, 101; Seidel; *Bächtold-Stäubli*, Bd. 6, Sp. 1482; Witzschel: 229 ff.; **S. 26**: *Thüringer Allgemeine*, 5.11.02; **S. 27**: frei nach *Villamaria*: 106–128; Peuckert 1942: 101; Briggs 1967: 72; Habiger-Tuczay: 608; Witzschel: 230 f.; **S. 28**: Tuleja: 410; *Petzoldt*: 102; *Witzschel*: Sage Nr. 210, S. 211 f.; **S. 29**: Grimm, J. 1992: Bd. 1, 369, 410 ff.; Bächtold-Stäubli, Bd. 3, Sp. 1162 (Grille); MacLaren: 31 ff.; Drechsler: 163; Cogho/Peuckert: 20; Peuckert 1942: 186 ff.; Habiger-Tuczay: 614; *Grimm, J.* 1992: Bd. 1, 402; Bord: 66, 196 f.; *Schönwerth*: Bd. 2, 359;

Witzschel: 215; Durmayer: 48; **S. 30**: Birlinger: Bd. 1, 62 ff.; *Reiser*: 112 ff., 118; Latham: 57; Schmitz: 13 f.; Habiger-Tuczay: 606; Arrowsmith: 176; Petzoldt: 119; Balys: 56; **S. 31**: Grimm 1987: 90; *Bächtold-Stäubli*, Bd. 9, Sp. 971, 379; *Zaunert*: 69; Glazarova: 231; Habiger-Tuczay: 607 ff.; Keightley 1978: 234; Spence 1948: 184 ff., 158 ff.; Schönwerth: Bd. 1, 359; Pócs: 47; Zaunert: 69 f.; Menzer: 33 ff.; **S. 32**: *Schönwerth*: Bd. 1, 364; *Reiser*: 135 f. **S. 33**: *Birlinger*: Bd. 1, 67; *Vernaleken*: 219 f.; **S. 34**: *Witzschel*: 214; Bächtold-Stäubli, Bd. 9, s. v. Waldgeister; Grimm, J. 1992: Bd. 1, 401; *Hetmann* 1994: 109, nach Zingerle, Kinder- und Hausmärchen aus Tirol, Innsbruck 1852; Briggs/Michaelis: 223 ff.; **S. 35**: *Reiser*: 141; Vernaleken: 224 ff.; Brixener Volksbuch 1782; Alpenburg: 27 f.; Zaunert 74 f.; *Alpenburg*: 261; Bächtold-Stäubli, Bd. 2, s. v. Elben; Touber: 188; **S. 36**: Grimm 1987: 50 f.; Walz: 207; Petzoldt: 58 f.; *Bächtold-Stäubli*, Bd. 2, s. v. Elben; *Kuhn/Schwartz*: 443; Alvey: Sp. 1330; **S. 37**: Walz: 208; Bord: 44; Durmayer: 48; LARP (Live Action Role Play); Menzer: u. a. 46 ff.; Zaunert: 71; *Peuckert* 1966: 188; **S. 38**: Hillmann: 8 f.; Grimm 1984: Bd. 1, 110.

Kapitel 3: **S. 39**: Keightley 1828: 151; http://www.astaroth.at/AltesForum/Forum2%5C001007.html; Millar: 72; Hohlbein: 249; Alvey: Sp. 1330; **S. 40**: *Bächtold-Stäubli*, Bd. 2, s. v. Elbe; Kluges Etymologisches Wörterbuch, s. v. Elfe; Pfeiffer: 8; Walz: 193 f., 204 f.; *Grimm* 1987: 51; Grimm, J. 1992: Bd. 1, 366 ff.; Briggs 1959: 21; Spence 1948: 114 ff.; Alvey: Sp. 1330; *Walz*: 201; Latham: 10 ff., 176 ff.; **S. 41**: The Letters of *J. R. R. Tolkien*, hg. v. H. Carpenter, London 1981 (dt. Stuttgart 1991); Latham: 1 ff.; Briggs 1959: 13; Spence 1948: 135; Bassermann, in: Grünewald: 7 ff.; **S. 42**: *Latham*: 66; **S. 43**: *Wieland*, Sämmtliche Werke, Bd. 12, 1855; **S. 45**: Meyers Enzyklopädisches Lexikon, Bd. 23, s. v. Tieck; vgl. auch Kindlers Literaturlexikon, s. v. Tieck; **S. 46**: *Ludwig Tiecks Schriften*, Berlin 1828–54, Bd. 4, 369 f., 379; **S. 47**: *ebd.*: 389, 392.

Kapitel 4: **S. 50**: *Hillmann*: 22 ff. (Perrault); hierzu auch Scherf: 115 ff. Motiv AT 480; Montégut: 648 ff.; **S. 51**: Hillmann: 242 ff., 50 ff., 140; Pfeiffer: 11; *Hillmann*: 120; anders in D'Aulnoy/Leprince de Beaumont: 175 f.; Feenmärchen: 342 ff.; **S. 52**: Grimm 1984: KHM Nr. 13; Mozzani: s. v. Fée; **S. 55**: Keightley 1978: 431 f.; Bord: 105; MacLaren: 21 ff.; Mozzani: s. v. Korrigan; u. a. in Uther: 12 ff.; **S. 56**: nach *Keightley* 1978: 438 ff.

Kapitel 5: **S. 57**: Grimmsches Wörterbuch, Bd. 3, s. v. Fee; Brednich: 199; Duden und Kluges Etymologisches Wörterbuch; Touber: 186; Keightley 1850/1900: 452 ff.; Harf-Lancner 1984: 19 ff.; Williams N. 1991: 462 f.; Wolfzettel: Sp. 946 f.; **S. 58**: Balys: 66 ff.; Haralampieff: 162; Uther: 217 ff., 198 ff.; Meier/Woll: 39 ff.; *Schmidt, B.*: Nr. 2; **S. 59**: Brednich: 158 ff., 197, 208 f.; **S. 60**: Doulet: 20 ff.; *Grimmsches Wörterbuch*, Bd. 13, s. v. Parze; Pierer's Universallexikon, Bd. 12, s. v. Parzen; **S. 61**: Wachsmuth: 33; *Balys*: 48; Keightley 1850/1900: 12; Williams, N. 1991: 463 f.; Touber: 186; Grimmsches Wörterbuch, Bd. 3, s.v. Fee; Walz: 91; *Simrock* 1878: 344; **S. 62**: Keightley 1850/1900: 4 ff.; Briggs 1967: 153; Keightley 1850/1900: 55 ff.; Briggs 1959: 44 ff., 16, 21, 13 ff.; dies. 1957: 270 ff.; Yeats 1973; **S. 63**: Petzoldt: 62 f.; Grimm 1987: 53; Peuckert 1942: 97; Touber: 186; Keightley 1978: 234; Walz: 202; Wolfzettel: Sp. 950; **S. 64**: Spence 1946: 23.

Kapitel 6: **S. 65**: *Yeats, unsere Übersetzung*; Bord: 269; **S. 66**: *Yeats* 1981: 114; *Spence* 1946: 119, 87; **S. 67**: Evans Wentz: 46 f.; *Yeats* 1888: 11; Frond/Lee; **S. 68**: Bord: 13 f.; Spence 1948: 126 ff.; Pócs: 14, 12; Bord: 238 f.; Frond/Lee; **S. 69**: Hetmann 1981: 219 f.; Sergiev: 32; **S. 71**: *nacherzählt nach Yeats* 1888: 23 ff.

Kapitel 7: **S. 73**: *Lexikon für Theologie und Kirche*, Bd. 3, s.v. Dämon; Latham: 41 ff.; Bord: 155 f.; Yeats 1888: 11; **S. 74**: *Evans Wentz*: 96, 86; *Briggs* 1967: 143 f., *unsere Übersetzung*; Curran: 47; Briggs/Michaelis: 223; Uther: 192 ff.; *Briggs* 1967:144, *unsere Übersetzung*; Sanderson 1964: 7; **S. 75**: Alvey: Sp. 1337; *Grimm* 1987: 53, Anm.; Keightley 1978: 149, 78, 53; **S. 77**: *gekürzte Wiedergabe von Grimm* 1987: Nr. 4; Uther: 19 ff.; Grimm 1987: 252 f.; Agricola: 129 ff., nach Stewart; **S. 78**: de la Motte-Fouqué, *Undine*, Kapitel 8; Latham: 55 ff.; Grimm 1987: 101 ff.; Latham: 165 ff.; *Luck*: 64; Purkiss: 85 ff.; Keightley 1978: 66; *Grimm* 1987: 48; Lecouteux 1988: 122 f.; **S. 79**: Petzoldt: 15; Alpenburg: 296; Marzell: 31 ff.; 45 ff.; Briggs 1967: 84; **S. 80**: www.stephen-king.de/hobbyautoren/projekt-mel3.htm; Laxness, Sein eigener Herr, Zürich 1984, 243 f.; **S. 81**: Briggs 1977: 268 ff.

Kapitel 8: **S. 82**: Bord: 35 f., 222; Frond/Lee; Meyers Enzyklopädisches Lexikon, Bd. 11, s.v. Hexenring; **S. 83**: *Sikes* 1973: 31, *unsere Übersetzung* (nach Howells: Cambrian Superstitions 1831: 148); **S. 84**: Latham: 125; Sikes: 27; Keightley 1828: 155 f.; Bord: 35 f.; aus: *Friedrich Lienhard: Elfentanz.*

Kapitel 9: **S. 85**: Agricola: 396; Lexikon des Mittelalters, Bd. 8, Sp. 717; Uther: 158 ff.; Frond/Lee; **S. 87**: *Agricola*: 123 ff.; Lexikon des Mittelalters, Bd. 8, Sp. 717; Keightley 1978: 350 ff.; **S. 88**: *Evans Wentz*: 77, 84; Spence 1948: 31; *Evans Wentz*: 78; **S. 89**: *Agricola*: 62 ff., nach The Folklore-Journal 6, 1988, 217; Doulet: 319; Briggs 1977: 252 f.; Bord: 198 f.; Purkiss: 185 f.; Sanderson 1964: 2 ff.; **S. 90**: *Evans Wentz*: 68; mündliche Mitteilung; Agricola: 71 ff.; Briggs 1977: 252 f.; Evans Wentz: 68 ff.

Kapitel 10: Dieses Kapitel (Morgane) beruht im Wesentlichen auf den entsprechenden Passagen aus König 1996; **S. 91**: Paton: 9; Harf-Lancner 1984; Wolfzettel: Sp. 957; *Loomis*: 183; Paton: 13; **S. 92**: Paton: 4, 8; *Mallory* (Leipzig 1973): Bd. 1, 137; **S. 93**: Purkiss: 305 f.; *M. Zimmer Bradley*, Die Nebel von Avalon, Frankfurt 1983: 212; Loomis: 195 ff.; **S. 94**: Paton: 9 ff., 148 ff., 280 ff.,74 ff.; Keightley 1978: 46 ff.; **S. 95**: zu den Varianten: Baring-Gould: 548 ff.; Wolfzettel: Sp. 956 f.

Kapitel 11: **S. 96**: Briggs 1959: 44 ff.; Wood: 26 ff.; Pfeiffer: 26 f., 18 ff.; Kindlers Literaturlexikon, Bd. 15, 301; Purkiss: 174 ff.; **S. 97**: Kindlers Literaturlexikon, Bd. 15, 301; **S. 98**: *Übersetzung A. W. Schlegel*; Latham: 16 ff.; Phillpotts 1979: 4 ff., 7 ff.; Jackson, R.: 39 ff.; Lambourne: 47 ff.; Briggs 1959: 56 ff.; Packer/Beddoe/Jarrett: 110 ff.; Purkiss: 181 ff.; **S. 99**: Latham: 193; Pfeiffer: 12 ff.; Maas: 21; Martineau: 108 f.; Wood: 86 ff., 70 ff.; Packer/Beddoe/Jarrett: 121; Phillpotts 1979; Pieske: 228 f.; Pfeiffer: 9; Zipes 1987: 76; Briggs 1959: 9 f.; Packer/Beddoe/Jarrett: 17, 66, 25; **S. 100**: Biographisch-Bibliographisches Kirchenlexikon, Bd. 21 (2003) Artikel Pope; *Beddoe*: 25, *unsere Übersetzung*; Martineau: 111, 118, 137, 125, 98; Purkiss: 278; Gere: 69 f.; Maas: 14 ff.; Wood: 74 ff., 81; **S. 101**: Wood: 63, 133, 94–95; **S. 102**: Wood: 114 ff., 98 ff., 44 f., 37; Martineau: 119, 90, 126; Maas: 17 ff.; Gere: 68; **S. 103**: Martineau: 126, Nr. 51; Trimpe: 55 ff.; Wood: 38 ff.; 166 ff., 40 f., 180 ff.; Sanderson 1973; Phillpotts 1979: 12 f.; Smith; Gere: 70; Bord: 180 f.; Purkiss: 284 ff.; Packer/Beddoe/Jarrett: 33, 72 ff.; **S. 106**: *Chaucer, Canterbury-Erzählungen* (Zürich 1971); Sikes; Wood: 42 ff., 52 ff.; Spence 1948: 24ff.; S. 107: *Übers. A. W. Schlegel*; Bandini 1999: s. v. Weichselzopf; **S. 108**: *unsere Übersetzung nach Beddoe*: 24 und 25 (Nimphidia, the Court of Fayrie); Purkiss: 174 ff.; Wood: 32; **S. 109**: Beddoe: 27 f.; Kindlers Literaturlexikon, Bd. 15, 82 f.; Spence 1948: 16, 31, 25 ff.; Bord: 66, 30; **S. 110**: nach Briggs 1976: 330 f.; Bandini 2002: 63 f.; Keightley 1978: 26, 304; **S. 111**: Bord: 41; Purkiss: 218 f.; *Coleridge, unsere Übersetzung.*

Kapitel 12: **S. 112**: *Sikes*: 14, *unsere Übersetzung*; Spence 1946: 2; **S. 113**: Sikes: 6; Bord: 44; Ewald Gerhardt: BLV Handbuch Pilze, München 1995, 487; **S. 114**: Archaeologica Cambrensis, 4th Se. vi, 175 (1875); Sikes: 38; **S. 115**: Sikes: 20, 13; Frond/Lee; **S. 116**: Sikes: 15 f.

Kapitel 13: **S. 117**: Gylfaginning 17 (Simrock 1986: 279); Grimm 1987: 54; Hartmann: 39 ff.; Keightley 1978: 64 f.; ders. 1828: 152, *155*; **S. 118**: Keightley 1828: 167; **S. 119**: *frei nach Barüske* 1972: 140 f.; Keightley 1828: 170, *171*, 172, 152; **S. 120**: Hartmann: 35 ff.; Barüske 1972: 137 f.; Keightley 1828: 156 f.; **S. 122**: *frei nach Barüske* 1972: 123 ff.

Kapitel 14: **S. 123**: Brednich: 189 ff.; *Balys*: 31; **S. 124** *Balys*: 34, 44, 56 f.; **S. 125**: *Balys*: 38, 37, 40; **S. 126**: *Balys*: 59, 39.

Kapitel 15: **S. 127**: Arrowsmith: 28; *Durmayer*: 49; mündliche Mitteilung von Prof. Dr. H. Venzlaff; **S. 128**: Spence 1948: 64 f.; MacLaren: 35 ff., 165 ff.; Pócs: 14; Grimm 1987: 68; *Dömötör*: 104; *Pócs*: 35; **S. 129**: Benwell/Waugh: 177; *Schütz*: 118; Pócs: 18 ff.; **S. 130**: Spence 1948: 175 f.; Briggs 1977: 26; *Pócs*: 48; **S. 131**: Pócs: 49; Spence 1948: 172; Briggs 1977: 25 ff.; Latham: 115; Grimm 1987: 40; Uther: 153; Aitken/Michaelis-Jena: Nr. 30; **S. 132**: Sanderson 1964: 12; **S. 133**: Spence 1948: 174.

Kapitel 16: **S. 134**: *Grimmsches Wörterbuch*, Bd. 3, s.v. Feenkind; *CD 2000: »Ich habe sie gesehen«*; **S. 135**: http://rheinzeitung.de/on/97/01/22/topnews/elfen.html; P.M., Heft 12, 2001, 63; Briggs 1967: 130ff.; Mozzani: 706; **S. 136**: *Lafforest*: 149, 143; **S. 138**: Messner: 181ff.; Bord: 52ff., 175ff.; **S. 139**: *freie Übersetzung* eines Briefes aus Fate Magazine, Mai 1977, 52f. (abgedruckt auch in Bord: 96); **S. 140**: Bord: 131f.; 107; Fairy Land in Art and Poetry; Hetmann 1981; gekürzte Wiedergabe der Geschichte Nr. 28 in Berger; **S. 141**: H. Venzlaff, mündlich; C.P. Zoller, mündlich; **S. 143**: nach Yeats 1981: 77ff.

Kapitel 17: **S. 145**: Pfeiffer: 9; Latham: 8ff.; *Gardner*: 400–41; Frond/Lee; *Sanderson* 1964: 8; *Spence* 1948: 132; Latham: 73ff.; Bord: 22f., 90, 53ff.; Abb. eines Feenschuhes bei Bord (Tafelteil); Latham: 188; C.P. Zoller, mündlich; **S. 146**: *Yeats* 1981: 79; **S. 147**: Grimm, J. 1992: 382; von Perger: 283; *Grätz*: 26; Pócs: 14; Millar: 39; 18.7.2002 in *http://warcraft3.ingame.de/warcraft3/articles/article.php?intID=66*; Briggs 1967: 198; **S. 148**: z.B. »Abenteuer in der Elfenwelt«; Rowling: 394; Colfer: 33; Tolkien FAQ (http://www.ang.kfunigraz.ac.at/~katzer/gerfaq.html; http://ithiluin.faho.rwth-aachen.de/larp/text/elfen/elfen-faq; **S. 149**: Alvey: Sp. 1329; Purkiss: 36f.; H. Venzlaff, schriftl. Aufzeichn. eines Vortrags; Balys: 35; Golowin: 217; **S. 150**: *Frobenius*: 357f., 372f.; Alvey: Sp. 1329; Benwell/Waugh: 67ff.; Gimber: 67ff.; Sorlin: 212ff.; Harf-Lancner 1984: 41ff.; 79ff.; ders. 1989; Lexikon des Mittelalters, Bd. 6, s.v. Lusignan, Melusine; Spiewok: 169; Clier-Colombani; Lundt; **S. 151**: Spence 1948: 141; **S. 152**: *http://www.eisicat.de/elfentraum.htm*; www.zaknafein.de/06.html; Spence 1948: 154ff., 13; **S. 153**: Rhys, J. 1901: Bd. 1, 245; Latham: 86ff.; Purkiss: 63ff.; Grimm 1987: 61; *Spence* 1948: 136; P.M., Heft 12, 2001, 62; **S. 154**: Baring-Gould: 220; Latham: 33; Bandini 2002: 234; Bord: 237; **S. 155**: *Rhys, J.* 1901: Bd.1, 230; Grimm 1987: 78; Latham 102; **S. 156**: *Peuckert* 1966: 189; Spence 1948: 165ff.; *eigene Übersetzung von Latham*: 38; C.P. Zoller, schriftl. Mitteilung; Alvey: Sp. 1330.; **S. 157**: H. Venzlaff, schriftl. Aufzeichn. eines Vortrags; Grimm 1987: 75.

Kapitel 18: **S. 158**: *Benwell/Waugh*: 76, übers. v. K. Birkenhauer; *Wood*: 18; Briggs 1967: 162; Phillpotts 1979: 4; *Spence* 1948: 151f.; **S. 159**: Bord: 27; Blaylock: 234; Spence 1948: 150f.; *witchhunter in www.skarloc.de/b4.htm*; **S. 160**: *Spence* 1948: 149; **S. 161**: Spence 1948: *149*, 184, *189*, 190; Purkiss: 68ff.; **S. 162**: Pócs: 17; *Zaunert*: 72; Graves: 121ff.; Briggs 1967: 80, 76, 79, 74; **S. 163**: Sikes: 39f.; Karlinger: 33; Keightley 1828: 157f.; Grimm 1987: 99; Evans Wentz: 226f.; Bord: 41f.; **S. 164**: Latham: 113ff.; Sergiev: 30; Grimm 1987: 67; Spence 1948: 188; Uther: 56; Packer/Beddoe/Jarrett: 23f.; *Spence* 1948: 186; C.P. Zoller, schriftl. Mitteilung; Mirrlees: 25; **S. 165**: Spence 1948: 156f.; **S. 166**: Spence 1948: 157; *Briggs/Michaelis*: 217ff.; Uther: 189f.

Kapitel 19: **S. 167**: *Rhys, J.* 1901: Bd. 1, 176; Bord: 31f., 59ff.; Frond/Lee; *Yeats* 1973: 38, *unsere Übersetzung*; **S. 168**: Spence 1948: 182; Johnson: *314*, 319, 313ff.; **S. 169**: Sikes:

34 f.; Thomas: 96 ff.; Bord: 53 ff.; *Williams, Th.*: 240; **S. 170**: Briggs 1967: 97; Pócs: 43 ff.; *Spence* 1948: 184; Wood: 58 ff.; S. 171: *von Soden/Loesch*: 272, 57; *Zipes* 1991: 166 f.

Kapitel 20: **S. 172**: *»Bluebell in Fairyland«, unsere Übersetzung*, aus Purkiss: 266; *Berger*: Geschichte Nr. 55, verkürzte Wiedergabe; Keightley 1978: 44 ff.; Villamaria: 216; Bord: 210 ff.; *Ehrentreich*: 100 f. (nach Kellner); **S. 173**: Villamaria; Briggs 1977: 17 ff.; **S. 174**: Jacobs 1892: 243; Paton: 3; Spence 1948: 288; Mirrlees: 68; **S. 175**: Kellner: 7 ff.; *Spence* 1948: 277; Alvey: Sp. 1335; *Ehrentreich*: 99; *Frémont*: 453; **S. 176**: Hartland 1891: 161–254; Hetmann 1981; Spence 1948: 304 f.; *Alvey*: Sp. 1336; **S. 177**: Bord: 212; Briggs/Michaelis: 223, 195 ff.; Briggs 1967: 13 f.; Latham 99 ff., 10 ff.; MacLaren: 35; Balys: 60; Schreiber; Grimm 1987: 64 f.; Pócs: 15; Bord: 258 ff.; Uther 168 ff.; **S. 179**: *http://saron.de/anna/fee_in_stadt.htm*

Kapitel 21: **S. 180**: *Andersen*: 120; **S. 181**: *Mannhardt* 1875: Bd. 1, 62 f., 10, 60; *Musäus*: 336 f.; Keightley 1850/1900: 93; **S. 182**: Zaunert: 71; Peuckert 1966: 188; *Warnke*: 90; **S. 183**: Botheroyd: nach S. 31; von Perger: 348 f.; Skinner: 145; Mannhardt 1875: Bd. 1, 65; Warnke: 35; Briggs 1967: 83; Wood: 17; **S. 184**: *Sikes*: 38; *von Perger*: 297; Romanzero (Waldeinsamkeit); Musäus: 331 ff.; Buberl: 59 ff.; Petzoldt: 122 f.; **S. 185**: Grimm 1987: 76–82; Uther: 45; Botheroyd: 34; Andrews: 193 ff.; Bandini 1999; *Yeats* 1973: 41 ff., *unsere Übersetzung*; Curran: 69; *Evans Wentz*: 24 f.; Briggs 1967: 83 f.; *Sunday Express* 13.10.68; **S. 186**: MacManus: 62 f.; Briggs 1959: 221; dies. 1967: 85; Sikes: 6; Bandini 1998, 1999; **S. 187**: Agricola: 134; Briggs 1967: 42; Benwell/Waugh: 151.

Kapitel 22: **S. 188**: *Mannhardt* 1875: Bd. 1, 65; **S. 189**: *Sikes: 42, unsere Übersetzung*; **S. 190**: Bord: 199; Piaschewski: 69 ff., 74 ff.; **S. 191**: P. M., Heft 12, 2001, 62, 64; Briggs 1959: 34; **S. 192**: Spence 1948: 167; *Briggs* 1959: 248 f.; *http://www.cottingleyglen.com/fae_charms.html*; **S. 193**: P. M., Heft 12, 2001, 63; *Minatti*: 7; **S. 194**: *unsere Übersetzung.*

Kapitel 23: **S. 195**: Benwell/Waugh: 256; Doulet: 37 ff.; Latham: 150 ff., 155 ff.; Yeats 1973: 48 ff.; Purkiss: 56 ff.; Briggs 1967: 115 ff.; Curran: 31 ff.; Balys: 52; *Piaschewski*: 27; **S. 196**: *Piaschewski*: 31, 32 ff. usw.; Doulet: 55 ff., 65 ff.; Grimm, J. 1992: Bd. 1, 366; Thomas 180 ff.; **S. 197**: Piaschewski: 82 ff., 68 ff., 93 ff.; Latham: 161; Bartsch: Bd. 1, 64; Purkiss: 246; Doulet: 78 ff., 46 ff.; Briggs/Michaelis: 197 f.; Yeats 1973: 49 ff.; Jacobs 1892: 223 ff.; **S. 198**: *Bartsch*: Bd. 1, 42; Piaschewski: 94 f.; *Balys*: 32; *Piaschewski*: 98 f.; **S. 199**: Hartland: 118 f.; Thomas: 182 f.; *Bartsch*: Bd. 1, 46; *Piaschewski*: 114; Uther: 29; Doulet: 263 ff.; *Purkiss*: 246; **S. 200**: Bandini 1999: 214; Doulet: 113; Balys: 32 f.

Kapitel 24: **S. 201**: *Balys*: 63; **S. 202**: Barüske 1972: 138 f.; Briggs/Michaelis: 198 ff.; Witzschel: 222; Zaunert: 69 ff. **S. 204**: *Jacobs* 1892: 4 ff., *unsere Übersetzung*; Paton: 3; Uther:

54 ff.; Bord: 213 f., 87; Tolkien: Bd. 3, 456; Bord: 87; Buschinger: 13 ff.; Wolfzettel: Sp. 953 ff.; Hartl: 133 ff.; Wildhaber/Uffer: 106 ff.; Uther: 116 ff.; Briggs 1967: 123 ff.; **S. 205**: Verzauberte Welten: 101 ff.; *Villamaria*: 11; Zaunert: 76 ff.; **S. 207**: *Agricola*: 10; Evans Wentz: 30; Pennick/Devereux: 247; MacManus: 103; Ehrentreich: 47 ff.; Rhys, J.: Bd. 1: 146, 116; Briggs 1977: 117 f., 108 ff.; Pfeiffer: 9; **S. 208**: Aitken/Michaelis-Jena: 194; Uther: 152 f.; Packer/Beddoe/Jarrett: 15; Keightley 1978: 292 f.; Bord: 268; **S. 209**: *Straub*: 72; Bächtold-Stäubli, Bd. 9, Sp. 880; Tuleja: 411 ff.; **S. 210**: http://www.takeastroll.com/toothfairy.htm; Wells: 434, 450.

Kapitel 25: **S. 211**: *Oscar Wilde*, in: Beese: 191 ff.; Lecouteux 1999: 446 ff.; **S. 212**: Gander: 52 ff.; Waugh: 73 ff., 79; *Benwell/Waugh*: 20 f., 8; Briggs 1967: 24; Grimm 1987: 56; **S. 213**: Benwell/Waugh: 165, 34; Jalabert: 460, 434 ff.; Krohn: 548 ff.; Grübel: 63 ff.; *Odyssee* XII. 39 ff.; Geib: 341; Petzoldt: 124 f.; **S. 214**: *Buberl*: 160 f.; Benwell/Waugh: 168 f.; »Märchen vom Murmeltier« in: *Beese*: 87 ff.; Kindlers Neues Literaturlexikon, Bd. 5, 732; Masani: 80 ff.; von Schroeder: 4 ff.; **S. 216**: *Benwell/Waugh*: 160, 61; Wendl; **S. 217**: Grimm 1987: 73; Krogmann: 17; **S. 219**: *Beese*: 249 f.; Jalabert: 454 ff.; *Krohn*: 553; *Benwell/Waugh*: 58 f., 62; **S. 220**: *Balys*: 51; *Tolkien*: Bd.1, 157; Benwell/Waugh: 86; Hartland: Kap. X; Lecouteux 1988: 134 ff.; Weber: Sp. 937 ff.

Kapitel 26: **S. 221**: *Barrie*: 32; Purkiss: 265 ff., 252 f.; **S. 222**: Kindlers Neues Literaturlexikon, Bd. 2, 262 f.; *Barrie*: 87; **S. 223**: in *Zipes* 1987: 75, 84, *unsere Übersetzung*; **S. 224**: Benwell/Waugh: 264; **S. 225**: *Kinder-Buchtipp-Radio Bremen* v. Brigitte Petereit (August 2002), www.radiobremen.de; *Linker*: 72; **S. 226**: *Brennan*: Kapitel 8; *Barrie*: 19; **S. 227**: *Bonsels* 1949: 115 f., 117; ders. 1922: 19 ff.; Abenteuer in der Elfenwelt: Das Volk der Schnee-Elfen. Eine fantastische Geschichte von W. und R. Pini, 1987; **S. 228**: A. Wiesler in: www.envoyer.de/ausgaben/1999/08/009.html; http://ithiluin.faho.rwth-aachen.de/larp/text/elfen/elfen-faq; *Tolkien*: Bd. 1, 108; Fetjaine 2002: 10; Minatti: 10; *Hohlbein*: 105; *Bonsels* 1922: 19; Grimm 1987: 11; *Blaylock*: 223; *Tolkien*: Bd. 1, 106; Winter: 44; *Hohlbein*: 105; Rowling: 396; **S. 229**: *Fetjaine* 2002: 29; Hohlbein: 105; Tolkien: Bd. 1, 277; www.lapmeistergilde.de/spielwelt.htm; **S. 230**: *www.envoyer.de/ausgaben/1999/08/009.html*; *www.sorox-rpg.net/rassen.php*; **S. 231**: *Marci's Feenkarten*; **S. 233**: *http://saron.de/elfenkind.htm*.

Kapitel 27: **S. 234**: Copyright Monika Schudel. Vollständiges Gedicht auf http://www.elkeselfenwelt.mynetcologne.de/html/elfe3.htm; z. B. »Die Elfenwelt« (http://home.arcor.de/elfqueen/neu/faq.htm) und siehe Anhang; *www.bluemoonshadow.de/blue/elfenland/mondelfe.html*; **S. 235**: *Paul Eitner* (Saron), schriftliche Mitteilung v. 19.12.02; www.beepworld.de/member37/tyffany2/feenauswahl/adoption.htm; www.sam-world.wildfoot.de/adop.htm; **S. 236**: www. zaknafein.de/06.html; http://members.aon.at/elfen/elfen3.html; *http://insel.heim.at/hawaii/310192/Elfenland.htm*; *http://saron.de/feenland.htm*; *http://*

saron.de/gaestebuch/index3.htm; **S. 237**: *Britta Hertrampf* (Fee), schriftliche Mitteilung v. 17.12.02; www.hexenburg.de/Bibliothek/Fairies/body_fairies.html; *Andrews*: 54; **S. 238**: Stecher; *P. M.*, Heft 12, 2001, 64.

Bibliographie

A Celtic Miscellany. Translations from the Celtic Literatures. Harmondsworth 1984.

Agricola, Ch.: *Schottische Sagen von Elben und Zauber.* Wiesbaden 1988.

Aitken, H., und R. Michaelis-Jena: *Schottische Volksmärchen.* Düsseldorf/Köln 1972.

Allen, G.: »Who were the Fairies«, in: *Cornhill Magazine,* xliii (1891), 338 ff.

Alpenburg, J. N. Ritter von: *Deutsche Alpensagen.* Zürich 1857.

Alvey, R. G.: »Elf, Elfen«, in: *Enzyklopädie des Märchens,* Bd. 3. Berlin/New York 1981, Sp. 1328–1339.

Andersen, H.Chr.: *Märchen.* Berlin 1938.

Andrews, T.: *Zauber des Feenreichs. Begegnung mit Naturgeistern.* Neuwied 1995.

Aridas, G.: *Und sie lebten glücklich … Griechische Volksmärchen.* Frankfurt/M. 1985.

Arras, J. de: *Histoire de Mélusine.* Paris 1693.

Arrowsmith, N.: *Die Welt der Naturgeister.* Frankfurt/M. 1984.

Ashe, G.: *Kelten, Druiden und König Arthur. Mythologie der britischen Inseln.* Solothurn und Düsseldorf 1993.

Aymé, M.: *La Vouivre.* Paris (1945).

Bächtold-Stäubli, H. (Hg.): *Handwörterbuch des deutschen Aberglaubens.* 10 Bde. Berlin/New York 1987 (Nachdr.).

Balys, J.: »Sagen von den litauischen Feen«, in: *Die Nachbarn* 1 (1948), 31–71.

Bandini, D. und G.: *Das Drachenbuch.* München 2002.

– : *Kleines Lexikon des Aberglaubens.* München 1998.

– : *Kleines Lexikon des Hexenwesens.* München 1999.

Baring-Gould, S.: *Curious Myths of the Middle Ages.* London 1901.

Barrett, W. H.: *Tales from the Fens.* London 1963.

Barrie, J. M.: *Peter Pan.* Übers. v. U. v. Wiese. Düsseldorf 1964.

Bartsch, K.: *Sagen, Märchen und Gebräuche aus Mecklenburg.* 2 Bde. Wien 1879/1880.

Barüske, H.: *Eskimo-Märchen.* Düsseldorf/Köln 1969.

– : *Isländische Märchen,* Düsseldorf/Köln 1994.

– : *Skandinavische Volksmärchen.* Frankfurt/M. 1972.

Basile, G.: *Italienische Märchen. Der Pentamerone des G. B.,* Frankfurt/M. 1991.

Batt, T. R.: *Die zauberhafte Welt der Feen und Elfen.* Freiburg 2002.

Beddoe, St.: »Fairy Writing and Writers«, in: Martineau 1998, 23–32.

Beese, H. (Hg.): *Von Nixen und Brunnenfrauen. Märchen des 19. Jahrhunderts.* Frankfurt/M. 1982.

Beitl, R.: *Im Sagenwald. Neue Sagen aus Vorarlberg.* Feldkirch 1953.

Benwell, G., und A. Waugh: *Töchter des Meeres. Von Nixen, Nereiden, Sirenen und Tritonen.* Hamburg 1962.

Bérenger-Feraud, L.-J.-B.: *Superstitions et Survivances.* 2 Bde. Paris 1896.

Berger, H.: *Die Burushaski-Sprache von Hunza und Nager. Grammatik – Texte – Wörterbuch.* Texte: Bd. 2. Wiesbaden 1996.

Bergman, G.: *The Melusina Saga.* Uppsala 1964.

Bessler, G.: *Von Nixen und Wasserfrauen.* Köln 1995.

Bettelheim, B.: *The Uses of Enchantment. The Meaning and Importance of Fairy Tales.* London 1976.

Birlinger, A.: *Aus Schwaben – Sagen, Legenden, Aberglauben.* 2. Bde. Wiesbaden 1974.

Blaylock, J. P.: *Das Elfenschiff.* München 1994.

Blechsteiner, R.: »Perchtengestalten in Mittelasien«, in: *Archiv für Völkerkunde* 8 (1953), 58–75.

Bonsels, W.: *Die Biene Maja und ihre Abenteuer.* Stuttgart 1949.

– : *Himmelsvolk. Ein Buch von Blumen, Tieren und Gott.* Berlin 1922.

Bord, J.: *Real Encounters With Little People.* New York 1997.

Botheroyd, S. und P.: *Lexikon der keltischen Mythologie.* München 1992.

Bourke, A.: »The Virtual Reality of Irish Fairy Legend«, in: *Eire-Ireland: A Journal of Irish Studies*, 31.1 (1996), 7–25.

Bowker, J.: *Goblin Tales of Lancashire.* London 1883.

Brednich, R. W.: *Volkserzählungen und Volksglaube von den Schicksalsfrauen.* Helsinki 1964.

Brennan, H.: *Das Elfenportal.* München 2003.

Briggs, K. M.: *A Dictionary of Fairies.* London 1977.

– : *An Encyclopedia of Fairies.* New York 1976.

– : »Some late Accounts of the Fairies«, in: *Folklore* 72 (1961), 509–519.

– : *The Anatomy of Puck.* London 1959.

– : »The English Fairies«, in: *Folklore* 68 (1957), 270–287.

– : *The Fairies in the Tradition and Literature.* London 1967.

– : *The Personnel of Fairyland.* Oxford 1969.

Briggs, K. M., und R. Michaelis: *Englische Märchen.* München 1970.

Briggs, K. M., und R. L. Tongue: *Folktales of England.* London 1965.

Brongaard, V. J.: »Elfentanz und Hexenring«, in: *Rheinisches Jahrbuch für Volkskunde* 19, 162–210.

Broome, D.: *Fairy Tales from the Isle of Man.* Harmondsworth 1951.

Brosow, A.: *Über Baumverehrung. Wald- und Feldkulte der littauischen Völkergruppe.* Königsberg 1887.

Buberl, B.: *Erlkönig und Alpenbraut. Dichtung, Märchen und Sage in Bildern der Schack-Galerie.* München 1989.

Buchan, P.: *Ancient Scottish Tales.* Darby 1973.

Buschinger, D.: »Fées amoureuses dans la littérature allemande du Moyen Age«, in: *Die Welt der Feen im Mittelalter*, 13–22.
Calvino, I.: *Die Braut, die von Luft lebte, und andere italienische Märchen*. München 1993.
Campbell, J. F.: *Popular Tales of the West Highlands*. 4 Bde. Edinburgh 1890–93.
– : *Superstitions of the Highlands and Islands of Scotland*. Glasgow 1900.
– : *Witchcraft and Second Sight in the Highlands and Islands of Scotland*. Glasgow 1902.
Chambers, R.: *Popular Rhymes of Scotland*. Edinburgh 1870.
Child, F. J.: *English and Scottish Ballads*. New York 1957.
Christiansen, R. Th., und K. Stroebe: *Norwegische Volksmärchen*. Düsseldorf 1967.
Clier-Colombani, F.: *La Fee Mélusine au Moyen Age*. Paris 1991.
Codrington, R. H.: *The Melanesians, Studies in their Anthropology and Folk-Lore*. Oxford 1957.
Cogho, R. und W.-E. Peuckert: *Volkssagen aus dem Riesen- und Iser-Gebirge*. Göttingen 1967.
Colfer, E.: *Artemis Fowl*. München 2001.
Colum, P.: *A Treasure of Irish Folklore*. New York 1967.
Cowan, J.: *Fairy Folk Tales of the Maori*. London 1977.
Coxhead, J. R. W.: *Devon Traditions and Fairy Tales*. Exmouth 1959.
Craigie, W.: *Scandinavian Folk-Lore*. London 1896.
Crane, W.: *Flora's Feast: A Fairy's Festival of Flowers*. New York 1889.
Croker, T. C.: *The Fairy Legends and Traditions of the South of Ireland*. London 1898.
Crossing, W.: *Tales of the Dartmoor Pixies: Glimpses of Elfin Haunts and Antics*. London 1890.
Curran, B.: *Kleines Handbuch der irischen Elfen*. Freiburg 2002.
Curtin, J.: *Tales of the Fairies, and of the Ghost World*. New York 1971.
D'Aulnoy, M.-C., und J.-M. Leprince de Beaumont: *Die Schöne und das Tier. Französische Feenmärchen des 17. und 18. Jahrhunderts*. Zürich/Düsseldorf 1995.
Dalyell, J. G.: *The Darker Superstitions of Scotland*. Glasgow 1834.
Dammann, E.: *Die Religionen Afrikas*. Darmstadt 1963.
Davies, E.: *The Mythology and Rites of the British Druids*. London 1809.
Delattre, F.: *English Fairy Poetry from the Origins to the Seventeenth Century*. London 1912.
Die Welt der Feen im Mittelalter (II. Tagung auf dem Mont Saint-Michel). Greifswald 1994.
Dömötör, T.: *Volksglaube und Aberglaube der Ungarn*. Budapest 1982.
Douglas, Sir G.: *Scottish Fairy and Folk-Tales*. London 1893.
Doulet, J.-M.: *Quand les démons enlevaient les enfants. Les changelins: étude d'une figure mythique*. Paris 2002.
Doyle, Sir A. C.: *The Coming of the Fairies*. London 1928.
Drechsler, P.: *Sitte, Brauch und Volksglaube in Schlesien*. Leipzig 1906.
Duerr, H. P.: *Traumzeit: Über die Grenze zwischen Wildnis und Zivilisation*. Frankfurt/M. 1978.
Durmayer, J.: *Reste altgermanischen Heidentums*. Nürnberg 1883.
Eberhard, W.: *Lexikon chinesischer Symbole. Geheime Sinnbilder in Kunst und Literatur, Leben und Denken der Chinesen*. Köln 1983.

Edda: siehe Simrock.
Edwards, G.: *Hobgoblin and Sweet Puck*. London 1974.
Ehrentreich, A.: *Volksmärchen aus England. Keltische Märchen*. Bd. 2. Frankfurt/Berlin/Wien 1980.
Evans Wentz, W. Y.: *The Fairy Faith in Celtic Countries*. Oxford 1911.
Fairyland in Art and Poetry. Illustrated with Art by Richard Doyle. New York 2001.
Feenmärchen. Berlin 1997.
Fetjaine, J.-L.: *Die Stunde der Elfen*. München 2002.
– : *Vor der Elfendämmerung*. München 2001.
Flood, J. L.: »Die Wilde Jagd«, in: Müller/Wunderlich 1999, 583–602.
Forde, D.: *African Worlds*. Plymouth 1976.
Französische Feenmärchen, aus einer 1718 anonym erschienenen Sammlung. Leipzig 1988.
Französische Feenmärchen des 18. Jahrhunderts. Berlin 1974.
Frémont, A.: *Recits Inédits en Burushaski*. Tome 1. Unveröffentlichte Doktorarbeit. Paris 1992.
Frobenius, L.: *Schwarze Sonne Afrika. Mythen, Märchen und Magie*. Köln 1980.
Frond, B., und A. Lee: *Das große Buch der Geister. Von Elfen, Nixen, Gnomen, Irrwischen und anderen geheimnisvollen Wesen*. Stallung 1979.
Früh, S.: *Märchen von Hexen und weisen Frauen*, Frankfurt/M. 1986.
Gallais, P.: *La Fée à la fontaine et à l'arbre*. Amsterdam 1992.
Gander, K.: *Niederlausitzer Volkssagen*. Berlin 1894.
Gardner, E. C.: *Fairies: A Book of Real Fairies*. London 1945.
Geib, K.: *Die Sagen und Geschichten des Rheinlandes*. Wiesbaden 1972 (Reprint der Ausgabe 1836).
Gere, Ch.: »In Fairyland«, in: Martineau 1998, 63–72.
Gervasius von Tilbury: *Otia Imperialia*, hg. v. Felix Liebrecht. Hannover 1856.
Gier, A.: »Comment on devient Fée. La féerie chrétienne d'Esclarmonde«, in: *Die Welt der Feen im Mittelalter*, 59–66.
Gigli, G.: *Superstizioni, pregiudizi e tradizioni*. Bologna 1970.
Gilbert, M.: *The Fairies Melusine, Viviane and Aine*. London 1974.
Gimber, A.: »Le roman de Mélusine: de l'origine du roman moderne en France, Allemagne et Espagne«, in: *Die Welt der Feen im Mittelalter*, 67–80.
Glazarova, J.: *Die arme Spinnerin. Sagen, Geschichten und Berichte aus den Beskiden*. Berlin 1959.
Gobrecht, B.: »Basiles Feen, italienische Katzen und Grimms ›Frau Holle‹. Italienisch-deutsche Märchenbeziehungen«, in: *Märchenspiegel* 7, 1, 1996, 3–5.
Golowin, S.: *Die weisen Frauen*. Basel 1985.
Goyau, L. F. F.: *La vie et la mort des fées*. Paris 1910.
Graber, G.: *Sagen und Märchen aus Kärnten*. Graz 1914.

Graham, B.: *Bruno Feder, Elfenkind*. Hamburg 2002.
Grätz, M.: *Das Märchen in der deutschen Aufklärung. Vom Feenmärchen zum Volksmärchen*. Stuttgart 1988.
Graves, A. P.: *The Irish Fairy Book*. London o. J. (um 1910).
Gregory, Lady: *Visions and Beliefs in the West of Ireland*. 2 Bde. London 1920.
Grenville P.: *A Manual of Scandinavian Mythology*. London 1893.
Greverus, I.-M.: »Die Geschenke des kleinen Volkes«, in: *Fabula*, Bd. 1, 1958.
Grierson, E. W.: *The Scottish Fairy Book*. London 1910.
Grimm, J. und W.: *Deutsches Wörterbuch*. 33 Bde. München 1991.
– : *Irische Elfenmärchen*. Frankfurt/M. 1987.
– : *Kinder- und Hausmärchen*, 3 Bde. Frankfurt/M. 1984.
Grimm, J.: *Deutsche Mythologie*. 3 Bde. Graz 1992 (Nachdruck d. Ausgabe von 1875–78).
Grübel, R. G.: *Sirenen und Kometen. Axiologie und Geschichte der Motive Wasserfrau und Haarstern in slavischen und anderen europäischen Literaturen*. Frankfurt/M. 1995.
Grünewald, M.: *Alte Elfenmärchen*. Neuwied 2000.
Habiger-Tuczay, Ch.: »Wilde Frau«, in: Müller/Wunderlich 1999, 603–616.
Hafstein, V.Tr.: »The Elves' Point of View. Cultural Identity in Contemporary Icelandic Elf-Tradition«, in: *Fabula*, Bd. 41 (2000), 87–104.
Halliwell-Phillipps, J. O.: *Illustrations of the Fairy Mythology of the Midsummer Night's Dream*. London 1845.
Haralampieff, K.: *Bulgarische Volksmärchen*. Düsseldorf/Köln 1971.
Harf-Lancner, L.: *Les fées au moyen âge. Morgane et Mélusine. La naissance des fées*. Paris 1984.
– : »La vraie histoire de la fée Mélusine«, in: *L'histoire* 119 (1989), 8–15.
Hartl, S. (Hg.): *Hexen- und Feengeschichten*. Würzburg 1992.
Hartland, E. S.: *English Fairy and Folk Tales*. London 1893.
– : *The Science of Fairy Tales*. London 1891.
Hartmann, E.: *Die Trollvorstellung in den Sagen und Märchen der skandinavischen Völker*. Stuttgart 1936.
Hazlitt, W. C.: *Fairy Tales, Legends and Romances Illustrating Shakespeare*. London 1875.
Heissig, K.: »Über den Ursprung der Melusinensage«, in: *Fabula* 3 (1959), 170–181.
Henningsen, G.: »The Ladies from Outside: Fairies, Witches and Poverty in Early Modern Sicily«, in: B. Ankarloo und G. Henningsen: *Early Modern European Witchcraft: Centres and Peripheries*. Oxford 1988.
Hetmann, F.: *Märchen von Feen*. Frankfurt/M. 1994.
– : *Die Reise in die Anderswelt*. Düsseldorf/Köln 1981.
Hillmann, H.: *Die schlafende Schöne. Französische und deutsche Feenmärchen des achtzehnten Jahrhunderts*. Wiesbaden o. J.
Hohlbein, W. und H.: *Elfentanz*. Wien 2002.
Huwe, A.: *Märchen aus aller Welt. Korea*. München 1979.

Ihm, M.: »Der Mütter- oder Matronenkultus und seine Denkmäler«, in: *Bonner Jahrbücher lxxxiii*, 1–200. Bonn 1887.
Im Zauberreich der Elfen, Zwerge und Kobolde. Die Welt der Geister in Märchen, Sagen, Gedichten und Balladen Europas. Bayreuth 1983.
Ingelow, J.: *Mopsa the Fairy*. New York 1927.
Jackson, A.: »The Science of Fairy Tales«, in: *Folklore*, 84 (1973), 120–141.
Jackson, R.: »Shakespeare's Fairies in Victorian Criticism and Performance«, in: Martineau 1998, 39–46.
Jacobs, J.: *Celtic Fairy Tales*. London 1892.
– : *English Fairy Tales*. London 1890.
– : *More Celtic Fairy Tales*. London 1894.
Jalabert, D.: »Les sirènes«, in: *Bulletin Monumental*, Bd. 95 (1936), 433–471.
Jehan d'Arras: *Mélusine. Roman du XIVe siècle*. Paris 1932.
Johansons, A.: *Der Wassergeist und der Sumpfgeist*. Stockholm 1968.
Johnson, M.: *Naturgeister: wahre Erlebnisse mit Elfen und Zwergen*. Grafing 2000.
Jones, T. (Hg.): *Lady Cottington. Mein geheimes Elfen-Album*. München 2000.
Karlinger, F.: *Italienische Volksmärchen*. München 1973.
Keightley, Th.: *Mythologie der Feen und Elfen. Vom Ursprunge dieses Glaubens bis auf die neuesten Zeiten*. Weimar 1828.
– : *The Fairy Mythology*. London 1850/1900.
– : *The World Guide to Gnomes, Fairies, Elves, and other Little People*. New York 1978 (Reprint der Ausgabe von 1880).
Keller, W.: *Italienische Märchen*. Jena 1929.
Kellner, L.: *English Fairy Tales*. Leipzig 1917.
Kipling, R.: *Puck of Pook's Hill*. New York 1970.
– : *Rewards and Fairies*. London 1914.
Kirk, R.: *The Secret Commonwealth of Elves, Fauns and Fairies*. London 1893 (Nachdruck der Ausgabe von 1691).
Klausen, R. H.: »Die Parcen oder Fata«, in: *Zimmermanns Zeitschrift für die Alterthumswissenschaft*, 1840, n. 27–30.
Kohl, R.: »Das Melusinenmotiv«, in: *Niederdeutsche Zeitschrift für Volkskunde* 11 (1933), 185–200.
Kohler, J.: *Der Ursprung der Melusinensage. Eine ethnologische Untersuchung*. Leipzig 1895.
König, D.: *Die Welt der Feen*. Stuttgart 1996.
Kreidolf, E.: *Blumen-Märchen*. Bern 1952.
Krogmann, W.: *Sylter Sagen*. Göttingen 1966.
Krohn, R.: »›daz si totfuorgiu tier sint‹. Sirenen in der mittelalterlichen Literatur«, in: Müller/Wunderlich 1999, 545–582.
Kubitschek, R. M.: *Engel, Elfen, Erdgeister*. München 1989.

Kuhn, A., und W. Schwartz: *Norddeutsche Sagen, Märchen und Gebräuche*. Leipzig 1848.

Lafforest, R. de: *Présence des Invisibles*. Paris 1983.

Lambourne, L.: »Fairies and the Stage«, in: Martineau 1998, 47–54.

Lang, A.: *My own Fairy Book*. Bristol o. J.

Latham, M. W.: *The Elizabethan Fairies. The Fairies of Folklore and the Fairies of Shakespeare*. New York 1972 (Nachdr. d. Ausg. v. 1930).

LaVillemarqué, Th. H. de (Hg., Üb.): *Barzaz-Breiz: chants populaires de la Bretagne*. Paris 1846.

Leamy, E.: *Irish Fairy Tales*. Dublin 1906.

Lecouteux, C.: *Les nains et les elfes au moyen âge*. Paris 1988.

– : »Nicchus – Nix«, in: Müller/Wunderlich 1999, 439–448.

Legis, G. T.: *Alkuna. Nordische und nord-slawische Mythologie*. 2 Bde. Leipzig 1831.

Lehmacher, G.: »Die irischen Elfen«, in: *Zeitschrift für Ethnologie* 76 (1951), 126–133.

»Les Fées méchantes d'après les croyances du peuple Roumain«, in: *Melusine* X, 217–226, 243–254.

Lexikon des Mittelalters. 9 Bde. Stuttgart/Weimar 1999.

Lexikon für Theologie und Kirche. 10 Bde. Freiburg i. Br. 1930-38.

Leyen, F. von der, und P. Zaunert: *Irische Volksmärchen*. Jena 1923.

Lindig, W., und M. Münzel: *Die Indianer. Kulturen und Geschichte*. 2 Bde. München 1978.

Linker, Ch.: *Die Jagd nach den Feen*. Düsseldorf 2000.

Liungman, W.: »Traditionswanderungen Euphrat–Rhein I–II«, *FF Communications* No. 118–119. Helsinki 1937–38.

Loomis, R. S.: »Morgain la fee and the celtic goddesses«, in: *Speculum* 20/1 (1945), 183–203.

Luck, G.: *Rätische Alpensagen*. Davos 1902.

Lundt, B.: »Fee, Drache, Nixe. Die Wandlungen der Melusinengestalt vom 12. bis 16. Jahrhundert und ihre Deutungen«, in: *Zeitschrift für Kultur- und Bildungswissenschaften* 7 (1999) 25–40.

Luzel, F. M.: *Contes Populaires de Basse-Bretagne*. Paris 1887.

Lysaght, P.: *The Banshee, the Irish Supernatural Death-Messenger*. Dublin 1986.

Maas, J.: »Victorian Fairy Painting«, in: Martineau 1998, 11–22.

Macdougall, J. und G. Calder: *Folk Tales and Fairy Lore*. London 1910.

Mackensen, L. (Hg.): *Handwörterbuch des deutschen Märchens*. Leipzig/Berlin. 2 Bde. 1930/1933 und 1934/1940.

MacLaren, A.: *The Fairy Family*. London 1985.

MacManus, D. A.: *The Middle Kingdom: The Fairie World of Ireland*. London 1959.

MacRitchie, D.: *Fians, Fairies and Picts*. London 1893.

Mager, M. Z.: *Das Feen-Geschenk. Wegweiser zu den Wundern des magischen Königreiches*. Interlaken 2001.

Mannhardt, W.: *Antike Baum- und Feldkulte*. Berlin 1877.

– : *Wald- und Feldkulte*. 2 Bde. Berlin 1875.

Martin, A.: *Die Nacht der Hullefrauen. Der wilde Lauf ins neue Jahr*. Dresden 1999.

Martineau, J. (Hg.): *Victorian Fairy Painting*. London 1998.

Marzell, H.: *Zauberpflanzen – Hexentränke*. Stuttgart 1963.

Marzolph, U. (Hg.): *Feen-Mährchen. Zur Unterhaltung für Freunde und Freundinnen der Feenwelt*. Braunschweig 1801. (Textkritischer Neudruck hg. und kommentiert von U. Marzolph, Hildesheim 2000).

Masani, R. P.: *Folklore of Wells: Water-Worship in East and West*. Bombay 1918.

Massignon, G.: *Folktales of France*. London 1966.

Maury, A.: *Les fées du moyen age et les légendes pieuses*. 2 Bde. Paris 1843.

Max, F. R.: *Undinenzauber: Geschichten und Gedichte von Nixen, Nymphen und anderen Wasserfrauen*. Stuttgart 1991.

McPherson, J. M.: *Primitive Beliefs in the North-East of Scotland*. London 1929.

Meier, H., und F. Karlinger: *Spanische Märchen*. Frankfurt/M. 1971.

Meier, H., und D. Woll: *Portugiesische Märchen*. München 1975.

Menzer, G. (Hg.): *Der Märchenbaum*. Freiburg 1987.

Merkelbach-Pinck, A.: *Lothringer Volksmärchen*. Düsseldorf/Köln 1972.

Messner, R.: *Alleingang Nanga Parbat*. München 1979.

Meyers Enzyklopädisches Lexikon. 25 Bde. Mannheim/Wien/Zürich 1971–1979.

Millar, M.: *Die Elfen von New York*. München 1996.

Minatti, A.: *Elfen, Feen & Zwerge. Vom Umgang mit der Anderswelt*. Woldert 2002.

Mirrlees, H.: *Flucht ins Feenland*. München/Zürich 2003.

Montégut, E.: »Des Fées et de leur Littérature en France«, in: *Revue des deux Mondes*, 38 (1862), 648–675.

Mörike, E.: *Die Historie von der schönen Lau*. Mit den sieben Bildern von Moritz von Schwind. Leipzig o. J.

Morrison, S.: *Manx Fairy Tales*, London 1911.

Mozzani, E.: *Le Livre des Superstitions – Mythes, Croyances et Légendes*. Paris 1995.

Mühlherr, A.: *›Melusine‹ und ›Fortunatus‹*. Tübingen 1993.

Müller, F. und U.: »Percht und Krampus, Kramperl und Schiach-Perchten«, in: Müller/Wunderlich 1999, 449–460.

Müller, U., und W. Wunderlich: *Dämonen, Monster, Fabelwesen*. St. Gallen 1999.

Müller, W.: *Die Elfe im Schlafsack. Neue Märchen und Fabeln aus Island*. Berlin 2001.

Müller-Lisowski, K.: *Irische Volksmärchen*. Jena 1923.

Murail, M.-A.: *Von wegen, Elfen gibt es nicht!* Frankfurt 2002.

Musäus, J. K. A.: *Volksmärchen der Deutschen*. Stuttgart 1974.

Narvaez, P.: *The Good People. New Fairylore Essays*. New York/London 1991.

Naumann, H. und I.: *Isländische Volksmärchen*. Jena 1923.

Neugebauer, H.: »Tiroler Sagenmotive«, in: *Der Schlern, Zeitschrift für Heimat- und Volkskunde*, 1951, 250 ff.

Nowack, M.: *Die Melusinensage, ihr mythischer Hintergrund, ihre Verwandtschaft mit anderen Sagenkreisen und ihre Stellung in der deutschen Literatur*. Freiburg i. Br. 1886.
Nutt, A.: *The Fairy Mythology of Shakespeare*. London 1900.
– : »Fairy Mythology of English Literature«, in: *Folk-Lore*, Vol. VIII (1897).
O'Sullivan, S.: *A Handbook of Irish Folklore*. London 1963.
Outhwaite, I. R.: *Die Zauberwelt der Elfen und Feen*. Freiburg 2002.
Ozawa, T.: *Japanische Märchen*. Frankfurt/M. 1974.
Packer, A., S. Beddoe und L. Jarrett: *Fairies in Legend and the Arts*. London 1980.
Parry-Jones, D.: *Welsh Legends and Fairy Lore*. London 1953.
Paton, L. A.: *Studies in the Fairy Mythology of Athurian Romance*. Boston 1960 (2. erweiterte Aufl.).
Pedroso, C.: *Portuguese Fairy Tales*. London 1882.
Pennick, N., und P. Devereux: *Leys und lineare Rätsel in der Geomantie*. Chur/St. Gallen/Zürich 1991.
Perger, A. Ritter von: *Deutsche Pflanzensagen*. Stuttgart 1864.
Perrault, Ch.: *Feenmärchen aus alter Zeit*. München o. J.
Petzoldt, L.: *Kleines Lexikon der Dämonen und Elementargeister*. München 1995.
Peuckert, W.-E.: *Deutscher Volksglaube des Spätmittelalters*. Stuttgart 1942.
– : *Schlesische Sagen*. Düsseldorf 1966.
Pfeiffer, R.: *Bildliche Darstellungen der Elfen in Shakespeares Sommernachtstraum*. Marburg 1971.
Phillpotts, B.: *The Book of Fairies*. New York 1979.
– : *The faeryland companion*. London 2000.
Piaschewski, G.: *Der Wechselbalg*. Breslau 1935.
Pierer's Universal-Lexikon der Vergangenheit und Gegenwart. 19 Bde. Altenburg 1857–1865.
Pieske, Ch.: »Amoretten, Elfen und Zwerge. Bildmotive der Luxuspapierzeit 1860–1910«; in: *Man and Picture*, hg. von Nils-Arvid Bringeus, Stockholm 1986, 224–236.
Pippart, W.: *Der Brombeermann. Alte Sachen, Sagen und Sänge aus dem mittleren Werratal*. Eschwege 1939.
Pócs, E.: *Fairies and Witches at the Boundary of South-Eastern and Central Europe*. Helsinki 1989.
Purkiss, D.: *Troublesome Things. A History of Fairies and Fairy Stories*. London 2000.
Ralston, W. R.: *Russian Folk-Tales*. London 1872.
– : *Songs of the Russian People*. London 1872.
Reiser, K. A.: *Sagen, Gebräuche und Sprichwörter des Allgäus*. Kempten 1895.
Rhys, E.: *The English Fairy Book*. London 1912.
Rhys, Sir J.: *Celtic Folklore*. 2 Bde. Oxford 1901.
Rieti, B.: *Strange Terrain: The Fairy World in Newfoundland*. St John's Newfoundland 1991.
Ringoltingen, Th. von: *Melusine*. In der Fassung des Buchs der Liebe (1587) mit 22 Holzschnitten, hg. v. Hans-Gert Roloff. Stuttgart 1969.

Ritson, J.: *Fairy Tales*. London 1831.

Rochholz, E. L.: *Naturmythen*. Leipzig 1862.

Röth, D.: *Kleines Typenverzeichnis der europäischen Zauber- und Novellenmärchen*. Hohengehren 1998.

Rowling, J. K.: *Harry Potter und der Feuerkelch*. Hamburg 2000.

Sanderson, St. F.: »The Cottingley Fairy Photographs: A Re-Appraisal of the Evidence«, in: *Folklore* 84 (1973), 89–103.

– : »A Prospect of Fairyland«, in: *Folklore* 79 (1964).

Schaudy, F. J., und T. Cassini: *Kewpie und Johnny. Von Elfen verzaubert*. St. Pölten 2002.

Scherf, W.: *Lexikon der Zaubermärchen*. Stuttgart 1982.

Schindler, R. A.: *Art to Enchant: A Critical Study of Early Victorian Fairy Painting and Illustration*. Ann Arbor 1988.

Schmidt, B.: *Griechische Märchen, Sagen und Volkslieder*. Leipzig 1877.

Schmidt, S.: *Märchen aus Namibia*. Düsseldorf/Köln 1980.

Schmitz, J. H.: *Sagen und Legenden des Eifler Volkes*. Trier 1858.

Schnitzer, R.: *Zauberwelt der Feen und Elfen*. Wiesbaden 1985.

Schönwerth, F.: *Aus der Oberpfalz. Sitten und Sagen*. 3 Bde. Augsburg 1857–59.

Schreiber, H.: *Die Feen in Europa*. Freiburg i. Br. 1842.

Schroeder, L. von: *Germanische Elben und Götter beim Estenvolke*. Wien 1906.

Schütz, J.: *Jugoslawische Märchen*. Frankfurt/M. 1972.

Scott, Sir W.: *Letters on Demonology and Witchcraft*. London 1830.

– : *Minstrelsy of the Scottish Border*. Edinburgh 1810.

Sébillot, P.-Y.: *Le Folk-Lore de France*. Paris 1905.

– : *Le Folklore de la Bretagne*. 2 Bde. Paris 1968.

Seidel, H.: *Sagen des Wartburglandes, 1. Teil. Nach der Erstausgabe von Ludwig Bechsteins »Der Sagenschatz und die Sagenkreise des Thüringerlandes«*. Eisenach 1984.

Seligmann, C. G.: *The Melanesians of British New Guinea*. Cambridge 1976.

Seligmann, K.: *The History of Magic*. New York 1948.

Sergiev, G.: *How to catch Fairies. Invite the Magick of the Fairy Folk into your Life*. Hampshire 2002.

Shelton, A. L.: *Tibetan Folk Tales*. New York 1983.

Sikes, W.: *British Goblins: Welsh Folk-lore, Fairy Mythology, Legends and Traditions*. London 1973.

Simrock, K. (Üb.): *Die Edda. Die ältere und jüngere Edda und die mythischen Erzählungen der Skalda*. Essen 1986.

Simrock, K.: *Handbuch der deutschen Mythologie*. Bonn 1878.

Skeat, W.: »Malay Magic«, in: *Folklore* XIII, 134–165.

Skinner, Ch. M.: *Myths and Legends of Flowers, Trees, Fruits, and Plants*. London 1925.

Smith, P.: »The Cottingley Fairies: The End of a Legend«, in: Narvaez 1991, 371–405.

Soden, M. von, und A. Loesch (Hg.): *Richard Wagner: die Feen*. Frankfurt 1983.

Sorlin, E.: *Cris de vie, cris de mort. Les fées du destin dans les pays celtique*. Helsinki 1991.

Soupault, R.: *Bretonische Märchen*. Düsseldorf/Köln 1972.

Spence, L.: *British Fairy Origins*. London 1946.

– : *The Fairy Traditions in Britain*. London 1948.

Spencer, B., und F. J. Gillen: *The Native Tribes of Central Australia*. London 1899.

Spiewok, W.: »Melusine. Ursprünge, Konstituenten und Varianten eines Motivs«, in: *Die Welt der Feen im Mittelalter*, 163–179.

Stamer, B.: *Märchen von Nixen*. Frankfurt/M. 1992.

Stecher, Ch.: *Das kleine Buch der Feen und Elfen*. München 2000.

Steer, D., und P. Ludlow: *Im Reich der Kobolde und Elfen*. Innsbruck/Wien 1998.

Stephens, J.: *In the Land of Youth*. London 1924.

– : *Irish Fairy Tales*. New York 1962.

Stewart, W. G.: *The Popular Superstitions and Festive Amusements of the Highlanders of Scotland*. Edinburgh 1823.

Straub, W.: *Sagen des Schwarzwaldes*. Bühl/Baden 1963.

Swynnerton, Ch.: *Folk Tales from the Upper Indus*. London 1892.

Sykes, E. G.: »Persian Folklore«, in: *Folklore* XII, 262–272.

Tausend und eine Nacht. Arabische Erzählungen. Aus dem Urtext übersetzt von Dr. Gustav Weil. 2 Bde. Erlangen 1994.

Temple, R. C.: »The Legends of the Panjab«, in: *Folklore* X, 384–443.

Tettau, W. A. J. von, und J. D. H. Temme (Hg.): *Die Volkssagen Ostpreussens, Litthauens und Westpreussens*. Berlin 1837.

Tetzner, L.: *Das Märchenjahr*. München 1956.

Thomas, W. J.: *The Welsh Fairy Book*. London o. J. (um 1910).

Tolkien, J. R. R.: *Der Herr der Ringe*. 3 Bde. Stuttgart 1987.

Touber, A. H.: »Die Fee im deutschen Minnesang«, in: *Die Welt der Feen im Mittelalter*, 185–193.

Trimpe, P. W.: »Victorian Fairy Book Illustration«, in: Martineau 1998, 55–62.

Tuleja, T.: »The Tooth Fairy: Perspectives on Money and Magic«, in: Narvaez 1991, 406–425.

Uther, H.-J. (Hg.): *Die schönsten Märchen von Elfen und Feen*. München 2001.

Valkenberg, R. v.: *Atlas der Engel & Feen*. München 2001.

Vernaleken, Th.: *Alpensagen*. Wien 1858.

Verzauberte Welten. Feen und Elfen. Amsterdam 1989.

Vetemaa, E., und K. Menschik: *Die Nixen von Estland*. Frankfurt/M. 2002.

Villamaria: *Elfenreigen. Deutsche und nordische Märchen aus dem Reiche der Riesen und Zwerge, der Elfen, Nixen und Kobolde*. Leipzig 1916.

Völker, K.: *Von Werwölfen und anderen Tiermenschen. Dichtungen und Dokumente*. München 1972.

Wachsmuth, C.: *Das alte Griechenland im neuen*. Bonn 1864.

Walz, J. A.: »Fei – Fee – Elfe«, in: *Zeitschrift für Deutsche Wortforschung* 14 (1912/13), 190–210.

Warnke, F.: *Pflanzen in Sitte, Sage und Geschichte*. Leipzig 1878.

Warrack, J.: »Fairy Music«, in: Martineau 1998, 33–38.

Waschnitius, V.: »Percht, Holda und verwandte Gestalten«, in *Sitzungsberichte*, Wien, Bd. 172, Abh. 2, 1913.

Waugh, A.: »The Folklore of the Merfolk«, in: *Folklore*, 71 (1960), 73–84.

Weber, G.: »Federhemd, -kleid«, in: *Enzyklopädie des Märchens*, Bd. 4, Berlin/New York 1984, 937–942.

Wells. R.: »The Making of an Icon: The Tooth Fairy in North American Folklore and Popular Culture«, in: Narvaez 1991, 426–453.

Wendl, T.: *Mami Wata, oder ein Kult zwischen den Kulturen*. München 1990.

Wilde, Lady: *Ancient Legends, Mystic Charms and Superstitions of Ireland*. 2 Bde. London 1887.

Wildhaber, R., und L. Uffer: *Schweizer Volksmärchen*. Düsseldorf/Köln 1971.

Williams, N.: »Fairy«, in: *Enzyklopädie des Märchens*, Bd. 4. Berlin/New York 1983, 793–800.

– : »The Semantics of the Word Fairy: Making Meaning out of thin Air«, in: Narvaez 1991, 457–478.

Williams, Th.: *Fiji and the Fijians. Vol. 1, The Islands and their inhabitants*. London 1858 (Neuaufl. 1977).

Winter, G. S.: *Die Weisheit der Elfen und Feen. Boten des Wunderbaren*. Neuhausen a. Rheinfall 2000.

Winter, R.: *Der Zug der Elfen. Tavalans Plan III*. München 1985.

Witzschel, A.: *Sagen aus Thüringen*. Wien 1866.

Wolfzettel, F.: »Fee, Feenland«, in: *Enzyklopädie des Märchens*, Bd. 4, Berlin/New York 1984, 945–964.

Wood, Chr.: *Fairies in Victorian Art*. Woodbridge 2000.

Yeats, W. B. (Hg.): *Fairy and Folk Tales of Ireland*. New York 1973.

Yeats, W. B.: *Fairy and Folk-Tales of the Irish Peasantry*. London 1888.

– : *Irish Fairy Tales*. London 1892.

– : *The Celtic Twilight*. London 1981 (Nachdr. d. Ausg. v. 1893).

Zaunert, P.: *Deutsche Natursagen. 1. Reihe. Von Holden und Unholden*. Jena 1921.

Zentai, T.: »The Figure of the ›szépasszony‹ in the Hungarian Folk Belief«, in: *Acta Ethnographica* (1974), 251–274.

Zingerle, Gebrüder: *Kinder- und Hausmärchen aus Tirol*. Hildesheim 1974.

Zipes, J.: *Französische Märchen*. Frankfurt/M. 1991.

– : *Victorian Fairy Tales. The Revolt of the Fairies and Elves*. New York 1987.

Register

I

J

K

T

U

V

W

Textquellen

S. 21: aus: Halldór Laxness, Sein eigener Herr © Steidl Verlag, Göttingen 1998

S. 93: aus: Marion Zimmer-Bradley, Die Nebel von Avalon. Roman. Aus dem Amerikanischen von Hans Sartorius © der deutschen Ausgabe: 1983 S. Fischer Verlag GmbH, Frankfurt am Main

S. 221: aus: James M. Barrie, Peter Pan © an der deutschen Übersetzung by Thienemann Verlag (Thienemann Verlag GmbH), Stuttgart – Wien

Abbildungsnachweis

Für die Farbabbildungen:

Fritz Zuber-Buehler, Die Morgenelfe. © copyright Sotheby's/akg

Sir Noel Paton, Der Streit zwischen Oberon und Titania. Edinburgh, National Gallery of Scotland. © akg-images

Eduard Jakob von Steinle, Loreley. Schack-Galerie München. Bayer & Mitko - ARTOTHEK

Leopold von Bode, Die Alpenbraut. Schack-Galerie München. Blauel/Gnamm - ARTOTHEK

The Gorse Fairies aus: A FLOWER FAIRY ALPHABET by Cicely Mary Barker. Copyright © The Estate of Cicely Mary Barker 1934, 1990. Reproduziert mit freundlicher Genehmigung von Frederick Warne & Co.

James Browne, The Fairy Gathering. Copyright 2003 © by James Browne http://www.jamesbrowne.net

Hazel Brown, In the Shadows of Twilight. Copyright 2002 © by Hazel Brown http://www.faery-art.com

David Delamare, Catch A Falling Star © David Delamare, 2002. Weitere Informationen über die Drucke, Produkte und Lizenzen von David Delamare unter http://www.daviddelamare.com

Marja Lee Kruyt, Dream Harp. Copyright 2002 © by Marja Lee Kruyt
http://www.visionary-artist.co.uk

Linda Ravenscroft, The Marked One. Copyright 2002 © by Linda Ravenscroft http://mysite.freeserve.com/ravenart

Für die Schwarzweißabbildungen:

S. 104: Jessica Galbreth, Autumn Fae. Copyright 2002 © by Jessica Galbreth http://www.fairyvisions.com

S. 236: Myrea Pettit, Aurelia. Copyright 2002 © by Myrea Pettit
http://www.fairiesworld.com

Wir danken besonders David Riché, Northampton, UK (david.riche@fairiesworld.com) für die Vermittlung von "Elfenkünstlern".

Fantasy vom Feinsten

Worum geht es in diesem Buch? – Fechten. Ringkämpfe. Folter. Gift. Wahre Liebe. Haß. Rache. Riesen. Jäger. Böse Menschen. Gute Menschen. Bildschöne Damen. Schlangen. Spinnen. Wilde Tiere jeder Art und in mannigfaltigster Beschreibung. Schmerzen. Tod. Tapfere Männer. Feige Männer. Bärenstarke Männer. Verfolgungsjagden. Entkommen. Lügen. Wahrheiten. Leidenschaften. Wunder.

»...ein wahrer Leckerbissen für die Freunde des schwarzen Humors.«

Frankfurter Allgemeine Zeitung

»...da steht alles drin, was man über Liebe, Leidenschaft, Sehnsucht wissen muß.«

Campino, Die Toten Hosen

Die Brautprinzessin

S. Morgensterns klassische Erzählung von wahrer Liebe und edlen Abenteuern. Die Ausgabe der »spannenden Teile«. gekürzt und bearbeitet von William Goldman. Und das erste Kapitel der lange verschollenen Fortsetzung »Butterblumes Baby«

Aus dem Englischen von Wolfgang Krege

420 Seiten, gebunden, zweifarbiger Druck, ISBN 3-608-93226-7

Klett-Cotta